U0635940

中國佛教典籍選刊

宗鏡録校注

五

〔五代〕延壽 集
富世平 校注

中華書局

〔三〕光耀：喻指世尊降生時。栖復法華經玄贊要集卷一四：「光耀者，菩薩初生，放大光明，名光耀。」或指佛陀於伽耶城菩提樹下得成最正覺時。大般若波羅蜜多經卷四二五、文殊師利問經卷下、楞伽經等，皆有云「成道來不説一字，汝亦不聞」，故此「自從光耀」，當指覺悟得道之時。蓋其成道之時，亦「妙光照天下，猶若朝日明」（佛所行讚卷三阿羅藍鬱頭藍品）也。

〔四〕鶴林：世尊入滅處。世尊於娑羅雙樹間入滅時，林色變白，如鶴之群居，故云「鶴林」。大般涅槃經卷一：「爾時，拘尸那城娑羅樹林，其林變白，猶如白鶴。」摩訶止觀卷一上：「始鹿苑，中鷲頭，後鶴林。」

〔五〕楞伽阿跋多羅寶經卷三：「我從某夜得最正覺，乃至某夜入般涅槃，於其中間乃至不説一字，亦不已説、當説，不説是佛説。」

教體者，護法云：如來既實現身、實説法者，即通用説者、聽者，正兼聲、名、句、文而爲教體，教體通有漏、無漏影像、本質〔一〕。即是合宜聞者，根性已熟，遂感激如來識上有文義相生，佛以慈悲本願緣力，即爲衆生説三乘法，所有聲、名、句、文是正無漏本質教〔二〕。若是三乘五性〔三〕衆生佛邊聽法，不能親聞，自變相分而緣，所有聲、名、句、文即取有漏、無漏〔四〕，是影像兼教。即以質教爲本，能現影像故；影像教爲末，依質有故。由此取本質教爲正教體，影像教爲兼教體。

校注

〔一〕法藏撰入楞伽心玄義：「有本有影，謂由衆生聞法善根增上緣力，擊佛心中利他種因，於佛智上有文義相生，名本性相教；由佛此教增上緣力，擊聞法者漏無漏種，於聞者識上有文義相生，爲影像相教。是故本在心外，影在心内，以此宗許衆生心外有佛色聲諸功德故。護法等論師皆立此義。」

〔二〕本質教：佛陀親自宣説，文義皆從妙觀察智浄識所現，名本質教，亦即前引入楞伽心玄義所云本性相教。聞者識上所變文義，名影像教，亦即前引入楞伽心玄義所云影像相教。又，如理集成唯識論疏義演卷一：「言真教者，即真無漏本質之教名爲真教。諸佛所説法，皆從真如流出，故名真教。」

〔三〕三乘五性：聲聞定性、緣覺定性、菩薩定性、不定性、無性。詳見本書延壽序注。

〔四〕靈泰撰成唯識論疏抄卷一：「若從所聞有漏心變者，如佛説教法之時，其佛所説教法，本質是無漏，其二乘凡夫等有漏心中，聽聞佛説教之時，遂自心上變起有漏影像，教法亦是有漏。或從能説者，即凡夫二乘等有漏心中爲他説法，亦是有漏文義。十地菩薩在無漏後得智中聞佛説法，其佛所説聲、名、句等，本質即是無漏。其菩薩無漏心上，變起影像相分聲、名、句等，亦是無漏也。若十地菩薩在無漏後得智心中爲他説法時，其十地菩薩所説聲、名、句等，皆是有漏，以聲、名、句等皆是第八識有漏相分，所以十地菩薩無漏後得智中爲他説法，聲、名、句等是有漏也。」

無性菩薩難云：我宗但取衆生識上影像相分〔一〕爲教體者，即不違唯識。汝護法，若取佛本質聲、名、句、文爲教體者，即是心外有法，何成唯識？護法答：唯識之宗，約親相分。衆生聽時，變起相分而緣，非取他質以爲自性，然他本質即佛菩薩，亦成唯識，故不相違〔二〕。

校注

〔一〕影像相分：心中所現的相分，也就是外界事物映現於心中的影像。影像的實質根據及所依物的自體，即爲本質相分。

〔二〕靈泰撰成唯識論疏抄卷一：「若無性，即約佛本行菩薩道時起慈悲願：『願我得成佛已，我雖不説，即令衆生心識上有文義相生。』即佛不説法，衆生識上有文義相生，即約佛自發願也。若護法，即約衆生有善根故即發願：『願我常聞佛説法門，既衆生由發願善根力故，即令化佛識上有文義相生。』既佛識上有文義生，即爲衆生説法，令衆生聞法。故別。」

問：何不唯取本質爲正教體即休？

答：緣衆生不能親聞無漏質故，必資影像。

問：若尔，何不唯取影像爲教體，是親聞故？

答：雖即親聞，必假本質，是以唯識論云：「展轉增上力，二識成決定。」〔一〕言「展轉增上力」者，即佛與衆生互爲增上緣；言「二識成決定」者，即衆生根決定、如來悲決定，謂衆生根熟，合聞法決定，如來即有悲決定，決定與衆生説法，爲增上緣故。

校　注

〔一〕見唯識二十論。

又，諸師影質有無不同，應須四句分別：一、唯質無影，即小乘有部等。二、唯影無質，即龍軍、無性。三、俱句〔一〕，即護法、親光。四、俱非，即龍猛、清辯。謂彼計勝義門中，不辯教體，全撥菩提涅槃爲空故〔二〕。

校　注

〔一〕俱句：相對「唯質無影」「唯影無質」而言，爲複合之肯定，即有質有影、亦本亦影。

〔二〕澄觀大方廣佛華嚴經疏卷三：「（本影相對）通就諸教，以成四句：一、唯本無影，謂即小乘不知唯識故。二、亦本亦影，謂大乘初教。謂佛自宣説若文若義，皆是如來妙觀察智相應浄識之所顯現，名本質教。故佛地論第一云：『有義，聞者善根本願增上緣力，如來識上文義相生。此文義相，是佛利他善根所起，名爲佛説。』若聞者識上所變文義，名爲影像。佛地論云：『如來慈悲本願增上緣力，聞者識上文義相生。此文義相，雖親依自善根力起，而就强緣名爲佛説。』故二十唯識論云：『展轉增上力，二識成決定。』護法論師等皆立此義。（中略）三、唯影無本，謂大乘實教，離衆生心，佛果無有色聲功德，唯有如如及如如智，獨存大悲大智爲增上緣，令彼所化根熟，衆生心中現佛色聲説法，是故聖教唯是衆生心中影像。夜摩偈云：『諸佛無有法，佛於何有説？但隨其自心，謂説如是法。』龍軍、堅慧諸論師等並立此義。四、非本非影，如頓教説，非直心外無佛色聲，衆生心内影像亦空，性本離故。亡言絶慮，即無教之教耳。須彌偈云：『法性本空寂，無取亦無見。性空即是佛，不可得思量。』淨名云：『其説法者，無説無示。其聽法者，無聞無得。』龍樹等宗多立此義。此前四説，總合爲一，圓融無礙，自淺之深，攝衆生故。」

已上約四句料簡門中，質、影雙通，護法爲勝。然若約名、句、文身解釋詮表，皆是意言分別。凡有詮量，不出心識。乃至能説、所説，並屬見聞覺知，心含善惡、諸心數等，無有一法出於心外。當知此心諸法之都，顯事合理，心可軌持，故稱曰經。豈止於心，乃至一切六塵，悉皆是經，以心徧一切處故。

如法華玄義云：「歷法明經者，若以經爲正翻，何法是經？舊用三種：一、用聲爲經。如佛在世[一]，金口演説，但有聲音詮辯，聽者得道，故以聲爲經。大品云：『從善知識所聞也。』[二]二、用色爲經。若佛在世，可以聲爲經，今佛去世，紙墨傳持，應用色爲[三]經。大品云：『從經卷中聞。』三、用法爲經[四]。故云：修我法者，證乃自知。三[五]塵爲經，施[六]於此土：耳識利者，能於聲塵分別取悟，則聲是其經，於餘非經；若意識利者，自能研心思惟取決，法是其經，於餘非經；眼識利者，文字詮量而得道理，色是其經，於餘非經。此方用三塵而已，餘三識鈍：鼻齅紙墨，則無所知；身觸經卷，亦不能解；舌噉文字，寧别是非？若他土，亦用六塵，亦偏用一塵。如浄名曰：『以一食施一切。於食等者，於法亦等。於法等，於食亦等。』〔七〕此即偏用舌根所對爲經。或有國土，以天衣觸身即得道，此偏用觸爲經；或見佛光明得道，此偏用色爲經。或寂滅無言，觀心得道，此偏用意爲經；如衆香土，以香爲佛事，此偏用香爲經。他方六根識利，六塵得爲經，此土三根識鈍，鼻不及驢、狗、鹿等，云何於香、味、觸等能得通達？

「問：根利故，於塵是經。鈍者，塵則非經耶？

「答：六塵是法界，體自是經，非根利取，方乃是經。何者？大品云：『一切法趣色，是趣不過。』〔八〕此色能詮一切法。如墨黑色，一劃詮『一』，二劃詮『二』，三劃詮『三』，竪一劃則詮『王』，足右劃則詮『丑』，足左劃則詮『田』，出上詮『由』，出下詮『申』，如是迴轉，詮不可盡。或一字詮無量法，無量字共詮一法，無量字詮無量法，一字詮一法，於黑墨小小迴轉，詮量大異，左迴詮惡，右迴詮善，上點詮無漏，下點詮有漏，殺活與奪，毁譽苦樂，皆在墨中，更無一法出此墨外。略而言之，黑墨詮無量教、無量行、無量理，黑墨亦是教本、行本、理本。黑墨從初一點至無量點，從點至字，從字至句，從句至偈，從偈至卷，從卷至部。又

從一字句中，初立小行，後著大行。又從點字中，初見淺理，後到深理。是名黑色教、行、義三種微發。」〔九〕

乃至「當知黑字是諸法本。青、黄、赤、白，亦復如是。非字非非字，雙照字非字。不可説非不可説，不可見非不可見，何所簡擇？何所不簡擇？何所攝？何所不攝？何所棄？何所不棄？是則俱是，非則悉非，能於黑色通達一切、非於一切，非通達一切、是通達一切，非非非是，一切法邪、一切法正。若於黑色不如是解，則不知字與非字。青、黄、赤、白，有對無對，皆不能知。若於黑色通達，知餘色亦如是。此即法華經意，以色爲經也。聲塵亦如是，或一聲詮一法。耳根利者，即解聲愛見因緣，即空即假即中，知脣舌、牙齒皆不可得，聲即非聲，非聲亦聲，非聲非非聲，聲爲教、行、義本，種種等義，皆如上説，是即通達聲經。香、味、觸等，亦復如是。經云：『一切世間治生産業，皆與實相不相違背。』〔一〇〕即此意也。外入皆經，周徧法界。内入亦如是，内外入亦如是。經云『非内觀得解脱，亦不離内觀得解脱』〔一一〕等」〔一二〕。

又云：「能觀心性，名爲上定，證〔一三〕心是體；夫有心者，皆當得三菩提，心是宗；制心一處，無事不辦，心是用。三界無别法，唯是一心作。覺觀心是語本，以心分别於心，證心是教相〔一四〕。

故云：「華香雲樹，即法界之法門；剎土衆生，本十身之正體。」〔一五〕故華嚴經云：「知一切法是正思惟藏。」〔一六〕

校注

〔一〕「世」，原無，據妙法蓮華經玄義補。

〔二〕見摩訶般若波羅蜜經卷二七常啼品。下一處引文同。

〔三〕「色爲」，原作「爲色」，據諸校本改。

〔四〕此下妙法蓮華經玄義有「内自思惟，心與法合，不由他教，亦非紙墨，但心曉悟，即法爲經」一段。

〔五〕「三」，原作「又」，據妙法蓮華經玄義改。三塵即前云聲、色和法。

〔六〕「施」，原作「若」，據妙法蓮華經玄義改。

〔七〕見維摩詰所説經卷上弟子品。

〔八〕見摩訶般若波羅蜜經卷一五知識品。

〔九〕見智顗説妙法蓮華經玄義卷八上。

〔一〇〕見妙法蓮華經卷六法師功德品。

〔一一〕見摩訶般若波羅蜜經卷三集散品。

〔一二〕見智顗説妙法蓮華經玄義卷八上。

〔一三〕「證」，原無，據妙法蓮華經玄義補。參後注。

〔四〕智顗説妙法蓮華經玄義卷一上：「大經云：『能觀心性，名爲上定。上定者，第一義定。』證心是體。大經云：『夫有心者，皆當得三菩提。』心是宗也。遺教云：『制心一處，無事不辦。』心是用也。釋論云：『三界無別法，唯是一心作。』心能地獄、心能天堂，心能凡夫、心能賢聖。覺觀心是語本，以心分別於心，證心是教相也。」按，諸經所云，皆撮述經意，非原文。

〔五〕見澄觀撰大方廣佛華嚴經疏卷三。

〔六〕見實叉難陀譯大方廣佛華嚴經卷五五。

問：若心外無法，唯聽無説者，云何佛言「我已所説法，如手中葉」〔一〕、又佛皆自説「我成佛來，不説一字」等？

答：古釋云：「林中葉喻，據爲其緣，令諸有情識變法解，名我已説如手中葉；未爲作緣，衆生自心未起法解，名我未説如林中葉。約爲增上，名説、未説。」〔二〕

校注

〔一〕大般涅槃經卷一三：「昔佛一時在恒河岸尸首林中。爾時，如來取小樹葉，告諸比丘：『我今手中所捉葉多？一切因地草木葉多？』諸比丘言：『世尊，一切因地草木葉多，不可稱計。如來所捉，少不足言。』『諸比丘，我所覺了一切諸法，如因大地生草木等。爲諸衆生所宣説者，如手中葉。』」

〔二〕見唐智周成唯識論演祕卷一。

又，唯識鏡〔一〕問云：此中既云「佛皆自説」〔二〕，何故乃言佛不説法？豈非自語相違過〔三〕耶？

答：此亦是可聞者自識變生，佛實不説，但爲增上也，衆生識上變此言故，故引爲證。

校注

〔一〕唯識鏡：已佚。明王肯堂成唯識論俗詮序：「自基師以來，有疏有鈔，疏、鈔之外，又有掌中樞要、唯識鏡等諸著述，不知何緣不入藏中。宋南渡後，禪宗盛極，空談者多，實踐者少，排擯義學，輕蔑相宗，前舉諸典，漸以散失。」又，本書卷四九、卷七九等引唯識義鏡，不知是否即此唯識鏡。唯識義鏡，或即成唯識論義鏡鈔之略稱。義天録新編諸宗教藏總録卷三海東有本見行録下，著録清素述成唯識論義鏡鈔十二卷，子注曰：「或六卷。」清素，唐貞元前後大安國寺僧。

〔二〕窺基成唯識論述記卷一：「如來實不説法，故大般若四百二十五、文殊問經等，佛皆自説：我成佛來，不説一字，汝亦不聞。」

〔三〕自語相違過：立論者所立之宗（命題）的前陳（主詞——稱事物的語詞）與後陳（賓詞——對於所指稱的事物有所述説的語詞）互相矛盾的過失，爲因明學中宗九過之一。宗九過，又稱似宗九過，宗、因、喻三支立量時，宗支中出現的九種過失，分别爲現量相違、比量相違、自教相違、世間相違、自語相違、能别不極成、所别不極成、俱不極成、相符極成。

問：但了一心能成深觀者，若無位次，皂白何分？須合教乘以祛訛濫，教觀雙辯，方契佛心。

答：誠如所言，闕一不可。圓教觀心，須明六即〔一〕。以三觀故，免數他寶；以六即故，無增上心。然心非數量，豈有四六之文？理合幽玄，誰分淺深之位？但爲證入有異，俄分四教之門；昇進亦殊，故列六即之位。此出台教止觀正文，簡慢濫於初心，證究竟於後位。

校　注

〔一〕六即：謂理即、名字即、觀行即、相似即、分真即、究竟即。理即，謂一切衆生悉住於佛性如來藏之理；名字即，指聽聞一實菩提之説而於名字中通達解了，知一切皆爲佛法，一切皆可成佛者；觀行即，謂既知名字而起觀行，心觀明了，理慧相應，所行如所言，所言如所行者；相似即，謂止觀愈趨明静而得六根清浄，斷除見思之惑，制伏無明，相似於真證者；分真即，又稱分證即，謂分斷無明而證中道之位，即由十住、十行、十迴向、十地、等覺等位，漸次破除一品之無明而證得一分之中道者；究竟即，謂斷除第四十二之元品無明，發究竟圓滿之覺智者，此即妙覺位，爲圓教究竟之極果。參見下文。

止觀云「約六即顯是者」〔二〕，問：「爲初心是？後心是？

「答：如論云焦炷〔二〕，非初不離初，非後不離後，若智、信具足，聞一念即是，信故不謗，智故不懼，初、後皆是。若無信，高推聖境，非己智分；若無智，起增上慢，謂己均佛，初、後俱非。爲此事故，須知六即，謂理即、名字即、觀行即、相似即、分真即、究竟即。此六即者，始凡終聖。始凡故，除疑怯；終聖故，除慢大。

「理即者，一念心即如來藏理，如故即空，藏故即假，理故即中，三智一心中，具不可思議。三諦一諦，非三非一。一色、一香、一切法、一切心，亦復如是，名爲理即菩提，亦是理即止觀，即寂名止，即照名觀。

「名字即者，理雖即是，日用不知，以未聞三諦，全不識佛法，如牛、羊眼，不解方隅。或從知識、或從經卷，聞上所説一實菩提，於名字中通達解了，知一切法皆是佛法，是爲名字即菩提，亦是名字止觀。若未聞時，處處馳求，既得聞已，攀覓心息，名止；但信法性，不信其諸，名爲觀。

「觀行即者，若但聞名口説，如蟲食木，偶得成字，是蟲不知是字非字，既不通達，寧是菩提？必須心觀明了，理慧相應，所行如所言，所言如所行。華首云：『言説多不行〔三〕。我不以言説，但心行菩提。』〔四〕此心口相應，是觀行菩提。釋論云四句評聞慧〔五〕，具足〔六〕，如眼得日，照了無僻〔七〕，觀行亦如是，雖未契理，觀心不息。如首楞嚴中射的喻〔八〕，是名觀行菩提，亦名觀行止觀。恒作此想名觀，餘想息名止。

「相似即菩提者，以其逾觀逾明，逾止逾寂，如射隣的，名相似觀慧。一切世間治生産業不相違背，所有思想籌量皆是先佛經中所説，如六根清浄中説〔九〕。圓伏無明名止，似中慧名觀。

「分真即者，因相似觀力，入銅輪位〔一〇〕，初破無明，見佛性，開寶藏，顯真如，名發心住。乃至等覺，無明微薄，智慧轉著。如從初月至十四日月，光垂圓，闇垂盡〔一一〕。若人應以佛身得度者，即八相成道〔一二〕；應以九法界身得度者，以普門示現〔一三〕。如經廣説，是名分真菩提，亦名分真止觀，分真智斷。

「究竟即菩提者，等覺一轉，入于妙覺，智光圓滿，不復可增，名菩提果。大涅槃斷，更無可斷，名果果。等覺不通，唯佛能通，過茶無道可説，故名究竟菩提，亦名究竟止觀。」〔一四〕

校注

〔一〕見智顗説、灌頂記摩訶止觀卷一下。

〔二〕龍樹造、鳩摩羅什譯大智度論卷七五：「佛告須菩提：『我當爲汝説譬喻，智者得譬喻，則於義易解。須菩提，譬如燃燈，爲用初焰燋炷？爲用後焰燋炷？』須菩提言：『世尊，非初焰燋炷，亦非離初焰。世尊，非後焰燋炷，亦非離後焰。』『須菩提，於汝意云何？炷爲燋不？』『世尊，炷實燋。』（中略）佛以現事譬喻答：『如燈炷，非獨初焰燋，亦不離初焰，非獨後焰燋，亦不離後焰而燈炷燋。』佛語須菩提：『汝自見炷燋，非初非後而炷燋。我亦以佛眼見菩薩得無上道，不以初心得，亦不離初心，亦不以後心得，亦不離後心而得無上道。』燈譬菩薩道，炷喻無明等煩惱，焰如初地相應智慧乃至金剛三昧相應智慧。燋無明等煩惱炷，亦非初心智焰，亦非後心智焰，而無明等煩惱炷燋盡，得成無上道。」慧琳一切經音義卷五：「焦炷，上即姚反，鄭注禮記云：焦，臭也。廣雅云：焦，黑也。説文從隹從火，經文中多作『燋』，音即藥反。案，燋者，灼龜之木也，非經義。下炷，音注。案，炷者，燈焰下。『焦』『炷』字，近代出，説文内無，亦是形聲字也。」

〔三〕「言説多不行」，華手經作「言説無所成，世多説不行」。

〔四〕見華手經卷三無憂品。

〔五〕「四句評聞慧」者，有慧無多聞、多聞無智慧、多聞利智慧和無聞無智慧。龍樹造、鳩摩羅什譯大智度論卷五：「有慧無多聞，是不知實相，譬如大闇中，有目無所見；多聞無智慧，亦不知實相，譬如大明中，有燈而無目；多聞利智慧，是所説應受；無聞亦無智，是名人身牛。」

〔六〕具足：指聞慧具足，即「多聞利智慧」，外通經論，内觀分明也。智顗説妙法蓮華經玄義卷一〇上：「教門爲信行人，又成聞義；觀門爲法行人，又成慧義。聞慧具足，如人有目，日光明照，見種種色。」

〔七〕鳩摩羅什譯金剛般若波羅蜜經：「若菩薩心不住法而行布施，如人有目，日光明照，見種種色。」

〔八〕首楞嚴三昧經卷上：「譬如學射，先射大準；射大準已，學射小準；射小準已，次學射的；學射的已，次學射杖；學射杖已，學射百毛；射百毛已，學射十毛；射十毛已，學射一毛；射一毛已，學射百分毛之一分；能射是已，名爲善射，隨意不空。」

〔九〕六根清净：消除眼等六根無始以來的罪垢，以無量功德莊嚴之，使之清净。妙法蓮華經卷六法師功德品：「若善男子、善女人，受持是法華經，若讀、若誦、若解説、若書寫，是人當得八百眼功德、千二百耳功德、八百鼻功德、千二百舌功德、八百身功德、千二百意功德。以是功德，莊嚴六根，皆令清净。」得六根清净功德之位，即相似即。由此清净之功德，六根各發無礙妙用，得六根互用自在。吉藏法華論疏卷下：「六根清净者，於一一根中，悉能具足見色、聞聲、辨香、别味、覺觸、知法等諸根互用。」

〔一〇〕湛然述止觀輔行傳弘決卷一之五：「入銅輪者，本業瓔珞上卷經意，以六因位而譬六輪，乃至六性、六堅、六忍、六定、六觀等，皆作瓔珞名者，以其此位莊嚴法身。言六輪者，謂鐵輪十信、銅輪十住、銀輪十行、金輪十向、瑠璃輪十地、摩尼輪等覺，輪是碾惑摧伏等義。」

〔一一〕詳見大般涅槃經卷九。

〔一二〕八相成道：佛陀一生的八個階段。以成道爲中心，故稱八相成道。詳見本書卷一六注。

〔一三〕普門示現：謂佛菩薩以自在神通，示現種種身，開無量法門，令衆生得證圓通。

〔一四〕見智顗説、灌頂記摩訶止觀卷一下。「『智光圓滿』，猶是用大經月愛中意。菩提屬智德，涅槃屬斷德，故云『大涅槃斷』。智、斷二德，更非異時。菩提名道，宜立智名；涅槃寂滅，宜立斷名。智德滿處，復具斷德，故云果及果果。究竟而論，三菩提滿即三德滿，果及果果仍成教道。『過茶無道』者，道本能通至於所通，所通既極，能通亦休。（中略）又道是因義，以果滿故，故無因也，四十二字究竟極故。又一一即中，皆云菩提，亦名止觀，即異名也。」

古德約四教明六即者，若藏教，執色爲有，施拙度〔一〕破析之因，成但空灰斷之果。通教，執色心是空，了緣生無性之宗，失中道不空之理。別教，從心生十法界，心但有能生十界之理性，未即便具十界之因果，如從地生一切草木，但從一心次第生十界也。圓教，心具十法界，不待能所生，亦無前後際，只一念是十界，只十界是一念，一切時、一切處、一切法，念念中體常圓滿，塵沙萬德，不欠少一分，八萬惑業，不除斷一分。不謂佛是果頭〔二〕極聖，我未證得；不謂凡是底下穢濁，我應捨離。摠覽法界在一念心頭，如一圓珠瑩徹，明白圓解，更無覺觀進修，亦不見有凡聖取捨分別，妄念悉盡也〔三〕。以初圓信人未得純浄，煩惱有厚薄，習氣有淺深，分別難忘，攀緣易起，心浮觀淺，惑重境强，於對治之中，故分六即。

是以凡夫心性本體，實齊上聖，但凡夫未能常用本，隨境生心，分別計校，千差萬別，雖在人道，心多不定，或發地獄心，或發餓鬼、畜生心，何況人、天善道？何況三乘聖道？無始妄習，何能頓遣？雖有見解，未能常照，故是凡也。若生死即涅槃，煩惱即菩提，是理即；若能暫照諦理，即坐佛座、證佛身、用佛法，當此一念圓現時，不見十方佛，異我此身此念也，解而未修，是名字即；念有分數，名觀行即；念似於境，名相似即；境入於念，名分真即；無境無念，名究竟即。雖六常一，何凡何聖？雖一常六，凡聖天絶〔四〕。

校注

〔一〕拙度：小乘之觀法。智顗説妙法蓮華經玄義卷八下：「三藏四門，紆迴隘陋，名爲拙度；通教四門，是摩訶衍，寬直巧度。門有巧、拙之殊，能通爲八，真理無二，所通唯一。譬如州城，開四面門，四面偏門，以譬三藏；四面直門，以譬通教。偏、直既殊，能通爲八，使君是一，所通不二也。」

〔二〕果頭：從義撰摩訶止觀義例纂要卷四：「極果最高，喻之如頭，故云果頭。」

〔三〕「別教，從心生十法界」至此，參見法藏撰止觀科節。

〔四〕「心性本體」至此，見法藏撰止觀科節。

又，六而常一故言即，一而常六故初後不齊。當觀念時，非一非六。又，譬如「不離貧女家得金即」也，貧女得金即富，可喻衆生悟圓〔一〕即佛。取金有次第，豈非六乎？耘除草穢，觀行伏惑也。掘土近金，似見有物〔二〕，物未分明，豈非相似〔三〕？收得一分，豈非分真？盡得受用，女人歡喜，豈非究竟耶？是以頓悟宗已，復須言行相應，既得本清淨，又須離垢清淨。

校注

〔一〕「悟圓」，原無，據天台宗未決附日僧義真疑問之釋疑補。

〔二〕「有物」，原無，據天台宗未決附日僧義真疑問之釋疑補。

〔三〕「不離貧女家得金即也」至此，見天台宗未決附日僧義真疑問之釋疑。此卷附録中，義真問十三事，其第十二爲「不離貧女家得金即取金有次六事」。又，此「貧女家得金」喻，出大般涅槃經卷七，見本書卷二〇引。

如大集經偈云：「遠離一切諸煩惱，清淨無垢猶真實，其心能作大光明，是名寶炬陀羅尼。」〔一〕又云：「若有不覺一切境界及自境界，如是之人，則能調伏。」〔二〕

校注

〔一〕見大方等大集經卷四。

〔二〕見大方等大集經卷一三。

問：如來無〔一〕密語，迦葉不覆藏〔二〕，則衆生心常自明現，何須教觀開示，廣論横豎？

答：只爲佛之知見，蘊在衆生心，雖然顯現，而迷者不知，以客塵所覆，妄見所障，雖有如無。似世間寶藏，爲物所覆，莫有知者。是以須的示其寶處，令親得見，遂獲其寶，利濟無窮。此亦如是，因斯方便之門，得見心寶，遂以緣了資發，親得現前，智藏豐隆，法財具足，有茲勝利，教跡非虛。

校注

〔一〕「無」，當爲「有」之誤。參後注。

〔二〕大般涅槃經卷五：「諸佛世尊唯有密語，無有密藏。」寶亮等集大般涅槃經集解卷一三：「（僧宗曰）唯有密語者，迦葉探取佛意，言唯有密語，無密藏也。何者？以昔常機未至，不得説常，而無常之教，乃意在於常，豈有祕密耶？」祖堂集卷八雲居和尚：「有尚書問：『古人有言「世尊有密語，迦葉不覆藏」，如何是世尊有密語？』師喚尚書，尚書應喏。師云：『還會摩？』尚書云：『不會。』師曰：『汝若不會，世尊有密語；汝若會，迦葉不覆藏。』」圓悟佛果禪師語録卷一五法語中示裕書記：「如來有密語，迦葉不覆藏。迦葉不覆藏，乃如來真密語也。當不覆藏即密，當密即不覆藏。此豈可與繫情量、立得失、存窠窟、作解會者舉耶？透脱到實證之地，向出格超宗頂顙上領始得。既已領略，應當將護，遇上根大器，方可印受也。」

如大涅槃經云：「譬如大海，雖同一鹹，其中亦有上妙之水，味同於乳。喻如雪山，雖復成就種種功德，多生諸藥，亦有毒草。諸衆生身，亦復如是，雖有四大毒虵之種，其中亦有妙藥大王，所謂佛性，非是作法，但爲煩惱客塵所覆。若剎利、婆羅門、毗舍、首陀能斷除者，即見佛性，成無上道。」〔一〕

校注

〔一〕見大般涅槃經卷八。

所以古德云：「開物性原者，良以衆生性含智海，識洞真空，但衣蔽明珠，室埋秘藏，要假開示，令其悟入。」〔一〕須憑觀慧，以契無生。又〔二〕欲廣其義用，須明橫竪法門。竪唯一心，橫徧一切。心非橫竪，橫竪是心。隱顯同時，卷舒無礙。念念相即，法法融通。將竪約橫，則無橫而不竪，一一法皆至心原；將橫約竪，則無竪而不橫，具一切句及一一句，皆廣等法界。所以義海云：「體無別異，舉則全鋒；理不殊途，談皆頓顯。良由二邊相盡，差別體融，隨智卷舒，應機屈曲。是故言起即起，誰云路之不通？舉多即多，孰談法之無在？」〔三〕

校注

〔一〕澄觀述華嚴經行願品疏卷一：「開物性源者，謂上理、事，衆生性有，其猶要是真璞，琢成寶器。良以衆生性含智海，識洞真空，衣蔽玄珠，室埋祕藏，而妄隨境變，體逐相遷，鼓擊真源，浩蕩無際。今令知心合體，忘照性情，瑩模内之金容，剖塵中之經卷，故談斯教，以示真原。」此處引文，見澄觀別行疏、宗密隨疏鈔華嚴經行願品疏鈔卷二中澄觀別行疏文。

〔二〕「又」，諸校本作「人」。

〔三〕見法藏述華嚴經義海百門差别顯現門第六。

故知立教皆爲對機，機宜不同，教分多種。且如觀色一法，五教證入不同。初小乘，見是實色，不説性空。初教，見此色法，從緣所成，必無自性，即空無所有，如波歸水。終教，見色空無礙，以真空不守自性，隨緣成色，即是幻色，遂賴空成。即此賴空之色，虚相無體，恒自性盡而空現，是故色即空而常泯，空即色而常存，要由自盡之色方是空色，成色之空乃是真空，舉體互融，無有障礙，如水入波。頓教，一色法，無非真理所收，是故此色即真理一味等，更無别法而可顯説，水波雙絶。圓教，起即全收，一多互攝，同時成立，一塊圓明，隨舉即色，隨舉即空，義味自在，隨智取用。何以故？隨舉一門，無不顯現。

古德云：「皆本一心而貫諸法。夫一心者，萬法之摠也，分而爲戒、定、慧，開而爲六度，散而爲萬行。萬行未嘗非一心，一心未嘗違萬行。然則一心者，萬法之所生，而不屬於萬法。得之者，則於法自在矣；見之者，則於教無礙矣。本非法，不可以法説；本非教，不可以教傳。豈可以軌跡而尋哉？」〔一〕

校注

〔一〕見宗密示寂後裴休撰傳法碑。故「古德」者，裴休也。開成五年正月六日，圭峰宗密禪師示寂，相國裴休撰傳法碑。此碑文，見隆興佛教編年通論卷二五、佛祖歷代通載卷一六等。

故知但研精一法，内照分明，自然柔軟入神，順法界之性；無心合道，履一際之門。所以大智度論云：「以人心多散，如狂、如賊、如醉。一心敬慎，是諸功德初門。攝心得禪，便得實智慧；得實智慧，便得解脱；得解脱，便得盡苦。如是等事，皆從一心得。」〔一〕

校注

〔一〕見龍樹造、鳩摩羅什譯大智度論卷一〇。

華嚴私記〔一〕云：無縛無著迴向者，只了一切皆如故，所以無縛著耳。知一切皆無縛脱，一法既尔，一切法皆然。所以一切法即一法，一法即一切法。若一切法皆無性，即是分身佛集〔二〕、寶塔出現〔三〕、須弥入芥〔四〕耳。如是洞達，一解千從，則知佛向無所有中出生，法於畢竟空中建立。以無生無性故，迴轉由心，遂得集散同時，大小即入。所以森羅義趣，報化影像，乃至無量德業，廣大神通，於宗鏡中，一時顯現。且如龍蜃等類，全是業果生死之身，尚現不思議之力用，何況悟根本心、具如實智，而不能現廣大之神用乎？

校　注

〔一〕按，日圓珍福州温州台州求得經律論疏記外書等目録，著録「華嚴經私記兩卷」，子注曰：「上、下，牛頭。」牛頭，即法融，傳見續高僧傳卷二一唐潤州牛頭沙門釋法融傳。詳見本書卷一九注。又，實叉難陀譯大方廣佛華嚴經卷二三：「菩薩摩訶薩有不可思議大願充滿法界，普能救護一切衆生，所謂修學去、來、現在一切佛迴向。（中略）菩薩摩訶薩迴向有十種，三世諸佛咸共演説。」其中第九爲「無縛無著解脱迴向」。此處引文，即是對此迴向的解釋。

〔二〕妙法蓮華經卷四見寶塔品：「爾時，東方釋迦牟尼佛所分之身，百千萬億那由他恒河沙等國土中諸佛，各各説法，來集於此。」

〔三〕妙法蓮華經卷四見寶塔品：「爾時，佛前有七寶塔，高五百由旬，縱廣二百五十由旬，從地涌出，住在空中，種種寶物而莊校之。」

〔四〕維摩詰所説經卷中不思議品：「諸佛菩薩有解脱名不可思議。若菩薩住是解脱者，以須彌之高廣内芥子中無所增減，須彌山王本相如故，而四天王、忉利諸天不覺不知己之所入，唯應度者乃見須彌入芥子中，是名住不思議解脱法門。」

如華嚴經云：「佛子，如羅睺阿脩羅王，本身長七百由旬，化形長十六萬八千由旬，於大海中出其半身，與須弥山而正齊等。佛子，彼阿脩羅王雖化其身長十六萬八千由旬，然亦不壞本身之相，諸蘊、界、處悉皆如本，心不錯亂，不於變化身而作他想、於其本身生非己想，本受生身恒受諸樂，化身常現種種自在神通威力。佛子，阿脩羅王有貪、恚、癡，具足憍慢，尚能如是變現其身，何況菩薩摩訶薩能深了達心法如幻，一切世間皆悉如夢，一切諸佛出興於世皆如影像，一切世界猶如變化，言語音聲悉皆如響，見如實法，以如實法而爲其身，知一切法本性清淨，了知身心無有實體，其身普住無量境界，以佛智慧廣大光明，淨修一切菩提之行！」〔一〕

乃至「如有幻師，隨於一處作諸幻術，不以幻地故，壞於本地；不以幻日故，壞於本日。菩薩摩訶薩亦復如是，於無國土現有國土，於有國土現無國土；於有衆生現無衆生，於無衆生現有衆生。無色現色，色現無色。初不亂後，後不亂初。菩薩了知一切世法，悉亦如是，同於幻化。知法幻故，知智幻；知智幻故，知業幻；知智幻、業幻已，起於幻智，觀一切業如世幻者，不於處外而現其幻，亦不於幻外而有其處。菩薩摩訶薩亦復如是，不於虛空外入世間，亦不於世間外入虛空。何以故？虛空、世間無差別故，住於世間，亦住虛空。菩薩摩訶薩於虛空中，能見、能修一切世間種種差別妙莊嚴業，於一念頃悉能了知無數世界若成若壞，亦知諸劫相續次第；能於一念現無數劫，亦不令其一念廣大。菩薩摩訶薩得不思議解脱幻智，到於彼岸。住於幻際，入世幻數，思惟諸法，悉皆如幻。不違幻世，盡於幻智，了知三世與〔二〕幻無別，決定通達，心無邊際。如諸如來住如幻智，其心平等。菩薩摩訶薩亦復如是，知諸世間皆悉如幻，於一切處皆無所著，無有我所。如彼幻師作諸幻事，雖不與彼幻事同住，而於幻事亦無迷惑。菩薩摩訶薩亦復如是，知一切法到於彼岸，心不計我能入於法，亦不於法而有錯亂」。

校注

〔一〕見實叉難陀譯大方廣佛華嚴經卷四〇。下一處引文同。

〔二〕「與」，原作「典」，據諸校本及大方廣佛華嚴經改。

問：只如自心，如何觀耶？

答：性該始終之際，體非起盡之緣；體徧迷悟之中，性非解惑之事〔一〕。又云：夫心原本浄，無爲無數，非一非二，無色無相，非偏非圓。雖復覺知，亦無覺知。若念、未念，四運〔二〕檢心，畢竟叵得，豈可次第、不次第，偏、圓觀耶？猶如虚空，等無有異，此之心性，畢竟無心。有因緣時，亦得明心。既有論心，即有方便正觀之義。譬如虚空，亦有陰陽時雨〔三〕。心亦如是，雖無偏、圓，亦論漸、頓〔四〕。若觀心具有性得〔五〕三諦、性得三觀及一切法無前無後、無有次第，一念具足〔六〕，十法界法〔七〕。若觀心非空非有，則一切從心生法亦非空非有，如是等一切諸法，在一心中。當知觀此心原，與如來等。若作如此圓觀，其人行、住、坐、卧，皆應起塔，生如來心〔八〕，如此觀心，名觀佛心也〔九〕。

校注

〔一〕澄觀述大方廣佛華嚴經隨疏演義鈔卷三一：「言不生滅等者，旦公云：性該始終，體非起盡。體遍迷悟，性非解惑，故云『不生不滅』。」

〔二〕四運：俱稱四運心，凡人起念，有四位：一、未念，二、欲念，三、正念，四、念已。此四位名四運者，以其念念相續而運行故也。智顗說、灌頂録金光明經玄義卷下：「雖觀一念心而實有四運，此心迴轉不已，所謂未念、欲念、念、念已。從未念運至欲念，從欲念運至念，從念運至念已，復更起運，運運無窮，不知休息。如閉目在舟，不覺其疾，觀一運心，即空、即假、即中。一一運心，亦復如是，從心至心，無不即空、即假、即中。是則從三諦運至三諦，無不三諦時，是名以運。」

〔三〕「時雨」，觀音玄義作「兩時」。

〔四〕按，觀音玄義此後有云：「若作次第觀心者，即是方便漸次意也。」

〔五〕「得」，觀音玄義作「德」。下同。按，「性得」，天台宗多作「性德」，即本性之德，一切萬物本性具足之性能。

〔六〕知禮述觀世音菩薩普門品玄義記會本卷三：「三諦即正因，三觀即了因，一切法即緣因。具緣、了之正，名爲三諦；具正、緣之了，名三觀；具正、了之緣，名一切法。故大經云：法身亦非，般若亦非，解脱亦非，此之三法，舉一即三，三即是一，非縱非横，同居一念。」

〔七〕「十法界法」，觀音玄義作「十法界法千種性相因緣生法，即空、即假、即中，千種三諦無量無邊法，一心悉具足，此即不次第觀也」。又，觀音玄義卷下：「十法界交互即有百法界千種性相，冥伏在心，雖不現前，宛然具足。譬如人面備休、否相，庸人不知，相師善識。今衆生性相，一心具足，亦復如是，凡人多顛倒，少不顛倒，理具情迷。聖人知覺即識，如彼相師，知此千種性相，皆是因緣生法。」

〔八〕「心」，觀音玄義作「想」。

〔九〕「又云」至此，詳見智顗説、灌頂記觀音玄義卷下。

輔行記云：「心造即是心具，故引心造之文，以證心具。華嚴經偈云：『心如工畫師，造種種五陰，一切世界中，無法而不造。如心佛亦尔，如佛衆生然，心、佛及衆生，是三無差别。若人欲求知，三世一切佛，應當如是觀，心造諸如來。』〔一〕不解今文，如何消偈心造一切、三無差别？言心造者，不出二意：一者、約理，造即是具；二者、約事，不出三世。三世又三：一者、過造於現，過、現造當，如無始來及以現在，乃至造於盡未來際一切諸業，不出十界、百界、千如、三千世間。二者、現造於現，即是現在同業所感，逐境心變，名之爲造。以心有故，一切皆有；以心空故，一切皆空。如世一官，所見不同，是畏是愛，是親是怨。

三者、聖人變化所造，亦令衆生變心所見，並由理具，方有事用。今欲修觀，但觀理具，俱破俱立，俱是法界，任運攝得權實所現。」〔一〕

又，「問：此不思議，亦約次第以釋十法界，與思議何別？答：其實無別。思議，乃作從心生説；不思議，作一心具説」〔二〕。

校 注

〔一〕見佛馱跋陀羅譯大方廣佛華嚴經卷一〇。

〔二〕見湛然述止觀輔行傳弘決卷五之三。下一處引文同。

若能如上信解，福德無量，佛親比校，萬行難偕。如法華經偈云：「若人求佛慧，於八十萬億，那由他劫數，行五波羅蜜。於是諸劫中，布施供養佛，及緣覺弟子，并諸菩薩衆。珍異之飲食，上服與卧具，栴檀立精舍，以園林莊嚴。如是等布施，種種皆微妙，盡此諸劫數，以迴向佛道。若復持禁戒，清淨無缺漏，求於無上道，諸佛之所歎。若復行忍辱，住於調柔地，設衆惡來加，其心不傾動。諸有得法者，懷於增上慢，爲此所輕惱，如是亦能忍。若復勤精進，志念常堅固，於無量億劫，一心不懈息。又於無數劫，住於空閑處，若坐若經行，除睡常攝心。以是因緣故，能生諸禪定，八十億萬劫，安住心不亂。持此一心福，願求無上道，我得一切智，盡諸禪定際。是人於百千，萬億劫數中，行此諸功德，如上之所説。有善男女等，聞我説壽命，乃至一念信，其福過於彼。」〔一〕

校注

〔一〕見妙法蓮華經卷五分別功德品。

文句疏釋云：「一念信解者，謂隨所聞處豁尔開明，隨語而入，無有罣礙，信一切法皆是佛法，又信佛法不隔一切法，不得佛法不得一切法，而見一切法亦見佛法，即一而三，即三而一。亦是行於非道，通達佛道；行於佛道，通達一切道。不得佛道一切道，而通達佛道一切道。無所有而有，而有無所有，非所有、非無所有。如門前路，通達一切東西南北，劃無壅礙。眼、耳、鼻、舌、身、意凡有所對，悉亦如是。無疑曰信，明了曰解，是爲一念信解心也。」〔二〕

此一念信解心，心同佛心，信齊佛信，入真實般若之性，到究竟解脱之原，所以無量無數劫中，修五波羅蜜之功德，校量信解宗鏡一念之功，萬不及一。故云：「不識玄旨，徒勞念静。」〔三〕是以先悟宗鏡，然後圓修，理行無差，方爲契當。

校注

〔一〕見智顗説妙法蓮華經文句卷一〇上釋分别功德品。

〔二〕見僧璨信心銘。

問：如上觀心，如何是所入、能入之門？

答：能、所之入，唯是一心。約智而論，假分能、所，所入即所證一心之理，能入即能觀一心之智。又，理是心之體，智是心之用。猶如日光，還照日體，以此心光，復照心體，則二而不二，體、用冥一；不二而二，能、所似分。

今約先德依華嚴宗，立所入、能入二門。

先明所入者，統唯一真法界，謂寂寥虛曠，沖深包博，揔該萬有，即是一心。體絶有無，相非生滅，迷之則生死無窮，解之則廓然大悟。爲揔開示，不知以何詺〔一〕目，强分理、事二門，而理、事渾融，無有障礙。

一、事法界。

二、理法界，略有二門：一、性淨門，在纏不染，性恒清淨，雖徧一切，不同一切，如濕之性，徧於動靜，凝流不易，淨穢恒如；二、離垢門，由對治障盡，隨位淺深，體雖湛然，隨緣有異。

三、事理無障礙法界，亦有二門〔二〕：一、相即無礙門，一心法界，含真如、生滅二門，互相交徹，不壞性相，其猶攝水之波非静，攝波之水非動。二、形奪無寄門，謂無事非理，故事非事也；無理非事，故理非理也。

四、雙融俱離，性相渾然，而有十門：一、由離相故，事壞而即理。二、由離性故，理泯而即事。三、由離相不壞相故，事即理而事在，以非事爲事。四、由離性不泯性故，理即事而理在，以非理爲理。五、由離相不異離性故，事理雙奪，迥超言念。六、由不壞、不異、不泯故，有初事理二界俱存，爛然可見。七、由不壞、不泯、不異離相、離性故，爲一事理無礙法界，使超視聽之妙法，無不恒通見聞，絶思議之深義，未嘗礙於言念。八、由以理融事，令無分劑，如理之徧，一入一切；如理之包，一切入一。故緣起之法，一一各攝法界無盡。九、由因果法各全攝故，令普賢身中，佛佛無盡；佛毛孔内，菩薩重重。十、因果法界差別之法，無不恒攝法界無遺故，隨一一門，一一位，各攝重重，故廣刹大身，輕塵毛孔，皆無盡相。以其後一，揔融前九，爲渾融門〔三〕。

校注

〔一〕「詺」，嘉興藏本作「名」。「詺」，同「名」。

〔二〕按，華嚴經行願品疏卷一中云「無障礙法界，界通性分，略有三門」，第三門爲「雙融俱離，性相渾然門」。

〔三〕「今約先德依華嚴宗」至此，參見澄觀述華嚴經行願品疏（貞元新譯華嚴經疏）卷一及宗密鈔華嚴經行願品疏鈔（大方廣佛華嚴經普賢行願品别行疏鈔）卷二。

夫法界者，即一心之揔名，萬行之歸趣。如華嚴論云：「從信、住、行、迴向、十地、十一地及佛果，揔以法界爲果體，文殊爲法界理，普賢爲法界智，理智妙用，爲一佛門。以此一門，爲化群蒙，分爲二法。若也逐根隨俗，法門無盡。若論實理，不離無法界之中一法，一多無礙，名爲普賢。始接童蒙，達無性理中，妙簡正邪，入無生慧，名號文殊，亦名童子菩薩。能同苦際，興行利生，治佛家法，名爲普賢。二人參體，名之爲佛。本來自在，名爲法界。從初徹後，揔此法界爲體，更無别法。此品爲一切諸佛因果之大都，亦是衆聖賢所行之大路，無出此也。亦是自心一切智王之所遊觀之大宅也，亦是一切衆生之所依，故名法界。」〔一〕

校注

〔一〕見李通玄撰新華嚴經論卷二三。

二、能入門有二：一、果海離於説相，二、因門可寄言説。今且略明無分別智證理法界〔一〕，以爲五門：一、能、所歷然，謂以無分別智，證無差別理，如日合空，雖不可分而日非空，空非日光。二、能、所無二，以知一切法即心自性，以即體之智還照心體，舉一全收。舉理收智，智非理外；舉智收理，智體即寂。如一明珠，珠自有光，光還照珠。三、能、所俱泯，由智即理，故智非智，以全同理，無自體故；由理即智，故理非理，以全同智，無自立故。如波即水，動相便虚；如水即波，静相亦隱。動静兩亡，性相齊離。四、存泯無礙，離相離性，則能、所雙泯，不壞性相；能、所歷然，如波與水，雖動静兩亡，不壞波濕。五、舉一全收。上列四門，欲彰義異，理既融攝，曾無二原，如海一滴，具百川味〔二〕。

校注

〔一〕按，據宗密圓覺經大疏卷中之四，「因門可寄言説又有二門，一、證理法界，二、證餘法界」。「今且略明無分別智證理法界」者，但約無分別智「證理法界」也。

〔二〕「二、能入門有二」至此，參見澄觀述華嚴經行願品疏卷二及宗密鈔華嚴經行願品疏鈔卷二。

又，所入境者，即不思議解脱境界。何名不思議？心言罔及故。何法不思議？即解脱境界。解脱有二：一、作用解脱，作用自在脱拘礙故；二、離障解脱，具足二智脱二障故。

二障者，即煩惱、所知二障。煩惱障事，所知障理，一切衆生不證真心，皆爲二障所纏。由内離障，外用無羈，二義相成，揔名解脱。境界有二：一、分劑境，如國疆域，各有分劑，佛及普賢德用分劑，無能及故；二、所知境界，事、理無邊，唯佛普賢方究盡故。由證所知無邊之境，故成德用無有邊涯。二亦相成，揔爲境界。此二不二，故不思議。

又，能入者，即普賢行願。又，人與法俱稱普義。若約人，即普賢；若約法，即普法。所言入者，能、所契合，泯絶無寄，一入全真，方爲真入[一]。

校注

〔一〕「所入境者」至此，參見澄觀述華嚴經行願品疏卷二及宗密鈔華嚴經行願品疏鈔卷三。

又，不入而入，以智體即如，如外無法而可攀緣，故無可入。心行處滅，寂然無入。不失照用故，恒以一如而觀諸法，故名而入。此二無礙，方爲真入[一]。

校注

〔一〕「不入而入」至此，參見澄觀撰大方廣佛華嚴經疏卷五〇。

又，佛境入無所入，有三：一、約一切衆生即如來藏，更何所入？翻迷之悟，故云證入。

二、約理，非即非異，故云入無所入。三、約心境，心冥真境，故説爲入。若有所入，境智未亡，豈得稱入？實無所入，方名真入〔一〕。

校　注

〔一〕「佛境入無所入」至此，見澄觀撰大方廣佛華嚴經疏卷一五。

又，入、不入二義，上約緣起相由門〔一〕。今法性融通門者，即性之一字。夫法性融通，要不壞相而即真性。入則壞緣起者，無可相入；不入則壞性者，則性不徧一切法故。由不壞性相，方是法性融通義也。二〔二〕、「又要由不入方能入耳」者，亦通二門，唯就相説。若約緣起門，要由諸緣歷然不入，方得相資徧相入耳；若約法性融通門者，要由事相歷然，方隨理融入一切法。故説若唯約理，無可即入。若雙約性相上第一義，相即不入，性即能入，若獨相獨性，俱不能入，要二相融方能入。又，若約體空，則無來無入；若唯約性，無可即入。若約相不壞，如本無差者，或唯約事，不能即入。以性融相，故得互入，是顯正入義，謂不異理之一事全攝法性時，令彼不異理之多事隨所依理，皆於一中現等。一事攝理既尔，多事攝理亦然，則一事隨所依理，皆於多中現，故得互入，是法性融通門〔三〕。以此一門，能入萬法。故法華疏云：「以實相入真，決了聲聞法，是諸經之王。實相入俗，一切治生産業，皆與實相不相違背。實相入中，諸法無非佛法。」〔四〕若入此三觀，即是入一切法，以諸法不出三諦故。

校注

〔一〕按，澄觀撰大方廣佛華嚴經疏卷一一：「入而無入，入則壞緣起，不入壞性用，又要由不入方能入耳。」又，「上約緣起相由門」者，澄觀述大方廣佛華嚴經隨疏演義鈔卷二七：「初一、反釋通緣起相由及法性融通二門。約緣起門者，凡緣起法，要有三義，一、諸緣各異義，二、互遍相資義，三、俱存無礙義。今云『入則壞緣起』者，反釋不入，入則失緣，則無諸緣各異之義。言『不入則壞性用』者，反釋入義，則不得不入，不入則不得力用交徹故。無互遍相資之義，則壞用也。若具入不入，則俱存無礙，成緣起門。」

〔二〕按，此云「二」者，屬轉引刪改所致文本缺陷。此處引自大方廣佛華嚴經隨疏演義鈔卷二七而有刪改，原文前本有「初一、反釋通緣起相由及法性融通二門」，參前注。

〔三〕「入、不入二義」至此，見澄觀述大方廣佛華嚴經隨疏演義鈔卷二七。

〔四〕見智顗説妙法蓮華經文句卷一〇下釋藥王菩薩本事品。

問：十住菩薩證入之時，唯一真如，無有境界，云何復説分劑二種境界？

答：此是不思議境界，非同情執，或存、或泯，或揔合、或俱離，不出一心而論舒卷。若存，非立心外之法，是存其全理之事；若泯，非壞全事之理，是泯其體外之見。則不礙心境

而一味，不壞一味而心境。故華嚴經頌云：「如來甚深境，其量等虚空，一切衆生入，而實無所入。」〔一〕

校注

〔一〕見實叉難陀譯大方廣佛華嚴經卷一三。

問：若正觀成時，以有心成？以無心成？

答：夫入此宗，不可以有、無求，不可以能、所辯。若以有念析歸無念，此念還成有；若以無心作空無會者，即成斷滅，皆落意地，不出見知。

又，若逆之，則不合事、理；若順之，又成能、所。只可以妙會，不可以事求。所以華嚴會意〔一〕云：並須除念會意，無間相續，順法修行。若動念起心，即入魔網。以法不動念故，順法即念除，我見是妄心，違法故生死。是知法無動念，不可以有念求。又非無念，不可以無心得，應可玄會取其意耳。如説有不有、無不無等，但動心即寂，是彼法故名順法也。若以心順於法，即有能、所，非順法也。

校注

〔一〕華嚴會意：不詳。本書卷六六、卷七八中亦有稱引。

故維摩經云："法離一切觀行。"〔一〕肇師云："法本無相，非觀行之所能見，見之者，其唯無觀乎？"〔二〕如赤水求於玄珠，罔象而得之，故云："藏於身不藏於川，在於心不在乎水。"〔三〕故莊子云："黄帝遊於赤水之北，登崑崙之丘南望，遺其玄珠。使智索之而不得，使离婁索之而不得，乃因罔象得之。黄帝曰：『異哉，罔象乃可得之！』"〔四〕

校注

〔一〕見維摩詰所説經卷上弟子品。

〔二〕見注維摩詰經卷二。

〔三〕見白居易求玄珠賦。

〔四〕見莊子天地。智圓述維摩經略疏垂裕記卷八："説者謂絶思慮故，智索不得；離聲色故，離朱索不得；離言辨故，謑詬索不得；罔象無心，義無心，乃得珠。"

夫真不可以定求，故無心以得之。如弄珠吟云："罔象無心卻得珠，能見能聞是虚僞。"〔一〕然雖不落見聞，又非無知覺。如融大師信心銘云："惺惺了知，見網轉弥。寂寂無見，闇室不移。惺惺無妄，寂寂寥亮。寶印真宗〔二〕，森羅一相。"〔三〕所以無念者，即念而無念，以念無自性，緣起即空。

校注

〔一〕見丹霞和尚弄珠吟。按，祖堂集卷四丹霞和尚中，全詩名弄珠吟；景德傳燈録卷三〇中，全詩名翫珠吟二首，此出其一。

〔二〕「寶印真宗」，法融心銘作「萬象常真」。

〔三〕見法融心銘，全文見景德傳燈録卷三〇牛頭山初祖法融禪師心銘。

又，緣起者，皆是真性中緣起，豈屬有無？乃至即生無生，即滅無滅，亦復如是。故寶藏論云：「若言其生，無狀無形。若言其滅，今古常靈。」〔一〕又云：「是以斬首灰形，其無以損生；金丹玉屑，其無以養生。故真生不滅，真滅不生，可謂常滅，可謂常生。其有愛生惡滅者，斯不悟常滅；愛滅惡生者，斯不悟常生。」

校注

〔一〕見寶藏論廣照空有品。下一處引文同。

永嘉集云：「故知妙道無形，萬像不乖其致；真如寂滅，衆響靡異其原。迷之則見倒惑生，悟之則順違無地。闃寂非有，緣會而能生；峨嶷非無，緣散而能滅。滅既非滅，以何

滅滅？生既非生，以何生生？生滅既虛，實相常住矣。」〔一〕

校注

〔一〕見玄覺撰禪宗永嘉集答朗禪師書。

華嚴疏云：「生之無生，真性湛然；無生之生，業果宛然。」〔一〕是知若即念存有念，即是常見；離生求無生，即是斷見，皆不達實相無生無滅之理。若正了無生，則無生無不生，豈定執有生、無生之二見乎？所以云：「誰無念？誰無生？若實無生無不生，喚取機關木人問，求佛施功早晚成。」〔二〕若以息念歸無念，如同寒木死灰，與木人何別！豈有成佛之期耶？斯乃尚未知即念而無念，寧知一念頓圓乎？

如：「有問言：夫妙行者，統唯無念。今見善、見惡，願離、願成，疲役身心，豈當爲道？答：若斯見者，離念求於無念，尚未得於真無念也，況念、無念之無礙耶？又，無念但是行之一也，豈成一念頓圓？」〔三〕

校注

〔一〕見澄觀撰大方廣佛華嚴經疏卷一四。

〔二〕見玄覺撰永嘉證道歌。

〔三〕見澄觀撰大方廣佛華嚴經疏卷一五。

此一念頓圓之旨，非意解所知，唯忘情可以契會。如悟玄序〔一〕云：夫玄道者，不可以設功得；聖智者，不可以有心知；真諦者，不可以存我會；至功者，不可以營事爲。忘言者，可以道合；虚懷者，可以理通；冥心者，可以真一；遺智者，可以聖同。雖云道合，無心於合，合者合焉；雖云聖同，不求於同，同者同焉。無心於合，則無合無散；不求於同，則無異無同。超非於百非之外，非所不能非焉；忘是於萬是之前，是所不能是焉。是所不能是，則無是矣；非所不能非，則無非矣。無異無同，則怨親不二；無非無是，則毁讚常一。是以忘言者，捨筌罤也；虚懷者，離取著也；冥心者，不已見也；遺智者，泯能證也〔二〕。若運心合道，則背道；若起念求同，則失同；若爲是所是，則没是；若爲非所非，則沉非。以要言之，但得直下無心，則同異俱空，是非咸泯，斯泯亦泯，茲空亦空。此猶寄言，因跡對待。若得絶待，頓悟一心，唯契相應，不俟更説。

校注

〔一〕悟玄序：據澄觀述大方廣佛華嚴經隨疏演義鈔、宗密圓覺經大疏釋義鈔卷五等，鳩摩羅什撰。但有人認爲出三藏記集等没有提及，可能是假託之作（鎌田茂雄鳩摩羅什對東亞佛教史的影響，見世界宗教研究，一九九四年第二期）。目前所見文獻中最早提及悟玄序者，爲澄觀述大方廣佛華嚴經隨疏演義鈔，澄觀、宗密皆以其爲什公所撰。

〔三〕「夫玄道者」至此，參見澄觀述大方廣佛華嚴經隨疏演義鈔卷三二、宗密撰圓覺經大疏釋義鈔卷五之下等引。

音義

劃，胡麥反。　評，符兵反，評量也。　僻，芳辟反，邪〔一〕也。　耘，王分反，耨耘。　偕，古諧反，俱也。　沖，直弓反，和也。　詺，名正反，詺目也。　羈，居宜反，馬絆也。　惺，桑經反。　惺憽，了慧皃。　屑，先結反。　闃，苦鶪反，寂靜也。　峨，五何反，嵯峨也。　嶷，魚力反，岐嶷。

丁未歲分司大藏都監開板

校注

〔一〕「邪」，原作「郎」，據文意改。

宗鏡録卷第三十八

慧日永明寺主智覺禪師延壽集

夫初、後之位，不離本覺；能、所之化，唯是一心。若悟本稱覺，則本不可得；若不可得，行位徒施。得與不得，其旨如何？

答：得而不得，始本之覺無差；不得而得，妙證之時玄會。如金剛三昧經云：「佛言：『善男子，五位一覺從本利入，若化衆生，從其本處。』舍利弗言：『云何從其本處？』佛言：『本來無本處，於無處本際，入實發菩提，而當成聖道。何以故？善男子，如手執彼空，不得非不得。』」〔一〕

校注

〔一〕見金剛三昧經真性空品。五位者，金剛三昧經真性空品：「一者、信位。信此身中真如種子爲妄所翳，捨離妄心，淨心清白，知諸境界意言分别。二者、思位。思者，觀諸境界唯是意言，意言分别隨意顯現，所見境界非我本識，知此本識非法、非義，非所取、非能取。三者、修位。修者，常起、能起，起修同時，先以智導，排諸障難，出離蓋纏。四者、行位。行者，離諸行地，心無取捨，極淨根利，不動心如，決定實性，大般涅槃，唯性空大。五者、捨位。捨者，不住性空，正智流易，大悲如相，相不住如，三藐三菩提虛心不證，心無邊際，不見處所，是至如來。」

論釋云：「舉疑發起云：若本處，應得入；若得入，非無本處。爲遣是疑，故引喻釋。『手執彼空』者，手執喻能入之行，虛〔一〕空喻所入之本。『不得』者，虛空無形可握故；『非不得』者，握内不無虛空故。本利亦尒，本來無本處性，故不可得；無本之本不無，故非不可得也。」〔二〕斯則悟本稱得，非向外求，若有所求，即是失本。

校注

〔一〕「虛」，原作「處」，據金剛三昧經論改。

〔二〕見元曉述金剛三昧經論卷下真性空品。

又，若有所得，不得菩提，以無得故，出生菩提故。又，無得之法，非在得外，要求一切法，方盡無得之原。如發菩提心論云：「於無法中，説諸法相；於無得中，説有得法。如是〔一〕之事，諸佛境界。」〔二〕然雖求一切法，以了無得故，即無所依。「無所求中，吾故求之」〔三〕耳。故大寶積經云：「佛問文殊：『依何正修行？』文殊曰：『正修行者，爲無所依。』」〔四〕釋曰：凡有言教所詮，並證一心之義。若心外見法，是邪修行，則有所依故。若正修行，不依一物，所依既寂，能依亦亡，能、所俱空，邪、正雙泯，即正修行矣。

校注

〔一〕「是」，發菩提心經論作「此」。

〔二〕見天親造、鳩摩羅什譯發菩提心經論卷下論空無相品。

〔三〕出大方等陀羅尼經卷一。

〔四〕見大寶積經卷一〇一善德天子會。

無生義〔一〕云：經言法離眼、耳、鼻、舌、身、意，是故六根不能取，故言「學者無取」。大智度論言：譬如蚑蛖蟲，處處能集，唯不能集火中。衆生意識，亦復如是，預〔二〕是可聞見法，悉皆能緣，而不能緣般若〔三〕。故知般若性離，意不能取。又，能取之人，性復自空，故不能取。若以眼取，如經言：眼性復空〔四〕。若以耳取，耳性又空。若以手取，手性又空。若以意取，意性又空。人與法共是一如，如不能取得如也。空不能取得空，即是學者無取故言無得〔五〕。

校注

〔一〕無生義：據智證大師將來目録，二卷（傳教大師將來越州録中著録爲一卷），注云佛窟撰。佛窟，即釋遺則，或作惟則，牛頭慧忠法嗣。傳見宋高僧傳卷一〇唐天台山佛窟巖遺則傳。詳見本書卷四注。

〔二〕「預」，清藏本作「凡」。

〔三〕「蚗蛈」，多作「太末」，「蚗蛈」當爲「太末」的增旁俗字。太末，極微末。太末蟲，猶後世所謂微生物。按，此説心賦注卷二引云「般若經云」。然般若經中，未見此説。龍樹造、鳩摩羅什譯大智度論卷九四：「譬如蠅無處不著，唯不著火焰。衆生愛著亦如是，善、不善法中皆著，乃至非有想非無想著故，不能入涅槃，唯不能著般若波羅蜜性空火。」或爲此説所本。

〔四〕摩訶般若波羅蜜經卷二四善達品：「眼、眼性空，乃至意、意性空，色、色性空，乃至法、法性空。」

〔五〕善慧大士語録卷二：「説者無方故無示，聽者無受故無聞，學者無取故無得。」按，此處所引無生義，可以直接反映其與傅大士的關係。

又，一念心起，有二種覺：

一、約有心者，察一念纔起，後念不續，即不成過。所以禪門中云：「不怕念起，唯慮覺遲。」〔一〕又云：「瞥起是病，不續是藥。」〔二〕以心生即是罪生時故，是以初心攝念爲先，是入道之階漸。

如諸經要集云：「攝心一處，便是功德叢林；散慮片時，即名煩惱羅刹。所以曇光釋子，降猛虎於膝前〔三〕；螺髻仙人，宿巢禽於頂上〔四〕。乃至〔五〕森羅不能自觸，要須因倚諸根內想感發。何以知然？今有心感於內，事發於外；或緣於外，起染於內。故知內外相資，表裏遞用；君臣心識，不可備捨。故經云：心王若正，則六臣不邪。識意惛沉，則其主不明。今悔六臣，當各慚愧。制禦六根，不令馳散也。」〔六〕

法句經心意品云：「昔佛在世時，有一道人，在河邊樹下學道。十二年中，貪想不除。走心散意，但念六欲，目色、耳聲、鼻香、口味、身受、心法，身靜意遊，曾無寧息。十二年中，不能得道。佛知可度，化作沙門，往至其所，樹下共宿。須臾月明，有龜從河中出，來至樹下。復有水狗飢行求食，與龜相逢，便欲噉龜。龜縮其頭、尾及其四脚，藏於甲中，不能得噉。水狗小遠，復出頭足，行步如故，不能奈何，遂便得脱。於是道人問化沙門：『此龜有護命之鎧，水狗不能得其便。』化沙門答言：『吾念世人不如此龜，不知無常，放恣六情，外魔得便，形壞神去，生死無端，輪轉五道，苦惱百千，皆意所造。宜自勉勵，求滅度安。』於是化沙門即説偈言：『藏六如龜，防意如城，慧與魔戰，勝則無患。』」〔七〕是以意地若息，則六趣俱閑，一切境魔不能爲便，如龜藏六，善護其命。起信論云：若後念覺知前念，此雖名覺，猶爲不覺〔八〕。故約有心説，以是初行凡夫故。

二、約無心者，知初起時，即無初相，不待後念更滅，以正生一念之時，畢竟不可得故。如五十校計經云：「菩薩問佛言：『罪生復滅，何以故我了不見？』佛問諸菩薩：『汝曹心寧轉不？』諸菩薩報佛言：『我心轉生。設我心不轉生，亦不能與佛共語。』佛問諸菩薩言：『若心生時，寧還自覺心生不？』諸菩薩言：『我但識見因緣時，不覺初起生時。』佛言：『如汝所説，尚不能知心初生時，何能無罪？』」〔九〕故知不察最初一念因成之假，寧免後念相續成事之過乎？以一切生死煩惱，皆因不覺故。若智爲先導，咎何由生？

又，若了心外無法，則情想不生，不用加功，直入不思議地。如清涼鈔云：「經明十地法體，心言路絶，釋不思議。謂言語道斷，心行處滅，據法望情，名不思議，以其法外本無情故。其義云何？情相之興，原由妄想。妄想故，便有相生。以依相故，復起心想。隨名取實，即是覺觀。依此覺觀，便起言説。依言説已，復起妄心想，取所説法，此即言語，以之爲道，心以爲行，於是相想熾然不息。今契法實，滅除妄想，相即不生。相不生故，立名心滅。名心滅故，名即不生。名不生故，覺觀不起。覺不起故，言説隨亡。言説亡故，不復依言取於所説。不取説故，言語道斷，心行處滅。心行滅故，名不思議。以法出情，心言不及，故不思議。」〔一〇〕是知妄想心亡，境界緣滅，如灸病得穴，永斷病原〔一一〕，可謂覺實之良醫矣。

校注

〔一〕按，此説後代多有稱引，然出處不詳。

〔二〕按，祖堂集卷六良价和尚：「問：『如何是病？』師曰：『瞥起是病。』進曰：『如何是藥？』師曰：『不續是藥。』」則此説出良价。

〔三〕高僧傳卷一一帛僧光傳：「帛僧光，或云曇光，未詳何許人，少習禪業。晉永和初，遊于江東，投剡之石城山。山民咸云：『此中舊有猛獸之災及山神縱暴，人蹤久絶。』光了無懼色，雇人開剪，負杖而前。行入數里，忽大風雨，群虎號鳴。光於山南見一石室，仍止其中，安禪合掌，以爲栖神之處。至明旦雨息，乃入村乞食。夕復還，中經三日，乃夢見山神，或作虎形，或作蛇身，競來怖光，光一皆不恐。」又竺曇猷傳：「竺曇猷，或云法猷，燉煌人。（中略）後移始豐赤城山石室坐禪，有猛虎數十，蹲在猷前，猷誦經如故。一虎獨睡，猷以如意扣虎頭問：『何不聽經？』俄而群虎皆去。」此兩人傳中故事，頗多類似，兩傳中有關虎的故事，恐皆「降猛虎於膝前」的不同叙事而已。又，劉勰梁建安王造剡山石城寺石像碑中，亦有「光公訓虎」之説。

〔四〕龍樹造、鳩摩羅什譯大智度論卷一七：「如釋迦文尼佛，本爲螺髻仙人，名尚闍利，常行第四禪，出入息斷，在一樹下坐，兀然不動。鳥見如此，謂之爲木，即於髻中生卵。」又卷四：「又如尚闍梨仙人，坐禪時無出入息，鳥於螺髻中生子，不動不摇，乃至鳥子飛去。」

〔五〕乃至：表示引文中間有删略。

〔六〕見道世集諸經要集卷一〇禪定篇述意緣。「經云」者，出處俟考。六臣：喻指六根。按，廣弘明集卷二七浄住子浄行法修理六根門：「故經云：心王若正，則六臣不邪。須各慚愧，制馭根識。」

〔七〕見法句譬喻經卷一心意品。慧琳撰一切經音義卷二五：「如龜藏六，龜有頭、尾、四足，名爲六處，若侵惱則藏入殼中。衆生六根，馳流外境，塵賊來侵，自守根門，如龜藏六也。」

〔八〕真諦譯大乘起信論：「如凡夫人覺知前念起惡故，能止後念，令其不起，雖復名覺，即是不覺故。」

〔九〕見大方等大集經卷六〇十方菩薩品。按，開元釋教録卷一一：「隋朝僧就合大集經，乃將明度五十校計經題爲十方菩薩品，編月藏後。」

〔一〇〕見澄觀述大方廣佛華嚴經隨疏演義鈔卷五二。

〔一一〕智顗説、灌頂記摩訶止觀卷三下：「止能寂諸法，如灸病得穴，衆患皆除；觀能照理，如得珠王，衆寶皆獲。」

問：「諸法所生，唯心所現」〔一〕者，若從心現，即自性癡；若執緣生，即他性癡；若心緣和合而生，即共性癡；若非心非緣而生，即無因癡。如何通明，免墮四執？

答：若論四性實智於自相門中，俱不可説。若以四悉檀智於共相門中，亦可得説。

校注

〔一〕見大佛頂如來密因修證了義諸菩薩萬行首楞嚴經卷一。

如止觀：「問：心起必託緣，爲心具三千法？爲緣具？爲共具？爲離具？若心具者，心起不用緣；若緣具者，緣具不關心。若共具者，未共各無，共時安有？若離具者，既離心離緣，那忽心具？四句尚不可得，云何具三千法耶？

「答：地人〔一〕云：一切解惑、真妄依持法性，法性持真妄，真妄依法性也。攝大乘論云：法性不爲惑所染〔二〕，不爲真所浄，故法性非依持。言依持者，阿賴耶是也，無没無明，盛持一切種子。若從地師，則心具一切法；若從攝師，則緣具一切法。此兩師各據一邊。若法性生一切法者，法性非心非緣。非心故而心生一切法者，非緣故亦應緣生一切法，何得獨言法性是真妄依持耶？若言法性非依持，賴耶是依持，離法性外，別有賴耶依持，則不關法性。若法性不離賴耶，賴耶依持即是法性依持，何得獨言賴耶是依持？又違經，經言：非内非外，亦非中間，亦不常自有〔三〕。又違龍樹，龍樹云：『諸法不自生，亦不從他生，不共不無因。』〔四〕

「更就譬檢，爲當依心故有夢？依眠故有夢？眠法合心故有夢？離心離眠故有夢？若依心有夢者，不眠應有夢。若依眠有夢者，死人如眠應有夢。若眠心兩合而有夢者，眠人那有不夢時？又，眠心各有夢，合可有夢；各既無夢，合不應有。若離心離眠而有夢者，虚空離二，應常有夢。四句求夢尚不得，云何於眠夢見一切事？心喻法性，夢喻賴耶，云何偏據法性賴耶生一切法？當知四句求心不可得，求三千法亦不可得。既横從四句生三千法不可得者，應從一念心滅生三千法耶？心滅尚不能生一法，云何能生三千法耶？若從心亦滅亦不滅生三千法者，亦滅亦不滅，其性相違，猶如水火，二俱不立，云何能生三千法耶？若謂心非滅非不滅生三千法者，非滅非不滅非能非所，云何能生三千法耶？亦縱亦横求三千法亦不可得，非縱非横求三千法亦不可得，言語道斷，心行處滅，故名不可思議境。大涅槃經云：『生生不可説，生不生不可説，不生生不可説，不生不生不可説。』〔五〕即此義也。

「當知第一義中一法不可得，況三千法？世諦中一心尚具無量法，況三千耶？如佛告德女：無明内有不？不也。外有不？不也。内外有不？不也。非内非外有不？不也。佛言：如是而有〔六〕。大涅槃經云：『有因緣故，亦可得説。』〔七〕謂四悉檀〔八〕因緣也，雖四句冥寂，慈悲憐愍，於無名相中假名相説。

「或作世界，説心具一切法，聞者歡喜，如言『三界無別法，唯是一心造』〔九〕。即其文也。或説緣生一切法，聞者歡喜，如言五欲令人墮惡道，『善知識者，是大因緣，所謂化導令得見佛』〔一〇〕。即其文也。或言因緣共生一切法，聞者歡喜，如偈言：『水銀和真金，能塗諸色像，功德和法身，應現處處往。』〔一一〕即其文也。或言離生一切法，聞者歡喜，如言『十二因緣非佛作，非天、人、脩羅作，其〔一二〕性自尔』〔一三〕。即其文也。此四句，即世界悉檀説心生三千一切法。

「云何爲人悉檀？如言：佛法如海，唯信能入〔一四〕。信則道原功德母，一切善法由之生。汝但發三菩提心，是則出家禁戒具足，聞者生信〔一五〕。即其文也。或説緣生一切法，如言：若不值佛，當於無量劫墮地獄苦。以見佛故，得無根信。如從伊蘭出生栴檀，聞者生信〔一六〕。即其文也。或説合生一切法，如言心水澄清，珠相自現，慈善根力，見如此事，聞者生信〔一七〕。即其文也。或説離生一切法，如言：非内觀得是智慧，乃至非内外觀得是智慧。若有住著先尼梵志，小信尚不可得，況捨邪入正，聞者生信〔一八〕！即其文也。是爲爲人悉檀四句説心生三千一切法也。

「云何對治悉檀？説心治一切法。如言得一心者，萬邪滅矣〔一九〕。即其文也。或説緣治一切惡，如説『得聞無上大慧明，心定如地不可動』〔二〇〕。即其文也。或説因緣和合治一切惡，如言一分從思生，一分從師得〔二一〕。即其文也。或説離治一切惡，我坐道場時，不得一法實，空拳誑小兒，誘度於一切〔二二〕。即其文也。是爲對治悉檀，心破一切惡。

「云何第一義悉檀？心得見理。如言心開意解，豁然得道〔二三〕。或説緣能見理，如言『須臾聞之，即得究竟三菩提』〔二四〕。或説因緣和合得道，駃馬見鞭影，即得正路〔二五〕。或説離能見理，如言『無所得即是得已，是得無所得』〔二六〕。是名第一義四句見理，何況心生三千法耶？佛旨盡浄，不在因緣共離，即世諦是第一義諦也〔二七〕。

「又，四句俱皆可説，説因亦是，緣亦是，共亦是，離亦是。若爲盲人，説乳若貝、若粖、若雪、若鵠，盲聞諸説，即得解乳〔二八〕，即世諦是第一義諦。當知終日説終日不説，終日不説終日説，終日雙遮，終日雙照，即破即立，即立即破。經論皆爾，天親、龍樹，内鑒泠然，外適時宜，各權所據。而人師偏解，學者局〔二九〕執，遂興矢石〔三〇〕，各保一邊，大乖聖道也。若得此意，俱不可説，俱可説。若隨便宜者，應言無明法法性，生一切法〔三一〕，如眠法法心，則有一切夢事。心與緣合，則三種世間、三千相性皆從心起。一性雖少而不無，無明雖多而不有。何者？指一爲多多非多，指多爲一一非少，故名此心爲不思議境也。若解一心一切心，一切心一心，非一非一切，乃至徧歷一切，皆是不可思議境。」〔三二〕

校注

〔一〕地人：即地論宗人。地論宗爲依學十地經論之宗。此論談六相圓融，明一乘佛性，雖同華嚴，而立三祇成佛，不許一念成佛，故非圓教也。中唐華嚴宗勃興，此宗遂廢退。

〔二〕無著造、真諦譯攝大乘論卷下智差別勝相第十：「如來最無染著，出現世間，非一切世法所染，如塵不能染空故。」

〔三〕大寶積經卷七三：「諸法無知故，無了別故，無堪能故，非初非中非後故，非内非外亦非中間。」

〔四〕見龍樹造、鳩摩羅什譯中論卷一觀因緣品。

〔五〕見大般涅槃經卷二一，南本見卷一九。

〔六〕詳見龍樹造、鳩摩羅什譯大智度論卷六。

〔七〕見大般涅槃經卷二一，南本見卷一九。

〔八〕四悉檀：佛化導衆生的教法，分爲世界悉檀、各各爲人悉檀、對治悉檀和第一義諦悉檀四類，故稱四悉檀。悉，偏也；檀，梵語，具云「檀那」，華言「施」，華梵兼稱，故名「悉檀」。詳見本書卷二九注。

〔九〕佛馱跋陀羅譯大方廣佛華嚴經卷二五：「三界虚妄，但是一心作，十二緣分是皆依心。」實叉難陀譯本卷三七：「三界所有，唯是一心。如來於此分別演説十二有支，皆依一心，如是而立。」按，此爲摩訶止觀引，當據晉譯意引。

〔一〇〕見妙法蓮華經卷七妙莊嚴王本事品。

〔一一〕按，此偈據妙法蓮華經玄義卷五引，出法界性論。「應現處處往」，妙法蓮華經玄義作「處處應現往」。法界性論，菩提流支撰，然諸經録中未見著録。

〔一二〕「其」，原無，據摩訶止觀補。

〔一三〕摩訶般若波羅蜜經卷二二道樹品：「一切法本性爾，非佛作，非聲聞、辟支佛作，亦非餘人作，一切法無作者故。」

〔一四〕湛然述止觀輔行傳弘決卷四之四：「『佛法如海，唯信能入』者，孔丘之言，尚信爲首，況佛法深理，無信寧入？故云：兵、食尚可去，信不可去。」

〔一五〕佛陀跋陀羅譯大方廣佛華嚴經卷六賢首菩薩品：「我之所演暢，如海一微渧。」「深心淨信不可壞，恭敬供養一切佛，尊重正法及聖僧，信敬三寶故發心。深信諸佛及正法，亦信菩薩所行道，正心信向佛菩提，菩薩因是初發心。信爲道元功德母，增長一切諸善法，除滅一切諸疑惑，示現開發無上道。」

〔一六〕大般涅槃經卷二〇：「世尊，我見世間從伊蘭子生伊蘭樹，不見伊蘭生栴檀樹。我今始見從伊蘭子生栴檀樹。伊蘭子者，我身是也。栴檀樹者，即是我心無根信也。無根者，我初不知恭敬如來，不信法、僧，是名無根。世尊，我若不遇如來世尊，當於無量阿僧祇劫在大地獄受無量苦。我今見佛，以是見佛所得功德，破壞衆生所有一切煩惱惡心。」

〔一七〕大般涅槃經卷二：「譬如春時，有諸人等在大池浴乘船遊戲，失琉璃寶，没深水中。是時諸人，悉共入水，求覓是寶，競捉瓦石、草木、沙礫，各各自謂得琉璃珠，歡喜持出，乃知非真。是時寶珠猶在水中，以珠力故，水皆澄清。於是大衆乃見寶珠故在水下，猶如仰觀虚空月形。是時衆中有一智人，以方便力，安徐入水，即便得珠。汝等比丘，不應如是修習無常、苦、無我想、不淨想等，以爲實義，如彼諸人各以瓦石、草木、沙礫而爲寶珠。汝等應當善學方便，在在處處，常修我想、常、樂、淨想。」

〔一八〕詳見摩訶般若波羅蜜經卷三集散品。

〔一九〕修行本起經卷下遊觀品：「蓋聞沙門之爲道也，捨家妻子，捐棄愛欲，斷絶六情，守戒無爲，得一心者，則萬邪滅矣。」

〔二〇〕見請觀世音菩薩消伏毒害陀羅尼呪經。「得」，經中作「必」。

〔二一〕成實論卷一五修定品：「如偈中説：一分從師受，一分因友得，一分自思惟，一分待時熟。」

〔二三〕龍樹造、鳩摩羅什譯大智度論卷二〇：「我坐道場時，智慧不可得。空拳誑小兒，以度於一切。」

〔二三〕菩薩瓔珞經卷一一：「心開意解，豁然大悟。」

〔二四〕見妙法蓮華經卷四法師品。

〔二五〕龍樹造，鳩摩羅什譯大智度論卷一：「爾時，長爪梵志如好馬見鞭影即覺，便著正道。」

〔二六〕見摩訶般若波羅蜜經卷二一三慧品。

〔二七〕湛然述止觀輔行傳弘決卷五之三：「『佛旨盡淨』下，明佛意體性，即明自行化他相即。『不在因緣』等，即是第一義，即化他心不乖自行故，即世諦是第一義諦。」

〔二八〕大般涅槃經卷一四：「是諸外道，癡如小兒，無慧方便，不能了達常與無常、苦樂、淨不淨、我無我、壽命非壽命、衆生非衆生、實非實、有非有，於佛法中取少許分，虚妄計有常、樂、我、淨，而實不知常、樂、我、淨。如生盲人，不識乳色，便問他言：『乳色何似？』他人答言：『色白如貝。』盲人復問：『是乳色者如貝聲耶？』答言：『不也。』復問：『貝色爲何似耶？』答言：『猶稻米粖。』盲人復問：『乳色柔軟如稻米粖耶？稻米粖者復何所似？』答言：『猶如雨雪。』盲人復言：『彼稻米粖冷如雪耶？雪復何似？』答言：『猶如白鵠。』是生盲人雖聞如是四種譬喻，終不能得識乳真色。是諸外道，亦復如是，終不能識常、樂、我、淨。」

〔二九〕「局」，磧砂藏、嘉興藏本及摩訶止觀作「苟」。

〔三〇〕湛然述止觀輔行傳弘決卷五之三：「矢石者，如箭矢射石，義非相入。以各計故，不入圓理，如彼矢石。」

〔三一〕湛然述止觀輔行傳弘決卷五之三：「無明是暗法，來法於法性，如丹是藥法，來法於銅等，因緣和合，有成金用。是則無明爲緣，法性爲因，明暗和合，能生諸法。」

〔三二〕見智顗説、灌頂記摩訶止觀卷五上。

已上依台教所説，今依華嚴無礙法界自性緣起説不思議境界者。如華嚴入法界品中，善財童子「於毗盧遮那莊嚴藏大樓閣前，五體投地，暫時斂念，思惟觀察。以深信解、大願力故，入徧一切處智慧身平等門，普現其身在於一切如來前、一切菩薩前、一切善知識前、一切如來塔廟前、一切如來形像前、一切諸佛諸菩薩住處前、一切法寶前、一切聲聞辟支佛及其塔廟前、一切聖衆福田前、一切父母尊者前、一切十方衆生前，皆如上説，尊重禮讚，盡未來際，無有休息。等虚空，無邊量故；等法界，無障礙故；等實際，徧一切故；等如來，無分别故。猶如影，隨智現故；猶如夢，從思起故；猶如像，示一切故；猶如響，緣所發故。無有生，遞興謝故；無有性，隨緣轉故。

「又決定知一切諸報皆從業起，一切諸果皆從因起，一切諸業皆從習起，一切佛興皆從信起，一切化現諸供養事皆悉從於決定解起，一切化佛從敬心起，一切佛法從善根起，一切化身從方便起，一切佛事從大願起，一切菩薩所修諸行從迴向起，一切法界廣大莊嚴從一切智境界而起。離於斷見，知迴向故；離於常見，知無生故；離無因見，知正因故；離顛倒見，知如實理故；離自在見，知不由他故；離自他見，知從緣起故；離邊執見，知法界無邊故；離往來見，知如影像故；離有無見，知不生滅故；離一切法見，知空無生故，知不自在故，知願力出生故；離一切相見，入無相際故，知一切法如種生芽故，如印生文故，知質如像故，知聲如響故，知境如夢故，知業如幻故，了世心現故，了果因起故，了報業集故，了知一切諸功德法皆從菩薩善巧方便所流出故。

「善財童子入如是智，端心潔念，於樓觀前，舉體投地，慇懃頂禮，不思議善根流注身心，清涼悦澤[一]。從地而起，一心瞻仰，目不暫捨，合掌圍遶，經無量匝，作是念言：『此大樓閣，是解空、無相、無願者之所住處，是於一切法無分別者之所住處，是了法界無差別者之所住處，是知一切衆生不可得者之所住處，是知一切法無生者之所住處，是不著一切世間者之所住處，是不著一切窟宅者之所住處，是不樂一切聚落者之所住處，是不依一切境界者之所住處，是離一切想者之所住處，是知一切法無自性者之所住處，是斷一切分別業者之所住處，是離一切想心意識者之所住處，是不入不出一切道者之所住處，是入一切甚深般若波羅蜜者之所住處，是能以方便住普門法界者之所住處，是息滅一切煩惱火者之所住處，是以增上慧除斷一切見、愛、慢者之所住處，是出生一切諸禪解脱三昧通明而遊戲者之所住處，是觀察一切菩薩三昧境界者之所住處，是安住一切如來所者之所住處，是以一劫入一切劫、以一切劫入一劫而不壞其相者之所住處，是以一刹入一切刹、以一切刹入一刹而不壞其相者之所住處，是以一法入一切法、以一切法入一法而不壞其相者之所住處，是以一衆生入一切衆生、以一切衆生入一衆生而不壞其相者之所住處，是以一佛入一切佛、以一切佛入一佛而不壞其相者之所住處，是於一念中而知一切三世者之所住處，是於一念中往詣一切國土者之所住處』〔二〕。

乃至「尔時，善財童子恭敬右遶弥勒菩薩摩訶薩已，而白之言：『唯願大聖開樓閣門，令我得入。』時弥勒菩薩前詣樓閣，彈指出聲，其門即開，命善財入。善財心喜，入已還閉，見其樓閣廣博無量，同於虚空。乃至〔三〕自見其身徧在一切諸樓閣中，具見種種不可思議自在境界，弥勒三生行菩薩行、八相成道之事〔四〕。尔時，弥勒菩薩摩訶薩即攝神力，入樓閣中，彈指作聲，告善財言：『善男子起！法性如是，此是菩薩知諸法智因緣聚集所現之相。如是自性，如幻、如夢、如影、如像，悉不成就。』乃至譬如幻師，作諸幻事，無所從來，無所至去。雖無去來，以幻力故，分明可見。彼莊嚴事，亦復如是，無所從來，亦無所去，雖無來去，然以慣習不可思議幻智力故，及由往昔大願力故，如是顯現」〔五〕。

校注

〔一〕「澤」，諸校本作「懌」。「悦澤」「悦懌」，光潤悦目。

〔二〕見實叉難陀譯大方廣佛華嚴經卷七七。

〔三〕乃至：表示引文中間有删略。下一「乃至」同。

〔四〕按，「乃至自見其身」至此，爲撮述經義，非經文。

〔五〕見實叉難陀譯大方廣佛華嚴經卷七九。

釋曰：「彈指出聲，其門即開」者，創發明處，豁見性時，名之爲「開」。「入已還閉」者，所悟如本，非從新得，故云「還閉」。或云：「慈氏菩薩『彈指出聲，其門即開』者，明聲是震動、啓發之義。彈指者，去塵之義。塵亡執去，法門自開。『善財入已，其門還閉』者，以迷亡智現，名之爲開。智無内外中間，無出無入，無迷無證，名爲還閉。『見其樓閣廣博無量，同於虚空』者，智境界也。」〔一〕「如是自性，如幻、如夢、如影、如像，悉不成就」者，摠上一切不思議無邊佛事境界，以真如之性，法尒隨緣。雖即隨緣，法尒歸性。以隨緣時，似有顯現，如看幻法，不有而有；猶觀夢境，不見而見。若水中之影，非出非入；似鏡裏之像，不内不外。以無性隨緣故，理不成就；以隨緣無性故，事不成就。若理事不成，即一切法俱不成，故云「悉不成就」。但如是如是顯現，如是如是證知，了了分明，還同宗鏡，光光涉入，影影相含，如十玄門，重重無盡。

校　注

〔一〕出李通玄新華嚴經論卷四〇。

十玄門者〔二〕，一、同時具足相應門。智儼師釋云：「此約相應無前後説。」〔三〕此十玄門，一一皆具十法，同時具足：一、教義，二、理事，三、境智，四、行位，五、因果，六、依正，七、體用，八、人法，九、逆順，十、感應。隨有一處，即具此十法，悉皆同時具足。「今且據因果同時，若小乘説因果，即轉因以成果，因滅始果成。若大乘因果，亦得同時而不彰無盡，如似舍緣以成舍，因果同時成而不成餘物，以因有親疎故，所以成有盡也。若一乘宗明因果同時者，舉疎緣以入親，是故如舍成時，一切法界皆一時成也。若有一法不成，此舍亦不成。如似初步若到，一切步皆到；若有一步非到者，一切步皆非到也。故經云：雖成等正覺，不捨初發心。所以一成一切成，爲一際法門也。」〔三〕

校　注

〔一〕按，此後「十玄門」名目及具體内容，參見華嚴一乘十玄門（此書釋智儼撰，據題署「承杜順和尚説」）。

〔二〕見華嚴一乘十玄門子注。

〔三〕見華嚴一乘十玄門。

二、因陀羅網境界門，此約譬説。如帝釋殿上珠網，一一珠中，互現一切，影像無盡；一寶珠内，千光萬色，重重交映，歷歷區分。况此一心法界中，一切人法境智，重重涉入，以真如性畢竟無盡故，重重復重重，無盡復無盡也。論云：帝網有别者，唯智能知，非眼所見〔一〕。帝網者，此網乃是衆寶絲縷所共合成。其善住法堂〔二〕，縱廣四十由旬，亦是衆寶所共合成。其網一一絲孔之中，皆有明珠。其珠體瑩淨，寶網交羅，互相映現。一一珠網之中，皆有珠網全身及四十由旬寶殿，各各全身，於中互相顯現，如珠及網所有影現。其殿一一梁棟、一一椽柱、一一牆壁、一一栱枓、一一鏡像之中，皆有全身殿網，珠影重重，互相映現。故云：如天帝網，重重無盡。今此法門，亦復如是，一一位中、一一法中、一一塵中、一一境像中、一一名字中，及以九世十世、一一互周法界，並以真俗二智，互體交參，周徧法界。

如法界品中云：善財所參，始於文殊，末至弥勒、普賢，五十三〔三〕善知識，其中比丘、比丘尼、優婆塞、優婆夷、童男、童女、仙人、外道、婆羅門、長者、居士、天神、地神、夜神、晝神、國王、王妃、諸大菩薩等，各各處大道場，互爲主伴，同説舍那境界。若佛出世，若不出世，此法界法尔常住，無有變異。

又如善財至弥勒佛所，初登一閣，入已，見其閣中廣博無量，同於虚空，别有不可説樓閣布列其中，一一亦等虚空。一一閣中，皆聞弥勒菩薩轉一生菩薩所有法門。一一閣内境像之中，會三世事，無有前後。弥勒是當來成佛，善財即始發心，一念之間而能相會，此乃依於法界智乘成佛，非論前後，以古印今，以今通古，融合無二。又以一閣是揔，一智含其萬善。多閣爲别，體用重重，自在無礙。此是善財乘本不動智乘，從凡入聖，至此樓閣中，與三世佛會同無二，揔别同異，帝網之門。一切衆生有能發心乘者，亦復如是，未見普賢起等虚空廣大心，即聞普賢名字，便見自身入普賢身。觀普賢一一毛孔中，皆有廣大刹土，地、水、火、風輪咸在其中。於一念中，舉不可説不可説步，一步過不可説不可説佛刹，如是念念經過不可説劫，不能盡其一毛孔之邊際。反觀自身一一毛孔，普賢亦在其中。一一毛孔，悉同虚空，不相障礙。斯乃法尔之門，恒真法界，行依理現，用稱體周，即是善財常行，普賢行滿。

如華嚴經十定品云：「佛子，此菩薩摩訶薩有一蓮華，其華廣大盡十方際，以不可説葉、不可説寶、不可説香而爲莊嚴。其不可説寶，復各示現種種衆寶，清净妙好，極善安住。其華常放衆色光明，普照十方一切世界，無所障礙。真金爲綱，弥覆其上。寶鐸徐摇，出微妙音，其音演暢一切智法。此大蓮華，具足如來清淨莊嚴，一切善根之所生起，吉祥爲表，神力所現，有十千阿僧祇清淨功德，菩薩妙道之所成就，一切智心之所流出，十方佛影於中顯現，世間瞻仰，猶如佛塔。衆生見者，無不禮敬。從能了幻正法所生，一切世間不可爲喻。菩薩摩訶薩於此華上結加趺坐，其身大小，與華相稱。一切諸佛神力所加，令菩薩身一一毛孔各出百萬億那由他不可説佛刹微塵數光明，一一光明現百萬億那由他不可説佛刹微塵數摩尼寶，皆名普光明藏。種種色相以爲莊嚴，無量功德之所成就，衆寶及華以爲羅網，弥覆其上。散百千億那由他殊勝妙香，無量色相，種種莊嚴，復現不思議寶莊嚴蓋以覆其上。一一摩尼寶悉現百萬億那由他不可説佛刹微塵數樓閣，一一樓閣現百萬億那由他不可説佛刹微塵數蓮華藏師子之座，一一師子座現百萬億那由他不可説佛刹微塵數光明，一一光明現百萬億那由他不可説佛刹微塵數色相，一一色相現百萬億那由他不可説佛刹微塵數光明輪，一一光明輪現百萬億那由他不可説佛刹微塵數毗盧遮那摩尼寶華，一一華現百萬億那由他不可説佛刹微塵數臺，一一臺現百萬億那由他不可説佛刹微塵數佛，一一佛現百萬億那由他不可説佛刹微塵數神變，一一神變淨百萬億那由他不可説佛刹微塵數衆生衆，一一衆生衆中現百萬億那由他不可説佛刹微塵數諸佛自在，一一自在雨百萬億那由他不可説佛刹微塵數佛法，一一佛法有百萬億那由他不可説佛刹微塵數修多羅，一一修多羅説百萬億那由他不可説佛刹微塵數法門，一一法門有百萬億那由他不可説佛刹微塵數金剛智所入法輪差別言詞各別演説，一一法輪成熟百萬億那由他不可説佛刹微塵數衆生界，一一衆生界有百萬億那由他不可説佛刹微塵數衆生，於佛法中而得調伏。佛子，菩薩摩訶薩住此三昧，示現如是神通境界無量變化，悉知如幻而不染著。」〔四〕

夫蓮華者，則表因果同時，清淨無染，況自性清淨心，能起普賢無盡之因門，圓滿舍那無作之果海，理、事交徹，舒、卷同時，起盡隨緣而無染著。

又，十定品云：「譬如有人，爲鬼所持，其身戰動，不能自安，鬼不現身，令他身然。菩薩摩訶薩住此三昧，亦復如是，自身入定他身起，他身入定自身起。佛子，譬如死屍，以呪力故而能起行，隨所作事，皆得成就。屍之與呪，雖各差別，而能和合成就彼事。菩薩摩訶薩住此三昧，亦復如是，同境入定異境起，異境入定同境起。佛子，譬如比丘得心自在，或以一身作多身，或以多身作一身，非一身歿多身生，非多身歿一身生。菩薩摩訶薩住此三昧，亦復如是，一身入定多身起，多身入定一身起。佛子，譬如大地，其味一種，所生苗稼，種種味別。地雖無差別，然味有殊異。菩薩摩訶薩住此三昧，亦復如是，無所分別，然有一種入定多種起，多種入定一種起。

「乃至〔五〕譬如妙光大梵天王所住之宮，名一切世間最勝清淨藏。此大宮中，普見三千大千世界諸四天下天宫、龍宫、夜叉宫、乾闥婆宫、阿脩羅宫、迦樓羅宫、緊那羅宫、摩睺羅伽宫、人間住處及三惡道，須弥山等種種諸山、大海、江河、陂澤、泉源、城邑、聚落、樹林、衆寶，如是一切種種莊嚴，盡大輪圍所有邊際，乃至空中微細遊塵，莫不皆於梵宫顯現，如於明鏡見其面像。菩薩摩訶薩住此一切衆生差别身大三昧，知種種刹，見種種佛，度種種衆，證種種法，成種種行，滿種種解，入種種三昧，起種種神通，得種種智慧，住種種刹那際。」〔六〕

又，入法界品云：「尔時，善財童子發是念已，即詣喜目觀察衆生夜神所，見彼夜神在於如來衆會道場，坐蓮華藏師子之座，入大勢力普喜幢解脱，於其身上一一毛孔，出無量種變化身雲，隨其所應，以妙言音而爲説法，普攝無量一切衆生，皆令歡喜而得利益。乃至〔七〕又出一切世界微塵數身雲，普詣一切衆生之前，念念中示普賢菩薩一切行願，念念中示清淨大願充滿法界，念念中示嚴淨一切世界海，念念中示供養一切如來海，念念中示入一切法門海，念念中示入一切微塵數世界海，念念中示於一切刹盡未來劫清淨修行一切智道，念念中示入如來力，念念中示入一切三世方便海，念念中示往一切刹現種種神通變化，念念中示諸菩薩一切行願，令一切衆生住一切智，如是所作，恒無休息。」〔八〕

所以旋洑頌云：「時處帝網現重重，一切智通無罣礙。」〔九〕

如上帝網之行、無盡之宗，若以緣起相由門，則隱顯互興，一多相入。若以法性融通門，則空有鎔融，理事相即。乃至一切自在神通之慧，出入妙定之門，皆不離無盡真心，致兹無礙，須歸宗鏡，法尔照明，更以六相十玄該之，歷然可見。

校注

〔一〕天親造、菩提流支譯十地經論卷三：「帝網差别者，真實義相故，如業幻作故。（中略）真實義相者，唯智能知，餘相者可現見故。」

〔二〕善住法堂：即善法堂，帝釋天講堂名，在須彌山頂喜見城外西南角。阿毗達磨俱舍論卷一一：「外西南角有善法堂，三十三天時集於彼，詳論如法不如法事。」大般涅槃經卷一二：「是善法堂，忉利諸天常集其中，論人天事。」

〔三〕「五十三」，諸校本作「五十二」。按，據入法界品，善財童子聞文殊説法，依其指導次第南行，遇諸善知識而聞説法。其善知識之數，晉譯華嚴經列四十四人，合文殊爲四十五人；實叉難陀譯華嚴經列五十四人，加文殊則總爲五十五人。「五十三善知識」者，是就南行中所參知識而言，故除文殊，成五十四人。又所參德生童子與有德童女在同一會上，故省去有德童女，計爲五十三人。諸校本作「五十二」者，當是五十五人中去掉前已列之文殊、彌勒、普賢故。

〔四〕見實叉難陀譯大方廣佛華嚴經卷四三。

〔五〕乃至：表示引文中間有删略。

〔六〕見實叉難陀譯大方廣佛華嚴經卷四二。
〔七〕乃至：表示引文中間有删略。
〔八〕見實叉難陀譯大方廣佛華嚴經卷六九。
〔九〕漩洑頌：杜順撰，房山石經第二十八册收，首題漩洑偈，署「杜順法師作」。全文十四句，見本書卷四引。此處所引，爲其中第十三、十四兩句。杜順，傳見續高僧傳卷二六唐雍州義善寺釋法順傳。

三、秘密隱顯俱成門，此約緣説。是以如來於一念中八相成道，不出刹那際。以降生時，即是成道時，即是度人時，即是入滅時。何以故？以一切法同時俱成故，一成一切成，所以稱秘密。是故隱則一心無相，顯則萬法標形，性相同時，空有無礙。

四、微細相容安立門，此就相説。微細有二：一、所容微細。以毛孔稱性，能容諸刹，諸刹存相既不能偏，是以所容微細也。二、能容微細。以一塵一毛即能容故，一切理事主伴、一多染浄等，皆從一心中齊現。若諸門隱映，互相顯發，重重復重重，成其無盡者，即是帝綱門中攝；若諸門一時炳然齊現，猶如束箭齊頭顯現，不相妨礙者，即是此微細門中攝。如經明一微塵中，見不可説差别浄穢國土。又云無盡佛國，不出一塵〔一〕。

校注

〔一〕李通玄新華嚴經論卷六：「十佛刹微塵數蓮華藏佛國土，總含浄穢，無穢無浄，無有上下，彼此自他之相，一一佛土皆充法界，無相障隔。略言十佛刹微塵數國土，爲知無盡佛國，不出一塵。」

五、十世隔法異成門，此約三世説。如是十世，以緣起力故，相即復相入，而不失三世前後短長之相，故云「隔法」；一切教義、理事等十法，相即復相入，而不失始終差別，故名「異成」。十世者，三世遞相即入，即成九世，束爲一念，一念即是平等世，合前九爲十世〔一〕。如五指成拳，不失五指，十世一念，不壞短長。華嚴經頌云：「無量無數劫，解之即一念，知念亦無念，如是見世間。無量諸國土，一念悉超越，經於無量劫，不動於本處。不可説諸劫，即是須臾頃，莫見短與修，究竟刹那法。心住於世間，世間住於心，於此不妄起，二非二分別。」〔二〕

又，迴向品頌云：「有數無數一切劫，菩薩了知即一念，於此善入菩提行，常勤修習不退轉。」〔三〕

校　注

〔一〕華嚴一乘十玄門：「十世者，過去説過去、過去説未來、過去説現在，現在説現在、現在説未來、現在説過去，未來説未來、未來説過去、未來説現在，三世爲一念，合前九，爲十世也。」

〔二〕見實叉難陀譯大方廣佛華嚴經卷四九。

〔三〕見實叉難陀譯大方廣佛華嚴經卷三十一。

六、諸藏純雜具德門，此約諸行説。如似就一施門説者，則一切萬法皆悉名施則是純，而此施門即具諸度等萬行名雜。如是純、雜不相妨礙，故名具德〔一〕。以純、雜義絲毫不濫，主、伴互立，能、所相生，具德圓融，資攝無礙。

校注

〔一〕「如似就一施門説者」至此，見華嚴一乘十玄門。

七、一多相容不同門，此約理説。如是一、多緣起，皆是法界中實德法性海印力用，故得如然，非是方便緣修所成故。隨湛寂，則論一義；隨智用，則顯多門。非一非多，恒不失體；而多而一，豈礙隨緣？

此大緣起陀羅尼法，若無一，即一切不成。所言一者，非自性一，緣起成故。乃至十者，皆非自性，十由緣成故。是故一切緣起，皆無自性，隨去一緣，即一切不成。是故一中即具多者，方名緣起一耳。是以一中多、多中一，相容無礙，仍不相是〔一〕。

問：一多義門，爲一時圓具？爲前後不同耶？

答：即圓具，即前後，逆順同體，德用自在。

問：所明來去即入之義，其相如何？

答：自位不動而恒去來。何以故？去來不動，即一物故。但爲生智顯理，故説去來等義。

問：爲由智耶？法如是耶？

答：同時具足故，以一入多、多入一，故名「相容」；即體無前後而不失一多之相，故曰「不同」〔二〕。

又，「一與多互相生起，且一依多起，則一是所起，而無力也；多是能起，故有力也。以多有力，能攝一；以一無力，入於多。是故此一恒是多，多依一起。准上知之，是則此多恒在一中也。以俱有力及俱無力各不並故，無彼不相在也；以一有力、一無力不相違故，有此恒相在也。緣起法界，理數常尔」〔三〕。

如大涅槃經云：「尔時樹林，其地狹小，以佛神力如針鋒處，皆有無量諸佛世尊及其眷屬等坐而食。所食之物，亦無差別。」〔四〕

校　注

〔一〕「此大緣起陀羅尼法」至此，詳見法藏述華嚴一乘教義分齊章卷四。

〔二〕「問：一多義門」至此，詳見法藏述華嚴一乘教義分齊章卷四。
〔三〕出澄觀撰大方廣佛華嚴經疏卷一三。
〔四〕見大般涅槃經卷一〇。

八、諸法相即自在門，此約用説。若帝網門，即互映重現；若微細門，即一時齊現。若此相即門，就三世間圓融無礙，自在即入而成無盡，如弥勒閣中現三世之事。

如上自在法門，即是其法界緣起，如理實德，非是變化，對緣方便故説也。若是大乘宗所明者，即言神力變化，故大小得相入。或云菩薩力故入，又云不二故入，不同此一乘實教所説。

問：若此宗明即入，不論神力，乃言自體常如此者，斯則渾無疆界，無終無始，何緣得辯因果、教義等十法耶？

答：只以隨智差別故，舉一爲主，餘皆爲伴。猶如帝網，舉一孔爲首，衆孔現中。一孔既尔，一切孔現亦如是。又如諸方菩薩，皆來證誠，同其名号，一切十方證誠，皆亦如是，所以成其無盡復無盡，而不失因果先後次第，而體無增減。故經云：一切衆生成佛，佛界不增，衆生界不減〔一〕。

校注

〔一〕實叉難陀譯大方廣佛華嚴經卷二〇：「菩薩摩訶薩亦復如是，不住生死，不住涅槃，亦復不住生死中流，而能運度此岸衆生，置於彼岸安隱無畏、無憂惱處。亦不於衆生數而有所著，不捨一衆生著多衆生，不捨多衆生著一衆生；不增衆生界，不減衆生界；不生衆生界，不滅衆生界；不盡衆生界，不長衆生界；不分別衆生界，不二衆生界。」又，「如上自在法門」至此，詳見華嚴一乘十玄門。

九、唯心迴轉善成門，此約心説。一切義門無盡等諸理事，並是如來藏性清淨真心之所建立，顯現無礙，若善若惡，若凡若聖，隨心所轉。世尊所説華嚴，身徧七處九會〔一〕，乃至十方法界、虚空界、一切塵中毛道〔二〕，皆不離最初成道處。經云雖復七處九會，而不離寂滅道場〔三〕。又云：「不離菩提樹，而昇忉利天。」〔四〕此則萬境萬緣，皆不出一真心矣。如迴向品頌云：「如是一切人中主，隨其所有諸境界，於一念中皆了悟，而亦不捨菩提行。」〔五〕

又頌云：「一切諸佛刹，佛子悉充徧，平等共一心，所作皆不空。一切毛端處，一時成正覺，如是等大願，無量無邊際。虚空與衆生，法界及涅槃，世間佛出興，佛智心境界。」〔六〕

問：若一切染淨萬法皆由心成者，如人先見障外有物，別有人去物時，心猶謂有，尔時物實無，何名由心成耶？答：若隨虚妄心中轉，此障外物亦隨心之有無，此亦心隨去物、不去〔七〕物而轉矣。若論如來藏性真實浄心説者，此物不動本處，體應十方，性常不轉〔八〕，縱移到他方，而常不動本處也〔九〕。

又，迷時境攝心，悟時心攝境。何者？迷時但隨境轉，境正心正，境邪心邪，著邪正之緣，成善惡之業。若悟時知唯我心，心有境有，心空境空。不定空有之緣，豈成物我之别？則非空非有，能有能空，一一皆自在轉也。所以浄名經云：「天魔、外道，皆吾侍也。」〔一〇〕此猶約對治教中爲被物轉者，方便言轉。若直見心性之人，既無所轉之物，亦無能轉之智。

摠上，十玄門皆於此唯心迴轉門成就，不出一心之義。以平等心是一義，差别心是多義。以一心即一切心，是相即義，是同時相應義；以一切心入一心，是相入義。以一心攝一切心，是隱義；以一切心資一心，是顯義。以不壞差别心而現平等心，是多中一義；以不隱平等心而現差别心，是一中多義。又，微細心不礙廣大心、廣大心不礙微細心，是一、多不同義。以一實心是純、差别心是雜，差别心即一實心，雜恒純；一實心即差别心，純恒雜：即諸藏純雜義。以一心帶一切心，還入一心，是帝網義。因心現境，見境識心，是託事顯法義。長劫短劫、延促時量，皆從積念而成，一心所現，是十世義。因一心正義，演難思法門，究竟指歸，言亡慮絶，即唯心迴轉義。自心既尔，彼心亦然，涉入交羅，重重無盡。

校注

〔一〕七處九會：佛説華嚴經之場所與會座。此爲唐譯華嚴經所説，晉譯則謂有七處八會。善卿編正祖庭事苑卷五：「七處九會，佛説華嚴，一、菩提場中，二、普光明殿，三、忉利天宮，四、夜摩天，五、兜率天，六、它化自在天，七、重會普光明殿，八、重會普光明殿，九、給孤獨園。」

〔二〕毛道：指極小的場所。

〔三〕智儼撰華嚴一乘十玄門：「若論如來藏性真實浄心説者，此物不動本處，體應十方，性恒常轉，縱移到他方，而常不動本處。此即緣起自在力，然非是變化幻術所爲。是故雖復七處九會，而不離寂滅道場。維摩云：『文殊師利不來相而來，不見相而見。』此之謂也。」（此書據題署「承杜順和尚説」。）

〔四〕佛馱跋陀羅譯大方廣佛華嚴經卷一三：「爾時，如來以自在神力，不離菩提樹座及須彌頂妙勝殿，上夜摩天宮寶莊嚴殿，趣兜率天宮一切寶莊嚴殿。」

〔五〕見實叉難陀譯大方廣佛華嚴經卷三一。

〔六〕見實叉難陀譯大方廣佛華嚴經卷三四。

〔七〕「去」，原作「失」，據華嚴一乘十玄門改。

〔八〕「性常不轉」，華嚴一乘十玄門作「性恒常轉」。

〔九〕「問：若一切染浄萬法皆由心成者」至此，見華嚴一乘十玄門。

〔一〇〕見維摩詰所説經卷中文殊師利問疾品。

十、託事顯法生解門，此約智説。以智觀照，則萬法如鏡，能生正解，不起邪倒。如經最初舉金色世界，顯始起於實際之心，所見法界中，一切幢、一切蓋等事，皆顯無生智行，如善財所見樓觀、園林，皆入法界。

如上十玄門，自在無礙，皆是緣起相由，具有力、無力，有體、無體，即入相持，似有顯現。

此宗鏡是法界大緣起門，皆因即、入二義，得有諸門成就，顯此一心無礙。以體、用二法，成其即、入二義：一、據體，有空、不空皆同體故，有相即義；二、約用，則有有力、無力互相交徹，有力持無力故，有相入義。又，以用收體，更無別體，故有相入；以體收用，更〔一〕無別用，故唯相即。以體、用無二故，常相即入。

又，體即是理，用即是事，無分是理，分即是事，分與無分，皆無障礙，各有四句。先理四句：一、無分限，以徧一切處故；二、非無分，以一法中無不具故；三、具分無分，謂分無分一味故，以全體在一法，而一切處恒滿故，如觀一塵中，見一切處法界故；四、俱非，以自體絶待故〔二〕。事四句者：一、有分，以隨自事相有分劑故；二、無分，以全體得理故。大品云：「色前後際不可得。」〔三〕三、具分無分，以前〔四〕二義無礙，是故具此二義，方是事故；四、俱非，以二義融故〔五〕。以一切緣起不出理、事，以事故非一，以理故非異。於無差之性，隨有差之相，則性隨相異，此是不異而異；於有分之事，隨無分之理，則事隨理一，此是不一而一。不一而一，方成其一；不異而異，方成其異。

校注

〔一〕「更」，諸校本作「入」。

〔二〕「俱非，以自體絶待故」，大方廣佛華嚴經隨疏演義鈔作「俱非分無分，以自體絶待故，圓融故，二義一相，非二門故」。

〔三〕摩訶般若波羅蜜經卷八散花品：「色前際不可得、後際不可得、中際不可得。」

〔四〕「以前」，原無，據大方廣佛華嚴經隨疏演義鈔補。

〔五〕「先理四句」至此，見澄觀述大方廣佛華嚴經隨疏演義鈔卷二四。

又，理事諸法，由不異方得不一。何者？若異，即妄有體，不依真立。不依真故，即不有妄。今有妄者，由不異故，得成不一。以妄無自體故，全依真成。明妄成故，與真不一。如波依水，由不異水，遂得成波。以成波故，與濕不一。又，不一方成不異，由有能依、所依故，交徹不異。如有波故，説波即濕。由有濕故，説水即波〔一〕。

是故一異無性，全體相收，不壞大小之形，而成即入之勢。以理、事各無性故，互相成立。以事無定體故，長非長相，短非短相，既無長短，即不用壞。以即相無相故，所以長劫即短劫，短劫即長劫。以無相即相故，大塵入小塵，小塵入大塵。以即故理同，以入故事異。以理即事故，非異即是非一；以事即理故，非一即是非異。由非一即非異故，令此事法不離一處而全徧十方；由非異即非一故，全徧十方而不動一位〔二〕。一無性理，自在義成，微細相容，無礙安立。

校注

〔一〕「理事諸法」至此，見澄觀述大方廣佛華嚴經隨疏演義鈔卷四一。

〔二〕法藏述華嚴發菩提心章：「通局無礙門，謂諸事法與理非一即非異故，令此事法不離一處，即全遍十方一切塵內。由非異即非一故，全遍十方而不動一位，即遠、即近、即遍、即住，無障無礙。」

如上理、事融通，非一非異，非有非無，不墮邊邪，方能悟入。如理無分限，揔曰無邊；事有分限，故名有邊。若依理成事，理性全隱，則無邊即邊；若會事歸理，事相全盡，則邊即無邊。今則不尔，不失理而事現，云無邊之邊；不壞事而理顯，云邊之無邊〔一〕。

校注

〔一〕「理無分限」至此，見澄觀述大方廣佛華嚴經隨疏演義鈔卷二六。

若定言一異、非一非異、非非一非非異等，盡同戲論，不契真如。故三無性論：「復次，無戲論故，名爲真實。無戲論者，於相等離一異虚妄故。乃至〔一〕若真如與相等異，即有三過失：一者、此真如則非相等實體；二者、修觀行則不依相等爲方便，得通達真如；三者、覺真如已，則應未達相等諸法，不相關故也。若真如與相等是一，亦有三過：一者、真如既無差別，相等亦應無差別；二者、若見相等，即見真如；三者、若見真如，不能清浄，如見相等，則無有聖人，無得解脱，無有涅槃，世、出世異。是故由離一異等，無〔二〕戲論故，無變異。無變異故，即是真實性也。」〔三〕

校注

〔一〕乃至：表示引文中間有删略。

〔二〕「無」，三無性論作「惑」。按，大毗盧遮那成佛經疏卷一九：「戲論者，如世戲人以散亂心、動作、種種身口，但悦前人而無實義。今妄見者、所作者，亦同於此，故名戲論也。」三無性論卷下：「無戲論故，名爲真實。無戲論者，於相等離一異虚妄故。相等者，謂相名分別。」此前有云「定言一異、非一非異、非非一非非異等，盡同戲論」，此處「離一異等」故，「無戲論」；或者，「離一異等惑戲論」故，「無變異」，亦通。

〔三〕見真諦譯三無性論卷下。

是知非一非異，非有非空，此宗鏡奥旨，自在圓融：謂欲一則一，欲異則異，欲存即存，欲泯便泯。異不礙一，泯不礙存，方爲自在；常一常異，常存常泯，名爲圓融。

又如弄珠鈴〔一〕之者，其珠不住空中，不落地上，不在手裏。既不在三處，亦不住一處。不住空中，即喻不住空觀；不落地上，即喻不住假觀；不在手裏，即喻不住中觀。既不住三，亦不成一，則非一非三，而三而一，斯爲妙矣。若未偶斯旨，所有見聞皆墮斷常，不成玄妙。

校　注

〔一〕弄珠鈴：即弄珠，一種雜戲。瑜伽師地論卷一一：「戲者，謂雙陸、摴蒲、弄珠等戲。」

若入宗鏡，無往不真。昔所不知，而今得知；昔所不見，如今得見。如大涅槃經云：「於一心中，則具足現五趣身。所以者何？以得如來大涅槃經之勢力故，是則名爲昔所不得，而今得之。乃至〔二〕於一念中，偏知六趣衆生之心，是名菩薩昔所不知而今得知。」〔三〕

校　注

〔二〕乃至：表示引文中間有删略。

〔三〕見大般涅槃經卷二四，南本見卷二二。

音義

螺，落戈反。水虫，蜯屬也。鎧，苦[一]亥反，甲之別名。勵，力制反，勸也。

駃，苦夬反，日行千里。泠，郎丁反，清泠。矢，式視反。椽，直緣反。

栱，居勇反，棧栱也。鐸，徒各反。暢，丑亮反，通也。屍，式之反。陂，

彼爲反。

丁未歲分司大藏都監開板

校注

［一］「苦」，原作「井」，據文意改。說文卷一四金部：「鎧，甲也，从金豈聲。苦亥切。」

宗鏡録卷第三十九

慧日永明寺主智覺禪師延壽集

夫覺王明敕，大教指歸，末法比丘須於四念處〔一〕修道，其旨如何？

答：此出大般涅槃經最後垂示，揔前教迹，同此指歸，以四念處即是宗鏡所明一切衆生身、受、心、法。如經云：「佛告阿難：如汝所問，佛涅槃後，依何住者？阿難，依四念處嚴心而住：觀身性相，同於虚空，名身念處；觀受不在内外、不住中間，名受念處；觀心但有名字，名字性離，名心念處；觀法不得善法、不得不善法，名法念處。阿難，一切行者，應當依此四念處住。」〔二〕

又云：「譬如國王，安住己界，身心安樂；若在他界，則得衆苦。一切衆生，亦復如是，若能自住於己境界，則得安樂；若至他界，則遇惡魔，受諸苦惱。自境界者，謂四念處；他境界者，謂五欲也。」〔三〕

校注

〔一〕四念處：即身念處（觀身不浄）、受念處（觀受是苦）、心念處（觀心無常）、法念處（觀法無我）。念處者，念爲能觀之智，處爲所觀之境。以智觀境，即爲念處。詳參下文。

〔二〕見大般涅槃經後分卷上遺教品。

〔三〕見大般涅槃經卷二五，南本見卷二三。

華手經云：「佛告跋陀婆羅：於尔時世，一切善人應作是念：我等當自依四念處。四念處者，於聖法中，一切諸法皆名念處。何以故？一切諸法常住自性，無能壞故。」〔一〕「一切諸法皆名念處」者，故知即法是心，即心是法，皆同一性，豈能壞乎？若有二法，則能相壞。

校注

〔一〕見華手經卷二念處品。

大寶積經偈云：「得無動處者，常住於無處。」〔一〕無動處者，則自心境界，此境界即無處所。如金剛三昧經云：「心無邊際，不見處所。」〔二〕論釋云：「『心無邊際』者，歸一心

原，心體周徧，徧十方故無邊，周三世故無際。雖周三世而無古今之殊，雖徧十方而無此彼之處，故言『不見處所』。」〔三〕

校注

〔一〕見大寶積經卷二四。

〔二〕見金剛三昧經真性空品。

〔三〕見元曉述金剛三昧經論卷下真性空品。

大法炬陀羅尼經云：「夫念處者，云何念義？當知是念，無有違諍，隨順如法，趣向平等，遠離邪念，無有移轉及諸別異，唯是一〔一〕心，入不動定。若能如是，名爲念義。」〔二〕

如天台智者廣述真詮，大小兼弘，教觀雙辯，末後唯説觀心論章，意亦如是〔三〕。亦如祖師馬鳴菩薩廣釋經造論，末後唯製一卷略論，名大乘起信論，云有摩訶衍能起大乘信根，立心真如、心生滅二門，摠論一心，别開體、用。若了此一心大旨，即是起一切衆生大乘信根。若未信者，設經無量億劫廣大修行，不入祖佛正宗，皆是假名菩薩。以此一論之要義，摠攝諸部之廣文。以源攝流，有何不盡？亦是諸聖製作大意，亦是宗鏡本懷，乃諸佛所知，群賢所證，衆德所備，萬行所弘，妙義所詮，究竟所趣。

校注

〔一〕「二」，原本空缺，據諸校本補。

〔二〕見大法炬陀羅尼經卷四四念處品。

〔三〕按，觀心論係智顗對弟子口授的遺言。遵式述、慧觀重編天竺別集卷上：「智者造論，凡有二意：一者、爲諸學徒隨逐累載空無所獲者，令絶言置文，觀心入道；二者、爲外諸四衆脱能信受，亦可傳之。論約觀自生心，起三十六問，而云若於觀心答此無滯者，當知此人即是五品弟子中初隨喜品人。」參見本書卷三〇引。

此四念處破八顛倒：一、不浄中作浄想，二、苦中作樂想，三、無常中作常想，四、無我中作我想，此是外道凡夫四倒。又，一、浄中作不浄想，二、樂中作苦想，三、常中作無常想，四、我中作無我想，此是二乘四倒，共成八倒。是以修四念處觀，破八顛倒，於中而般涅槃，是十方諸佛出世本懷，究竟指歸，秘密藏中，最後放捨身命之處，正當宗鏡大旨，一心法門。

輔行記云：「四念處觀者，一一念處，皆悉先明空、假破倒，次以中道結成秘藏，自他俱滿，義兼大小。言俱破者，既以中道顯秘密藏，故四念處咸皆破倒。何者？以即空故，破常倒，義兼於小；以即假故，破無常倒，義兼於大；中道爲正，故曰義兼大小。以即中故，雙照大小，雙非大小，即是雙照雙破八倒。三諦相即，兼無前後，破無次第，即破即立，即照即遮。

「四榮四枯者，大涅槃經云『東方雙』者，喻常、無常；『南方雙』者，喻樂、無樂；『西方雙』者，喻我、無我；『北方雙』者，喻浄、不浄。四方各雙，故名雙樹。方面皆悉一枯一榮，榮喻於常等，枯喻無常等。如來於中北首而卧，入般涅槃，表非枯非榮。榮即表假，枯即表空，即是於其空假中間而入秘藏[一]。後分經云：『東方一雙，在於佛後。西方一雙，在於佛前。南方一雙，在於佛足。北方一雙，在於佛首。入涅槃已，東西二雙合爲一樹，南北二雙亦合爲一，二合皆悉垂覆如來，其樹慘然，皆悉變白。』[二]常、無常等，二即不二，常、樂、我、浄，偏覆法界故。二合垂覆如來，即是如來契於秘藏，亦是念處無非寂滅。白者，即是衆色之本，常等稱本故，名爲變白。言北首者，增一阿含云：表於佛法久住北天[三]。長阿含第三[四]云：佛告阿難：安我頭南首，面向北，則使佛法久住不滅[五]。況涅槃終極，不表秘藏耶？然一代教門，凡諸所表，文義顯著，莫過雙樹。以四念處能爲大小觀行初門，是故尔也。殷勤遺囑，意在於斯。」[六]

校注

〔一〕大般涅槃經卷三〇：「我於此娑羅雙樹大師子吼。師子吼者，名大涅槃。善男子，東方雙者，破於無常，獲得於常。乃至北方雙者，破於不浄，而得於浄。善男子，此中衆生爲雙樹故，護娑羅林，不令外人取其枝葉，斫截破壞。我亦如是，爲四法故，令諸弟子護持佛法。何等名四？常、樂、我、浄。此四雙樹，四王典掌，我爲四王護持我法，是故於中而般涅槃。善男子，娑羅雙樹花果常茂，常能利益無量衆生。我亦如是，常能利益聲聞緣覺。花者喻我，果者喻樂，以是義故，我於此間娑羅雙樹入大寂定。大寂定者，名大涅槃。」

〔二〕見大般涅槃經後分卷上應盡還源品。

〔三〕見增一阿含經卷三六。

〔四〕「三」，原作「四」，據清藏本改。參後注。

〔五〕長阿含經卷三：「爾時，世尊入拘尸城，向本生處末羅雙樹間，告阿難曰：『汝爲如來於雙樹間敷置牀座，使頭南首，面向北方。所以然者？吾法流布，當久住北方。』」

〔六〕見湛然述止觀輔行傳弘決卷七之一。

又，「但凡夫謂身爲浄，言受是樂，執心是常，計法爲我，由斯四倒，而起貪愛無明，而有諸行乃至老死，苦集浩然。八萬四千煩惱火，燒於五陰舍宅。故法華經云：『四面俱時欻然火起。』〔一〕即喻四倒。若小乘觀人，即觀身不浄，破於浄倒；觀受是苦，破於樂倒；觀心無常，破於常倒；觀法無我，破於我倒。是則由前迷心顛倒，謂身是常樂我浄故，起貪愛諸煩惱。今既觀知身是不浄，乃至苦無常無我，則不起貪愛、無明、行識，乃至老死滅，則生死河傾，涅槃海滿。即是競共推排，争出火宅，到無畏處。爲是因緣，勸爲小行之人，令依念處修道也。大乘四念處者，觀生死五陰之身，非枯非榮，即大寂定。涅槃經云：色解脱涅槃，乃至識解脱涅槃〔二〕。若修此念處觀，即是觀一切六道衆生即是常樂我浄大涅槃，具足佛之知見，如常不輕，圓信成就〔三〕。經云：施城中最下乞人，與難勝如來等〔四〕。是則豈可分别是田非田、可施不可施耶？故念處觀，即平等種子。若不修，則見生死涅槃有異，凡聖有殊。聖是敬田，即崇仰而施；凡是悲田，則猒賤而不捨」〔五〕。

校注

〔一〕見妙法蓮華經卷二譬喻品。

〔二〕大般涅槃經卷三九：「色是無常，因滅是色，獲得解脱常住之色，受想行識亦是無常，因滅是識，獲得解脱常住之識。憍陳如，色即是苦，因滅是色，獲得解脱安樂之色，受想行識亦復如是。」

〔三〕常不輕：菩薩名，常修不輕之行，即釋迦佛往古的前身。此菩薩凡有所見，皆悉禮拜讚歎而作是言：「我深敬汝等，不敢輕慢。所以者何？汝等皆行菩薩道，當得作佛。」此菩薩臨終時，聞威音王佛説法華經，得六根清浄，增益壽命，更爲人宣説法華經，顯現神通，終得成佛。詳見妙法蓮華經卷六常不輕菩薩品。

〔四〕詳見維摩詰所説經卷上菩薩品。

〔五〕見灌頂觀心論疏卷一。

若入一心平等法界念處法門，則無分別。夫四念處者，念即觀慧之心，處即智照之境，能、所冥合，唯是一心。

今依天台四念處觀〔一〕，略明四教四念處四句分別者：「若非苦非樂，結成生滅苦樂，乃至非我非無我，結成無我，是三藏意。若非苦非樂，結成無苦無樂之苦樂，屬通教攝。淨名經云：『五受陰，通〔二〕達空無所起，是苦義。』〔三〕結受念處觀，如大品不淨觀，即是摩訶衍，皆不可得故。以是不淨心觀色，自念我身未脱是法，未免三界生，猶應受百千生死，故言未脱，引廣乘品〔四〕，成身念處觀；諸法不生不滅，是無常義，結成心念處觀；於我無我而不二，是無我義，結成法念處觀，是通教意。若作非常非無常結成常，非垢非淨結成淨，非苦非樂結成樂，非我無我結成我，即成別教。常樂我淨斷惑，歷別來〔五〕證也。若作非垢非淨，雙照垢淨；非苦非樂，雙照苦樂；非常非無常，雙照常無常；非我非無我，雙照我無我，結成圓教。圓心修習，不斷煩惱而入涅槃。」〔六〕

校　注

〔一〕天台四念處觀：即智顗説、灌頂記四念處。按，大唐内典録卷五灌頂著述中，即著録爲四念處觀。

〔二〕「通」，清藏本作「洞」。按，維摩詰所説經作「洞」，據大正藏校勘記，聖本維摩詰所説經作「通」。

〔三〕見維摩詰所説經卷上弟子品。

〔四〕見摩訶般若波羅蜜經卷五。

〔五〕「來」，嘉興藏本作「求」。按，四念處作「來」。

〔六〕見智顗説、灌頂記四念處卷二。

又，前三教藏、通、别等，非今所用，是以略引。今重廣引圓四念處文，助成後信。四念處觀云：「四念處者，念是觀慧。大論云：念、想、智，皆一法異名〔一〕。初録心名念，次習行名想，後成辦名智。處者，境也，皆不離薩婆若〔二〕。能觀之智，照而常寂，名之爲念；所觀之境，寂而常照，名之爲處。境寂智亦寂，智照境亦照。一相無相，無相一相，即是實相。實相即是一實諦，亦名虚空佛性，亦名大般涅槃。如是境智，無二無異。如如之境，即如如之智，智即是境。説智及智處，皆名爲般若。亦例云：説處及處智，皆名爲所諦。是非境之境，而言爲境；非智之智，而名爲智。亦名心寂三昧，亦名色寂三昧，亦是明心三昧，亦是明色三昧。

「請觀音經云：『身出大智光，如燒紫金山。』〔三〕大涅槃經云：『光明者，即是智慧。』〔四〕金光明經云：『不可思議智境，不可思議智照。』〔五〕此諸經皆明念只是處，處只是念，色、心不二，二而不二，爲化衆生，假名二説耳。此之觀慧，只觀衆生一念無明心。此心即是法性，爲因緣所生，即空、即假、即中，一心三心，三心一心。此觀亦名一切種智，此境亦名一圓諦，一諦三諦，三諦一諦。諸佛爲此一大事因緣出現於世，欲令衆生佛知見開，諸佛出世事足。大涅槃經云：『王道夷坦。』〔六〕無量義經云：『行大直道，無留難故。』〔七〕法華經云『具足道』〔八〕。雖言三智，其實一心，爲向人説令易解故，而説爲三。

「若教道，爲言所斷煩惱，如翻大地，河海俱覆；似崩大樹，根枝悉倒。用此智斷惑，亦復如是，通別塵沙、無明，一時清浄，無量功德，諸波羅蜜萬行法門，具足無減。佛法秘藏，悉現在前。大品經云：諸法雖空，一心具足萬行。大涅槃經云：『發心、畢竟二不別。』〔九〕法華經云『本末究竟等』〔一〇〕等故，名妙覺平等道。當知此慧即法界心靈之原，三世諸佛無上法母，以法常故，諸佛亦常。樂、我、浄等，亦復如是，亦名寶所，亦名秘藏，佛及一切之所同歸。

「前三藏隘路，不得並行；通教共稟、共行、共入，入不能深；別教紆迴，歷別遥遠，即不能達。今此念處，曠若虚空，際於無際，猶如直繩直入西海，故名圓教四念處耳。張衡曰：『翔鵾仰而不逮，況青鳥與黄雀。』〔一一〕當知前三念處所不能及，唯圓念處孤飛獨運，陵摩絳霄，無上、無等、無等等。豎無高蓋，故言無上；横無儔例，故言無等；等〔一二〕等於十方三世諸佛，言無等等也〔一三〕。

「欲重説此義，更引天親唯識論。唯是一識，復有分别識、無分别識。分别識者，是識；無分别者，似塵識。一切法界，所有瓶衣車乘等，皆是無分别識。龍樹云：四念處即摩訶衍，摩訶衍即四念處〔一四〕。一切法趣身念處，即是一性色，得有分别色、無分别色。分别色者，如言光明即是智慧是也；無分别色，即是法界四大所成色，皆是無分别等，是色、心不二。彼既得作兩識之名，此亦作兩色之説。若色、心相對，離色無心，離心無色；若不得作此分别色、無分别色，云何得作分别識、無分别識耶？若圓説者，亦得唯色、唯聲、唯香、唯味、唯觸、唯識。若合論，一一法皆具足法界，諸法等故般若等，内照既等，外化亦等，即是四隨〔一五〕逐物，情有難易。

「大智度論云：一切法併空，何須更用十喻〔一六〕？答：空有二種：一、難解空，二、易解空。十喻是易解空，今以易解空喻難解空〔一七〕。唯識意亦如是，但約唯識，具一切法門，而衆生有二種：一、多著外色，二、少著内識〔一八〕。如上界多著内識，下二界著外色多，著内識少，如學問人多得外解。若約唯識論者，破外向内，令觀明白，法界法皆是一識：識空十法界空，識假十法界假，識中十法界亦中，專以内心破一切法。若外觀十法界，即見内心，當知若色若識，皆是唯識；若識若色，皆是唯色。今雖説色、心兩名，其實只一念無明法性十界〔一九〕，即是不可思議一心具一切因緣所生法。一句，名爲『一念無明法性心』。若廣説四句成一偈，即因緣所生心，即空、即假、即中。故般若經云：受持一四句偈，與十方虛空等〔三〇〕。法華經云：聞一偈亦與菩提記，一句亦然〔三一〕。三句亦如是。

「今只觀此一心，即不可思議，十界恒現前，入心地法門，故能不起寂場，現身八會。只是一句，一句中有無量，無量中只一句，是爲不思議故。如心諸佛尔，如佛衆生然，心、佛與衆生，是三無差別〔三二〕。諸佛解脱，當於衆生心中求；衆生心，亦於諸佛解脱中求，始是般若究竟等。未了者，一切法正、一切法邪，不以心分別，即一切法正；若以心分別，一切法邪。心起想即癡，無想即泥洹。

「此不思議，非青、黄、赤、白，方圓、長短，無名、無相，究竟寂滅，唯當心知，口不能説。若有因緣善方便，用四悉檀亦可得説。爲衆生無量劫自性心不爲煩惱所染而染〔三三〕，難可了知。迷妄名染，染即覆心，不見淨性，所以久處生死，不能返本還原。原實難解，二乘尚不聞其名，何況凡夫！今佛爲作習因，如大通佛所繫珠〔三四〕，至釋迦時方成果實，令此種子漸漸積習，後遇聲光發此種子，轉凡入聖，漸積功德，具足大悲心，皆已成佛道。若不尔者，無明覆法性，出十法界五陰，重迷積沓。若能超悟，起二乘五陰乃至佛陰。華嚴經頌云：『心如工畫師，造種種五陰，一切世間中，無不由心造。』〔三五〕

「諸陰只心作耳，觀無明心畢竟無所有，而能出十界諸陰，此即不思議。如法華經云：

一念夢心，行因得果〔二六〕。在一念眠中，無明心與法界性合，起無量煩惱。尋此煩惱，即得法性〔二七〕。

「問：別、圓俱作此譬，云何有異？

「答：別則隔歷，圓則一念具，如芥子含須弥山，故名不思議。一微塵中有大千經卷，智人開塵出經，是一念無明心有煩惱法、有智慧法，煩惱是惡塵、善塵、無記塵，開出法身、般若、解脱。法華經云如是性相等，一界十界，百千法界，究竟皆等〔二八〕。今觀此無明心從何而生？爲從無明？爲從法性？爲共？爲離？若自若他，四皆叵得，名空解脱門；只觀心性爲有爲無、爲共爲離、若常若斷，四倒不可得，名無相解脱門；只此心性爲真爲緣、爲共爲離，非四句所作，名無作解脱門。無生而説生，是十法界性相也。無明性即是實性，亦言無明即是明，明亦不可得，是爲入不二法門。但衆生迷倒，不見心之無心，明成無明尔。

「又，大涅槃經云：『其後不久，王復得病。醫占王病，定應服乳。』〔二九〕王者，八倒衆生也。其後病者，初倒伏，後倒起，故言不久也。定服乳者，應授四榮之術也，正是今之念處意耳。又譬有人以毒塗鼓，衆中打之，近者死，遠者未死。後打毒鼓，近遠俱死〔三〇〕。初塗四枯，止枯分段，故言未死。今塗四榮，無明根斷，故近遠俱死，亦是今四念處意也。

「又云：『如鳥出籠』〔三一〕，纔得離網。今二鳥俱飛，高翔遠逝，去住自在，正是今四念處意也。

「又云：初枯生死，不能照明佛法，不能開悟衆生，於佛法無功夫，於衆生無利益，故言枯雙樹。今圓顯佛法，大益衆生，夫有心者，皆當作佛。八千聲聞，得見佛性，如秋收冬藏，成大果實，故言四榮莊嚴雙樹。大涅槃經云：『不令噉酒糟麥䴸〔三二〕，不與特牛同共一群，不在高原，亦不下濕。』〔三三〕下濕者，凡邪四倒也；高原者，偏曲四倒也。酒糟是愚癡，麥䴸是嗔恚，特牛是貪欲。選擇中原，安處其子。法華經云：『正直捨方便，但說無上道。』〔三四〕又，『諸佛法久後，要當說真實』。真實者，非生死、非涅槃，無邪無偏，無僻無倒。咄哉丈夫，示昔繫珠！咄哉去來，寶處在近！

「是故從本垂迹，與法身眷屬隱實揚權，藏高設下，共化衆生，開示正道，内秘外現，開顯令得入妙，正是此四念處也。所言四者，不可思議數也。一即無量，無量即一。一一皆是法界，三諦具足，攝一切法。出法界外，更無有法。法界無法界，具足法界。雖無法，具足諸法，是不思議數也。華嚴中云：一微塵具一切塵及一切法，於一念具一切念及一切法〔三五〕。塵即是色，念即是心，色心即念處之異名耳。大品經云四念處即摩訶衍、摩訶衍即四念處者，於一念處，與三念處無二無別〔三六〕。一切法趣四念處，是趣不過。念處尚不可得，云何當有趣不趣〔三七〕？此亦不思議意同也。普賢觀經云：『觀心無心，法不住法，名大懺悔。』〔三八〕觀心既然，觀色亦尔。大涅槃經云：佛性者，亦一非一、非一非非一。亦一者，一切衆生悉一乘故；非一者，説三乘故；非一非非一者，數非數不決定〔三九〕。是故當知，於四數不可決定，即不思議之四也。」〔四〇〕

校注

〔一〕龍樹造、鳩摩羅什譯大智度論卷二三：「佛種種異名説『道』，或言『四念處』，或言『四諦』，或言『無常想』。」卷八五：「一切種智者，即是阿耨多羅三藐三菩提，薩婆若、佛法、佛道，皆是一切種智異名。」

〔二〕薩婆若：意譯「一切智」「一切種智」等，是諸佛究竟圓滿果位之智。

〔三〕見請觀世音菩薩消伏毒害陀羅尼呪經。

〔四〕見大般涅槃經卷六。

〔五〕見金光明經卷三散脂鬼神品。

〔六〕見大般涅槃經卷九。

〔七〕見無量義經十功德品。

〔八〕妙法蓮華經卷二方便品：「欲聞具足道。」

〔九〕見大般涅槃經卷三八，南本見卷三四。

〔一〇〕見妙法蓮華經卷一方便品。

〔一一〕見張衡西京賦。

〔二〕「等」，清藏本作「以」。

〔三〕龍樹造、鳩摩羅什譯大智度論卷五八：「諸佛法名無等，般若波羅蜜得佛因緣故，言無等等。」智顗説妙法蓮華經文句卷一〇下釋觀世音菩薩普門品：「無等等者，九法界心不能等理，佛法界心能等此理，故無等而等也。又，畢竟之理是無等，初緣畢竟理而發心，能等於理，故言無等等也。又，心之與理俱不可得，將何物等何物而言無等等耶？心之與理俱不可説，不可説而説，説此心等此理，故言無等等耳。」智顗説湛然略維摩經略疏卷一：「言無等等者，十方諸佛無與等者，今等諸佛故，言無等等也。」

〔四〕按，摩訶般若波羅蜜經卷七會宗品：「四念處不異摩訶衍，摩訶衍不異四念處，四念處、摩訶衍無二無別。」大智度論卷五二有引。此云「龍樹云」者，不確。

〔五〕四隨：謂佛以隨樂（隨於衆生之欲樂）、隨宜（隨於衆生之機宜）、隨治（隨於對治衆生之所迷）、隨義（隨於第一義）等四隨説法，即四悉檀之意。

〔六〕十喻：如幻、如焰、如水中月、如虚空、如響、如乾達婆城、如夢、如影、如鏡中像、如化。

〔七〕龍樹造、鳩摩羅什譯大智度論卷六：「問曰：若諸法十譬喻皆空無異者，何以但以十事爲喻，不以山河石壁等爲喻？答曰：諸法雖空而有分別，有難解空，有易解空。今以易解空喻難解空。」

〔八〕「一、多著外色，二、少著内識」，大正藏本四念處作「一、多著外色，少著内識；二、多著内識，少著外色」。按，據大正藏校勘記，延寶八年刊宗教大學藏本四念處作「一、多著外色，二、少著内説識」。

〔九〕「十界」，四念處作「十法界」。

〔一〇〕大般若波羅蜜多經卷五七五：「若有苾芻、苾芻尼等於深般若波羅蜜多，下至受持一四句頌爲他演説，定趣菩提住佛境界。」

〔二一〕妙法蓮華經卷四法師品：「藥王，汝見是大衆中無量諸天、龍王、夜叉、乾闥婆、阿修羅、迦樓羅、緊那羅、摩睺羅伽、人與非人，及比丘、比丘尼、優婆塞、優婆夷，求聲聞者、求辟支佛者、求佛道者，如是等類，咸於佛前，聞妙法華經一偈一句，乃至一念隨喜者，我皆與授記，當得阿耨多羅三藐三菩提。」

〔二二〕佛陀跋陀羅譯大方廣佛華嚴經卷一〇：「如心佛亦爾，如佛衆生然，心、佛及衆生，是三無差別。」

〔二三〕「爲衆生無量劫自性心不爲煩惱所染而染」，四念處作「以方便力，爲比丘説。衆生無量劫自性心不爲煩惱所染，不染而染」。按，據大正藏校勘記，延寶八年刊宗教大學藏本四念處作「以方便力，爲五比丘説。衆生無量劫自性心不爲煩惱所染而染」。

〔二四〕大通佛：即大通聖智佛。此佛在世時，有十六王子出家爲沙彌，從佛聞法華經。佛入定後，十六沙彌各昇法座，爲大衆覆講法華經。其第十六沙彌，成佛爲釋迦如來。詳見妙法蓮華經卷三化城喻品。繫珠：謂以無價寶珠繫其衣裏，喻指本來具有的佛性。詳見妙法蓮華經卷四五百弟子受記品。大佛頂如來密因修證了義諸菩薩萬行首楞嚴經卷四：「譬如有人，於自衣中繫如意珠，不自覺知，窮露他方，乞食馳走。」湛然述法華文句記卷三下：「衆生身中，有昔種緣，名爲衣珠。」湛然述法華玄義釋籤卷一：「聞法繫珠，是爲圓因；得記示珠，名爲圓果。」

〔二五〕見佛馱跋陀羅譯大方廣佛華嚴經卷一〇。

〔二六〕妙法蓮華經卷五安樂行品：「若於夢中，但見妙事，見諸如來，坐師子座，諸比丘衆、圍繞説法。（中略）佛知其心，深入佛道，即爲授記，成最正覺。」

〔二七〕智顗撰三觀義：「法華經安樂行品明持經之人，若於夢中但見妙事，所謂夢見從初值佛發菩提心，乃至成道轉法輪，經千萬億劫，度無量衆生，是則少時眠心，有無量夢事。無量夢事，而不礙一念眠心；一念眠心，能含無量劫事。無明一念，具一切法，不相妨礙，亦復如是。」

〔二八〕詳見妙法蓮華經卷一方便品。

〔二九〕見大般涅槃經卷二。

〔三〇〕大般涅槃經卷九：「譬如有人以雜毒藥用塗大鼓，於大衆中擊之發聲，雖無心欲聞，聞之皆死，唯除一人不横死者。」

〔三一〕見大佛頂如來密因修證了義諸菩薩萬行首楞嚴經卷九。

〔三二〕「麩」，原作「數」，據文意改。後一「麩」同。麩，麥糠。麩，多譌作「數」，形近故。

〔三三〕見大般涅槃經卷二。

〔三四〕見妙法蓮華經卷一方便品。下一處引文同。

〔三五〕參見佛馱跋陀羅譯大方廣佛華嚴經卷三〇。

〔三六〕摩訶般若波羅蜜經卷七會宗品：「四念處不異摩訶衍，摩訶衍不異四念處，四念處、摩訶衍無二無别。」

〔三七〕摩訶般若波羅蜜經卷一五知識品：「一切法趣四念處乃至八聖道分，是趣不過。何以故？四念處乃至八聖道分畢竟不可得故，云何當有趣不趣？」

〔三八〕見觀普賢菩薩行法經。

〔三九〕見大般涅槃經卷二七，南本見卷二五。

〔四〇〕見智顗説、灌頂記四念處卷四。

乃至若不依宗鏡中四念處行道，設有智解修行，皆成外道。所以云：「若無念慧，一切行法皆非佛法，非行道人，皆空剃頭〔一〕，如放牧者〔二〕；空著染衣，如木頭幡〔三〕。雖執鉢錫，如病人乞具；雖讀誦經書，如盲人誦賦；雖復禮拜，如碓上下〔四〕；雖復興造，媒衒客作。種樹貨易，沉淪生死，蠶繭自纏，無解脱期。捨身命財，但得名施，非波羅蜜；雖復持戒，不免雞狗；雖復精進，精進無秀媚〔五〕；雖復坐禪，如彼株杌〔六〕；雖復知解，狂顛智慧。常在此岸，不到彼岸，不降愛見，不破取相，不得入道品，非賢聖位，不成四枯樹，非波羅蜜。何以故？無念慧故，以念慧能破邪顯正。大涅槃經云：舊醫乳藥，其實是毒，如蟲食木，偶成字耳，是蟲不知是字非字。更有新醫，從遠方來，曉八種術，謂四枯四榮，以新四枯，破其舊乳〔七〕。法華經云：『大火從四面而起。』〔八〕即斯意〔九〕也。」〔一〇〕

是以八種異術，破八倒之迷途；一心妙門，入一乘之種智。

校注

〔一〕空剃頭：謂僅具外形而不能深信佛法、終證佛果的出家者。龍樹造、鳩摩羅什譯大智度論卷一：「若人有信，是人能入我大法海中，能得沙門果，不空剃頭、染袈裟。」

〔二〕大般泥洹經卷三四法品：「我般泥洹後久遠世時，當有比丘雖爲學道而自貢高言：『我是須陀洹、斯陀含、阿那含、阿羅漢。』於惡世中，流離貧乏，困苦出家，種種妄解名字比丘，爲利養故，恭敬白衣。形狀憔悴，如放牧者；身著袈裟，如獵師像；悕望世利，如猫捕鼠。病瘦疥癩，身體不浄，而被牟尼賢聖被服，形如餓鬼，貧窮寒悴，非真沙門，爲沙門像。」

〔三〕大般涅槃經卷六：「有惡比丘，聞我涅槃不生憂愁：『今日如來入般涅槃，何期快哉！如來在世，遮我等利，今入涅槃，誰復當有遮奪我者？若無遮奪，我則還得如本利養。如來在世禁戒嚴峻，今入涅槃，悉當放捨。所受袈裟，本爲法式，今當廢壞，如木頭幡。』如是等人誹謗、拒逆是大乘經。」行滿集涅槃經疏私記卷五：「經云『如木頭幡』者，袈裟任自毁壞，如木頭破幡無用也。」

〔四〕澄觀述華嚴經行願品疏卷一〇：「我慢禮，如碓上下，無恭敬心。」智儼集華嚴經内章門等雜孔目卷一第二會名號品初禮佛儀式章：「身儀不正，與慢相相應，如碓上下，佛制有過，名成過禮。」

〔五〕「秀媚」，四念處作「繡媚」。秀媚，俊秀嫵媚。據此處文意，勇猛向善之中有俊秀嫵媚之氣，似爲真精進的狀態。惠洪石門文字禪卷二〇明白庵銘序：「於道初不相妨，譬之山川之有飛雲，草木之有華滋，所謂秀媚精進。」

〔六〕株杌：樹樁。慧琳一切經音義卷三：「株杌，上知榆反，考聲云：殺樹之餘也。説文：木根也，從木朱聲也。下五骨反。韻英云：樹無枝曰杌。」

〔七〕詳見大般涅槃經卷二。

〔八〕見妙法蓮華經卷二譬喻品。

〔九〕「意」，四念處作「例」。

〔一〇〕見智顗說、灌頂記四念處卷一。

問：此平等法性一乘妙心，一切衆生、聲聞、緣覺、菩薩、諸佛，悉皆共禀，云何於異生界等，此一靈性念念處輪迴，於聲聞乘，同共一法中而不得此事？

答：如黄石中金，以福德爐火因緣成就，若大福人，得金；中福人，得銀；下福人，得銅。此亦如是，凡夫人唯得煩惱無明，聲聞人但證無常生滅，唯佛、菩薩究竟常樂涅槃。如大集經云：「如然燈器，金則黄光，銅則赤光。其色雖異，燈無差別。法界亦尔，諸佛然之，智光無邊。聲聞然之，智光有邊，而法界性實無差別。」〔一〕

校注

〔一〕見大方等大集經卷一三。

且心之一法，微妙幽玄，見有淺深，智分優劣，須憑廣學以至法原。法華經云：「其不習學者，不能曉了此。」〔二〕外書云：「玉不琢，不成器。人不學，不知道。」〔三〕但堅志節，常聞未聞，熏修而觀力轉深，磨鍊而行門益淨。常起難遭之想，道業恒新；長懷慶幸之心，終無退轉。

校　注

〔一〕見妙法蓮華經卷一方便品。

〔二〕見禮記學記。

所以華嚴經云：「菩薩日夜唯願聞法、喜法、樂法、依法、隨法、解法、順法、到法、住法、行法。菩薩如是勤求佛法，所有珍財，皆無悋惜，不見有物難得可重，但於能説佛法之人，生難遭想。是故菩薩於内外財，爲求佛法，悉能捨施。無有恭敬而不能行，無有憍慢而不能捨，無有承事而不能作，無有勤苦而不能受。若聞一句未曾聞法，生大歡喜，勝得三千大千世界滿中珍寶。若聞一偈未聞正法，生大歡喜，勝得轉輪王位。若得一偈未曾聞法，能淨菩薩行，勝得帝釋梵王位住無量百千劫。若有人言：『我有一句佛所説法，能淨菩薩行，汝今若能入大火坑、受極大苦，當以相與。』菩薩尔時作如是念：『我以一句佛所説法，淨菩薩行故，假使三千大千世界大火滿中，尚欲從於梵天之上投身而下，親自受取，況小火坑而不能入！然我今者爲求佛法，應受一切地獄衆苦，何況人中諸小苦惱！』菩薩如是發勤精進求於佛法，如其所聞觀察修行。此菩薩得聞法已，攝心安住，於空閑處，作是思惟：

『如説修行乃得佛法，非但口言而可清浄。』〔一〕

校注

〔一〕見實叉難陀譯大方廣佛華嚴經卷三五。

又，普賢行願品頌云：「智海廣難量，不測反增謗。牛飲水成乳，虵飲水成毒。智學成菩提，愚學爲生死。如是不了知，斯由少學過。」〔一〕

校注

〔一〕見般若譯大方廣佛華嚴經卷一二入不思議解脱境界普賢行願品。

大涅槃經偈云：「或有服甘露，傷命而早夭，或有服甘露，壽命得長存。或有服毒生，有緣服毒死，無礙智甘露，所謂大乘典，如是大乘典，亦名雜毒藥。如酥醍醐等，及以諸石蜜，服消則爲藥，不消則爲毒。方等亦如是，智者爲甘露，愚不知佛性，服之則成毒。」〔一〕

校注

〔一〕見大般涅槃經卷八。

又如木中火性〔一〕，乳中酪性〔二〕，緣若未具，有亦同無。衆生佛性，亦復如是，不學不知，非不成佛。如金剛三昧經云：「地藏菩薩言：尊者，知有非實，如陽燄水；知實非無，如火性生。如是觀者，是人智耶？」〔三〕論釋曰：如經云：若説法有一，如燄水迷倒；若見於法無，如盲無日倒〔四〕。故「知實非無，非無之義如火性生，謂如木中有火性，分析求之，不得火相，而實不無木中火性，鑽而求之，火必現故。一心亦尔，分析諸相，不得心性，而實不無諸法中心，修道求之，一心顯故」〔五〕。

校注

〔一〕真諦譯大乘起信論：「如木中火性，是火正因。若無人知，不假方便，能自燒木，無有是處。」

〔二〕大般涅槃經卷二八：「一切衆生有佛性性，如乳中酪性。」

〔三〕見金剛三昧經總持品。

〔四〕金剛三昧經真性空品：「若説法有一，是相如毛輪，如焰水迷倒，爲諸虚妄故；若見於法無，是法同於空，如盲無日倒，説法如龜毛。」元曉述金剛三昧經論卷下如來藏品：「『如焰水迷倒』者，謂如渴鹿見焰謂水，馳走而求，直是迷倒。計有一心，亦如是故。『爲諸虚妄故』者，渴鹿見水，瞖者見輪，學士計一，如是諸計，齊虚妄故。次破無見。『若見於法無』者，謂如前説，計有二諦，無一心法故，是法同於空者，彼計一心同於空理。空理之外，本無一實故。『如盲無日倒』者，謂如生盲貧窮乞兒，本未曾見日輪光明，其有目者爲説有日，盲者謂無不信有日，直是顛倒。彼計亦爾，由彼本來唯學空有，而未曾聞無二中道，雖有説者，不信受故。所以日輪喻於中道者，日輪圓滿有大光明，唯除盲者，無不見故。一心亦爾，周圓無缺，有本始覺大光明照，除不信者，無不入故。『説法如龜毛』者，彼無見者説一心法，但名無體，猶如龜毛，不異盲人，謂無日輪也。」

〔五〕見元曉述金剛三昧經論卷下總持品。

是以含識界中，從無始來，内爲五陰所縻，外爲六塵所梏，觸途現境，寓目生情，如獮猴而五處俱黏〔一〕，類蚨蛛而諸塵盡泊〔二〕。所以見不超於色界，聽不出於聲塵，若投網之魚，猶處籠之鳥。進退俱阻，如羝羊之觸籓〔三〕；驚懼齊臨，似乳鷰之巢幕〔四〕。若能知塵是識，了物唯心，不爲延促之所拘，豈令大小之所轉？即能隨緣應跡，赴感徇機，不動道場，分身法界，常在此而恒在彼，不居方而不離方。入此宗門，廣大如是，會差別之迹，徹平等之原。如金剛山，純現金光；似師子王，師子圍遶。猶摩梨山内，盡出栴檀〔五〕；若瞻蔔林中，唯聞香氣〔六〕。比須弥南面，靡現雜形〔七〕；如金沙大河，無復迴曲〔八〕。同金剛之斧力，欲擬皆空；等無翳之日光，所臨俱朗。

校注

〔一〕大般涅槃經卷二五：「譬如雪山懸峻之處，人與獮猴俱不能行；或復有處，獮猴能行，人不能行；或復有處，人與獼猴二俱能行。善男子，人與獼猴能行處者，如諸獵師，純以黐膠置之案上，用捕獼猴。獼猴癡故，往手觸之，觸已粘手；欲脱手故，以脚踏之，脚復隨著；欲脱脚故，以口齧之，口復粘著。如是五處悉無得脱，於是獵師以杖貫之，負還歸家。」

〔二〕按，此説或本龍樹造、鳩摩羅什譯大智度論卷九四：「譬如蠅，無處不著，唯不著火焰。」詳見本書卷三八注。

〔三〕易大壯：「羝羊觸藩，不能退，不能遂。」孔穎達疏：「退謂退避，遂謂進往。」

〔四〕左傳襄公二十九年：「夫子獲罪於君以在此，懼猶不足，而又何樂？夫子之在此也，猶燕之巢於幕上。」杜預注：「言至危。」

〔五〕龍樹造、鳩摩羅什譯大智度論卷二：「如栴檀香，出摩梨山，除摩梨山，無出栴檀。」

〔六〕維摩詰所説經卷中觀衆生品：「如人入瞻蔔林，唯嗅瞻蔔，不嗅餘香。」智顗説、湛然略維摩經略疏卷八：「以瞻蔔林譬者，瞻蔔芬薰，餘香微弱，故用瞻蔔當其林名。況復入林，唯聞瞻蔔。」瞻蔔：或云「瞻蔔伽」「瞻婆」等，意譯「黄花樹」「金色花」等。玄應一切經音義卷二一：「瞻博花，舊言『旃簸迦』，或作『詹波花』，亦作『瞻蔔』，又作『占婆花』，皆方夏之差耳，此云『金色花』。大論云：黄花樹也。樹形高大，花亦甚香，其氣逐風彌遠也。」

〔七〕心賦注卷四：「須彌山南面，純現金光，雜色之鳥投入山時，皆同金色。」

〔八〕大般涅槃經卷一〇：「於此三千大千世界，有渚名拘耶尼。其渚有河，端直不曲，名娑婆耶，喻如繩墨，直入西海。」此娑婆耶，即金沙大河。智顗説妙法蓮華經玄義卷五上：「金沙大河，直入西海。」卷九上：「如金沙大河，無復迴曲。」

如入法界品中，逝多林中所現境界。頌云：「汝應觀此逝多林，以佛威神廣無際，一切莊嚴皆示現，十方法界悉充滿。十方一切諸國土，無邊品類大莊嚴，於其座等境界中，色像分明皆顯現。」〔一〕

又如慈行童女，毗盧遮那藏殿内，「一一壁中、一一柱中、一一鏡中、一一相中、一一形中、一一摩尼寶中、一一莊嚴具中、一一金鈴中、一一寶樹中、一一寶形像中、一一寶瓔珞中，悉見法界一切如來，從初發心，修菩薩行，成滿大願，具足功德，成等正覺，轉妙法輪，乃至示現入於涅槃，如是影像，靡不皆現，如浄水中，普見虚空日、月、星宿所有衆像」〔二〕。

又如法寶髻長者宅中，得菩薩無量福德寶藏解脱門，「其宅廣博，十層八門。善財入已，次第觀察，見最下層，施諸飲食；見第二層，施諸寶衣；見第三層，布施一切寶莊嚴具。乃至〔三〕見第十層，一切如來充滿其中，從初發心，修菩薩行，超出生死，成滿大願及神通力，浄佛國土，道場衆會，轉正法輪，調伏衆生，如是一切，悉使明見」〔四〕。

釋曰：逝多林之無際、遮那藏之顯現、寶髻宅之廣博，皆是不思議之心，融攝無礙。十層則十波羅蜜，八門則八正道分。乃至一切莊嚴具中，示現佛事，盡是一心法門，體用周徧，重重顯道，一一提宗。以昧之者，不悟不明；以執之者，爲緣爲對。如盲不見，非無五色之紋；似聾不聞，豈絶五音之響？又如若逝多林裏聲聞不知，恒河水中餓鬼不見，皆是自業所障，非法隱藏。今勸未省之人，觀聽直入，猶谷中聞響，終無異音；似鏡裏見形，更非他質。分明可驗，自絶思量，現證無疑，復誰前後？可謂「聖遠乎哉？體之即神。道遠乎哉？觸事而真」〔五〕矣。

校注

〔一〕見實叉難陀譯大方廣佛華嚴經卷六一。

〔二〕見實叉難陀譯大方廣佛華嚴經卷六五。

〔三〕乃至：表示引文中間有删略。

〔四〕見實叉難陀譯大方廣佛華嚴經卷六六。

〔五〕見僧肇肇論不真空論。

問：既以真心爲宗爲本，如何辯其功能湛然常住，盡未來際？

答：此心法妙故，如神不可測，無依無住，非古非今。只是有而不可見聞，非是一向空寂。藴無盡之妙用，不斷不常；具莫測之靈通，非隱非顯。古德云：「因雖涅槃永寂，而智體不無。不尒，將何窮未來際？」〔一〕故知此之心神，凡、聖之本，盡未來際，無有斷絶。諸佛常正念此法，祖師唯的指此宗。斯乃無相之真，真何有盡？無爲之道，道何有窮？如幽谷之風，相續而微聲不斷；若洪鍾之響，隨扣而清韻常生。

校注

〔一〕見澄觀撰大方廣佛華嚴經疏卷三一。

寶藏論云：「唯道無根，靈照常存；唯道無體，微妙恒真；唯道無事，古今同貴；唯道無心，萬物圓備。」〔一〕釋曰：夫有根則有住，住即入於闇室，如穿針不見天，拾針不見地，無根則無住，如日月光明，照見種種色，乃靈照常存矣；夫有體則差別質礙，無體則一性常通，乃微妙恒真矣；夫有事則爲相所局，無事則心地坦然，乃古今同貴矣；夫有心則分別各取，無心則逆順同歸，乃萬物圓備矣。既達此常住宗體，自然盡未來際不休息佛業，即是佛後〔二〕普賢，純是利他無始無終無盡之行。所以寶性論有自然不休息佛業偈云：「佛體如鏡像，如彼瑠璃地。人〔三〕非不有聲，如天妙法鼓。非不作法事，如彼大雲雨。非不作利益，而地非不生。種種諸種子，如梵天不動。而非不純淑，如彼大日輪。非不破諸暗，如彼如意寶。而非不希有，猶如彼聲響。非不因緣成，猶如彼虛空。非不爲一切，衆生作依止。

猶如彼大地，而非不住持。一切種種物，以依彼大地。荷負諸世間，種種諸物故。依諸佛菩提，出世間妙法。成就諸白業〔四〕，諸禪四無量〔五〕。及以四空定〔六〕，諸如來自然。常住諸世間，有如是諸業。一切非前後，作如是妙業。」〔七〕

校注

〔一〕見寶藏論廣照空有品。

〔二〕「後」，諸校本作「德」。按，作「後」是。「佛後普賢」者，澄觀述華嚴經行願品疏卷二：「德周法界曰普，至順調善曰賢，此約當位普賢，普賢正是等覺位故。又，果無不窮曰普，不捨因門曰賢，此約佛後普賢，成佛之後亦曰普賢。位中普賢悲智雙運，佛後普賢智海已滿，而運即智之悲，寂而常用，窮未來際，教化衆生。」

〔三〕「人」，諸校本作「又」。按，寶性論中作「人」。

〔四〕白業：即善業。隋慧遠撰大乘義章卷九黑白四業義兩門分別：「善法鮮浄，名之爲白。」

〔五〕四無量：即四無量心，慈、悲、喜、捨。隋慧遠撰大乘義章卷一一四無量義八門分別：「四無量者，化物心也。化心不同，一門説四，謂慈、悲、喜、捨。愛憐名慈，惻愴曰悲，慶悦名喜，亡懷名捨。心無存著，故曰亡懷。經中名此以爲無量，亦云四等。緣於無量諸衆生起，故名無量；等緣一切，故復名等。」

〔六〕四空定：又稱四無色定，依次爲空無邊處定、識無邊處定、無所有處定和非想非非想處定。詳見本書卷二四注。

〔七〕見究竟一乘寶性論自然不休息佛業品。

無生義〔一〕云：若無有妙神、一向空寂者，則不應有佛出世，説法度人。故知本地有妙神，不空不斷。乃至師子吼言：「佛性者，名第一義空。第一義空，名爲智慧。」〔二〕智慧即是妙神。故云「因滅是色，獲得常住解脱之色」〔三〕。故知如中含有妙色，五陰常住不動。

校注

〔一〕無生義：據智證大師將來目録，二卷（傳教大師將來越州録中著録爲一卷），注云佛窟撰。佛窟，即釋遺則，或作惟則，牛頭慧忠法嗣。傳見宋高僧傳卷一〇唐天台山佛窟巖遺則傳。詳見本書卷四注。

〔二〕按，師子吼者，指師子吼菩薩品，見大般涅槃經卷二七、南本見卷二五。

〔三〕見大般涅槃經卷三九、南本見卷三五。

神不滅篇云：「夫神者何耶？精極而爲靈者也。精極則非封像之所圖，故聖人以妙物而爲言。雖有上智，猶不能定其體狀，窮其幽致。」「神也者，圓應無主，妙盡無名，感物而動，假數而行。感物而非物，故物化而不滅；假數而非數，故數盡而不窮。有情則可以物感，有識則可以數求。數有精麁，故其性各異；智有明昧，故其照不同。推此而論，則知化以情感，神以化傳，情爲化之母，神爲情之根，情有會物之道，神有冥移之功，但悟徹者反本，惑理者逐物耳。乃至[一]或聚散於一化，不思神道有妙物之靈，而謂精麁同盡，不亦悲乎？如火之傳於薪，猶神之傳於形。深惑者，見形朽於一生，便以爲神情俱喪，猶覩火窮於一木，謂終斯都盡耳。」[二]

校注

[一] 乃至：表示引文中間有删略。

[二] 出慧遠沙門不敬王者論形盡神不滅第五，見弘明集卷五。

故知緣謝形枯，真靈不墜，如薪盡火滅，火性常然。此緣雖滅於今生，彼緣復興於異世。故般若吟云：「百骸雖潰散，一物鎮長靈。」[一]可謂真心湛然常住矣。

如華嚴經云：「知一切幻心所緣法無量故。佛子，如如意珠，隨有所求，一切皆得，求者無盡，意皆滿足，而珠勢力終不匱止。菩薩摩訶薩亦復如是，入此三昧，知心如幻，出生一切諸法境界，周徧無盡，不匱不息。何以故？菩薩摩訶薩成就普賢無礙行智，觀察無量廣大幻境，猶如影像，無增減故。佛子，譬如凡夫，各別生心，已生、現生及以當生，無有邊際，無斷無盡。其心流轉，相續不絕，不可思議。菩薩摩訶薩亦復如是，入此普幻門三昧，無有邊際，不可測量。何以故？了達普賢菩薩普幻門無量法故。佛子，譬如難陁、摩那斯龍王及餘大龍降雨之時，滴如車軸，無有邊際。雖如是雨，雲終不盡，此是諸龍無作境界。」〔二〕

又云：「於一念中，盡知一切心、非心地境界之藏，於非心處示生於心。遠離語言，安住智慧，同諸菩薩所行之行，以自在力，示成佛道，盡未來際，常無休息。一切世間衆生劫數，妄想言説之所建立，神通願力，悉能示現。」〔三〕

釋曰：「盡知一切心、非心地境界之藏」者，識行於境，名之曰心；智行於境，名曰非心。故楞伽經云：「得相者識，不得相者智。」〔四〕故知菩薩隨順妄緣，不捨世法，於方便中，悉能示現。隨增減劫，任長短緣；乘大願風，相續不斷。供佛利生，無有休息。如華嚴論云：「十一地等覺位菩薩，以大慈悲心，行赴俗濟生之門，表自出世道滿，無更求解脱離染離净之心，但以乘法性船，張大慈悲帆，以大智爲船師，順本願風，吹諸波羅蜜綱，常遊生死海，漉一切衆生有著之魚，安置無依普光明之智岸，常生一切幻，住萬行功德法界無礙寶堂，如下慈氏所居樓閣是。」〔五〕

校注

〔一〕按，此詩祖堂集卷四丹霞和尚中名翫珠吟；景德傳燈録卷三〇中云翫珠吟二首，此出其二。

〔二〕見實叉難陀譯大方廣佛華嚴經卷四三。

〔三〕見實叉難陀譯大方廣佛華嚴經卷三一。

〔四〕見楞伽阿跋多羅寶經卷三。

〔五〕見李通玄撰新華嚴經論卷四〇。

音義

慘，七感反，悽感。　欻，許勿反，暴起也。　隘，烏懈反，狹也。　曠，苦謗反，久也。　衡，户庚反。　鵾，古渾反，鵾鷄也。　絳，古巷反，染色也。　沓，徒合反，重也。　噉〔一〕，徒敢反。噉，食。　糟，作曹反。　䴬〔二〕，與職反，麥䴬也。　僻，芳辟反，邪也。　咄，當没反，呵也。　碓，都隊反，杵臼也。　媒，莫杯反。媒，衒也。　衒，黄練反。　媚，莫秘反，嫵媚也。　杌，五忽反。　琢，竹角反，工玉也。　悋，良刃反，鄙悋也。　鑽，借官反。　縻，靡爲反，繫也。　梏，古沃反。　寓，午具反，寄也。　羝，都兮反，羝羊也。　藩，甫煩反，大幕日敝。　紋，無分反。　扣，苦后反，扣擊也。　淑，殊六反，善也。　漉，盧谷反，瀝也。

丁未歲分司大藏都監開板

校注

〔一〕「噉」，原作「敢」，據文意改。後一「噉」同。

〔二〕「麩」，原作「麬」，據文意改，參正文注。後一「麩」同。

宗鏡録卷第四十

慧日永明寺主智覺禪師延壽集

夫真心無相，云何知有不空常住湛然之體？

答：以事驗知，因用可辯，事能顯理，用能彰體，如見波生，知有水體。十八空論云：「不捨離空〔一〕，菩薩修學此定止，爲功德善根無盡。何以故？一切諸佛，於無餘涅槃中，亦不捨功德善根門，有流果報〔二〕已盡，功德善根本爲化物故，恒有此用。如來雖入涅槃，猶隨衆生機緣，現應、化兩身，導利含識，即是更起心義。故衆生不盡，應、化之用亦不盡。故言雖入無餘，而不捨功德善根也。若二乘入滅，無更起心，以慈悲薄少，不化衆生。若佛入無餘而更起心者，以諸佛菩薩三身利物無窮故，如來法身即是一切無流法〔三〕之依處，故言不捨離功德也。所以得知涅槃之中猶有法身者，以用證體，既覩應、化之用不盡，故知此身之體常自湛然，永無遷壞。如毗婆沙師〔四〕説無涅槃無有自相，而不〔五〕可言無。何以故？爲能顯事用故。若不依涅槃，不成智慧，智慧不成，則煩惱不滅。涅槃既能生道，道能滅

惑，即是涅槃家事。既見有事，則知應有體，故不得言無也。」〔六〕

校注

〔一〕不捨離空：十八種空之一，又稱不散空，謂積集之善根不會散失，然並非執於善根之空。

〔二〕有流果報：三界（欲界、色界和無色界）的果報。湛然述止觀輔行傳弘決卷一之四：「有謂三有，流謂四流。於此三處，因果不亡，故名爲有。爲此四法漂溺不息，故名爲流。見流，三界見也；欲流，欲界一切諸惑，除見及癡；有流，上二界一切諸惑，除見及癡；無明流，三界癡也。」

〔三〕真諦譯阿毗達磨俱舍釋論卷一：「何者無流法？偈曰：無流法，聖道及三種無爲。釋曰：何者三無爲？偈曰：虚空及二滅。釋曰：何者二滅？擇滅、非擇滅。如此空等三無爲及聖道，説爲無流法。」「離三界法，謂一切無流法。」卷一〇：「何者無流法？若色過去、現世、未來，於中欲不起、瞋不起，乃至於識亦爾，説此名無流法。」流者，流轉生死。

〔四〕毗婆沙師：指説一切有部中居於主流地位的阿毘達磨論師。毗婆沙，是對佛典尤其是律典和論典的詳細解説。玄應一切經音義卷一七：「毗婆沙，隨相論作『毗頗沙』，此云『廣解』。應言『鼻婆沙』，此譯云『種種説』，或言『分分説』，或言『廣説』，同一義也。」

〔五〕「不」，原無，據十八空論補。

〔六〕見龍樹造、真諦譯十八空論。

問：有何勝義，廣集一心正宗於末學進修，得疾入道不？

答：若以宗鏡示人，直至道場，疾證菩提，更無迂曲。法華經偈云：「演暢實相義，開闡一乘法，廣導諸衆生，令速成菩提。」〔一〕

如有頌云：「行自境界中，獲得所應得，行他境界中，如魚墮陸地。」〔二〕

校注

〔一〕見妙法蓮華經卷四提婆達多品。

〔二〕見大莊嚴經論卷七。

是以若行自境内，如同己物，取復何難？若行他境中，即不自在，如王失國，似鳥離空。足可知之，此是千聖入道之門，諸佛證〔一〕真之路，若有入者，一入全真，博地凡夫〔二〕，位齊諸佛。法華經云：「乘此寶乘，直至道場。」〔三〕可謂頓入頓超，諸乘匪及。以三乘之人，不知諸塵唯是識故，執心外實有境界。凡夫、二乘，雖有發心趣向解脱，而猶計有生死可厭、涅槃可欣，不了唯心道理。若知一切法唯是識量，捨彼事識外計分別，既了唯心，趣理速疾，異前漸悟，故論云：「速趣涅槃。」〔四〕

又，凡夫、二乘，不覺賴耶，但依分別事識資持力故而發心修行。以不達本故，向大菩提疎而且遠，故云漸也。菩薩既了賴耶本識，則依此識資持力故而發心修行。以了本故，向大菩提親而且近，故云速也〔五〕。

校注

〔一〕「證」，諸校本作「登」。按，冥樞會要作「證」。

〔二〕博地凡夫：謂爲諸苦所逼迫，居於下賤地位的人，即凡夫。從義撰法華經三大部補注卷一一：「博地，博，廣多也，下凡之地廣多故耳。」「博」，多作「薄」。道宣撰浄心戒觀法卷下誡觀衆生各著依正二報法第十七：「薄地凡夫，臭身隔陋，果報卑劣。」浄心戒觀法發真鈔卷中末：「文選注云：薄，逼也。謂逼下地而居耳，此通收四洲人也。」元照述阿彌陀經義疏：「薄地凡夫業惑纏縛，流轉五道百千萬劫。」又，阿彌陀經義疏聞持記卷下：「薄，音博，逼也。」

〔三〕見妙法蓮華經卷二譬喻品。

〔四〕真諦譯大乘起信論：「妄心熏習，義有二種。云何爲二？一者、分別事識熏習，依諸凡夫、二乘人等，厭生死苦，隨力所能，以漸趣向無上道故。二者、意熏習，謂諸菩薩發心勇猛，速趣涅槃故。」又，「不知諸塵唯是識故」至此，見法藏撰大乘起信論義記卷下本。

〔五〕「凡夫、二乘，不覺賴耶」至此，見法藏撰大乘起信論義記卷下本。

此宗鏡中開示大意，唯論自心妙達，何待他文？爲未薦者，假以文言，示令親悟，纔聞便入，目擊道存〔一〕。故止觀云：「直聞其言，病即除愈。」〔二〕如經云：「佛告菩提樹神：過去有佛，名曰寶勝。滅後有長者，名曰持水，善知醫方，救諸病苦。持水有子，名曰流水。是時國內天降災變，流水見已，自思惟言：『我父年邁，不能至彼城邑聚落。』便至父所，問醫方已，因得了知一切方術，徧至城邑，作如是言：『我是醫師，我是醫師，善知方藥，療治一切。』一切衆生聞許治病，直聞是言，所患即除。」〔三〕此譬聞妙境得入初住，以不思議境本自圓成，長時顯現，上根纔覽，直進無疑，不待舉明，重加指示。如華嚴迴向品頌云：「諸佛隨宜所作業，無量無邊等法界，智者能以一方便，一切了知無不盡。」〔四〕

校注

〔一〕莊子田子方：「目擊而道存矣，亦不可以容聲矣。」成玄英疏：「擊，動也。體悟之人，忘言得理，目裁運動而元氣存焉，無勞更事辭費，容其聲説也。」

〔二〕見智顗説、灌頂記摩訶止觀卷八下。

〔三〕見金光明經卷三除病品。

〔四〕見實叉難陀譯大方廣佛華嚴經卷三一。

是以若入此宗鏡，已眼圓明，一一皆照自心，決定不從他學。法藏而全開身聚，智燈而高挂靈臺。步步現無盡法門，念念成六波羅蜜。

如首楞嚴三昧經云：「佛告堅意：『菩薩住首楞嚴三昧〔一〕，六波羅蜜世世自知，不從他學，舉足、下足，入息、出息，念念常有六波羅蜜。何以故？堅意，如是菩薩身皆是法、行皆是法。堅意，譬如有王，若諸大臣百千種香擣以爲末，若有人來索中一種，不用餘香共相熏雜。堅意，如是百千種衆香末中，可得一種，不雜餘不？』『不也，世尊。』『堅意，是菩薩以一切波羅蜜熏身心故，於念念中，常生六波羅蜜。堅意，菩薩云何於念念中生六波羅蜜？堅意，是菩薩一切悉捨，心無貪著，是檀波羅蜜；心善寂滅，畢竟無惡，是尸波羅蜜；知心盡相，於諸塵中而無所傷，是羼提波羅蜜；勤觀擇心，知心離相，是毗梨耶波羅蜜；畢竟善寂，調伏其心，是禪波羅蜜；觀心知心，通達心相，是般若波羅蜜。堅意，菩薩住首楞嚴三昧，如是法門，念念皆有六波羅蜜。』」〔二〕

校注

〔一〕首楞嚴三昧：是堅固攝持諸法的三昧。龍樹造、鳩摩羅什譯大智度論卷四七：「首楞嚴三昧者，秦言『健相』，分別知諸三昧行相多少、深淺，如大將知諸兵力多少。復次，菩薩得是三昧，諸煩惱魔及魔人無能壞者，譬如轉輪聖王主兵寶將，所往至處，無不降伏。」

〔二〕見首楞嚴三昧經卷上。

問：依此寂滅無爲之道，即入絶學絶待之門，莫不沉空，成於斷見不？

答：未入玆門，觸途虚幻，待真立俗，對色明空，纔證斯宗，萬緣俱寂。如異色之鳥，投須弥而純變金光〔一〕；猶三十三天，入雜林而更無分别〔二〕。是以諸法無體，相待而成，皆無待而成待。若執有法，互相待成，則不成待，以有自體各定，不假相待故。如中觀論偈云：「若法有待成，未成云何待？若成已有待，成已何用待？若法因待成，是法先未成。未成則無，無則云何有因待？若是法先已成，已成何用因待？是二俱不相因待，是知未成、已成，俱無有待。」〔三〕

校注

〔一〕佛所行讚卷四受祇桓精舍品：「衆鳥集須彌，異色齊金光。」

〔二〕佛地經：「譬如三十三天未入雜林，終不能於若事、若受、無我、我所和合受用。若入雜林，即無分别，隨意受用。」

〔三〕見龍樹造、鳩摩羅什譯中論卷二觀燃可燃品。

若悟入宗鏡之時，了知虚空尚是幻生，豈更有法可爲對待？如首楞嚴經云：「若一人反真歸原，此十方空一時消殞。」〔一〕

菩薩瓔珞經云：「佛告天子：如吾昔求道，從無數劫分别本末，未能究盡一法定意。云何爲一法？所謂無念也。菩薩得無念者，觀一切法悉皆無形。天子，吾今成佛，由此一行得成無上正真之道。」〔二〕

校注

〔一〕見大佛頂如來密因修證了義諸菩薩萬行首楞嚴經卷九。

〔二〕見菩薩瓔珞經卷一三淨居天品。

既萬法無形，對何稱有？有既不有，曷得云常？空復何空？憑誰稱斷？若心外有法，即成斷常。若法外無心，孰言空有？所以傅大士云：「君不見，自心非斷亦非常，普在諸方不入方。亦復不依前後際，又復非圓非短長。寂〔一〕然無生亦無滅，非黑非白與青黄〔二〕。雖復念慮知諸法，而實不住念中央。衆生入而無所入，雖趣六境實無傷。智者分明了知此，是故号曰法中王。」〔三〕

故思益經云：「若有於法生見，則於其人，佛不出世。世尊，若有決定見涅槃者，是人不度生死。所以者何？涅槃名爲除滅諸相，遠離一切動念戲論。」〔四〕

校注

〔一〕「寂」，善慧大士語録作「湛」。
〔二〕「與青黄」，善慧大士語録作「非青非黄」。
〔三〕見善慧大士語録卷三擬行路難二十篇第一章明非斷非常。
〔四〕見思益梵天所問經卷一分別品。

是以若論成壞有空，皆徇世間名字，不出外道諸見，如狗逐塊〔一〕，豈達自宗？則知名字如塊，真理如人，無明癡犬，逐名言塊；種智師子，得理亡名。故知言語從覺觀生，息覺觀則名言絶，言思絶則待絶亡〔二〕。中觀論疏云「盡不盡門」〔三〕者，若念念遷滅，滅無可成；若念念相續，續非始成。若念念遷滅，滅無始壞；若念念相續，續不可壞。故盡、不盡，俱無成壞。

又，「諸法日夜中，念念常滅盡。過去如水流不住，是則名盡。是事不可取、不可説，如野馬無決定性，云何可分別説有成？又，念念生滅，常相續不斷，故名不盡，云何可分別説言今是成時？是故盡亦無成，不盡亦無成。既無成，亦無壞」〔四〕。

校注

〔一〕大般涅槃經卷二五：「一切凡夫惟觀於果，不觀因緣，如犬逐塊，不逐於人。」大乘寶雲經卷七：「云何名爲如狗逐塊？譬如有人以塊擲狗，狗即捨人而走逐塊。」

〔二〕「名字如塊」至此，出湛然述法華玄義釋籤卷四。

〔三〕詳見吉藏撰中觀論疏卷九成壞品。

〔四〕見龍樹造、鳩摩羅什譯中論卷三觀城壞品。

是以一切諸法，尚無有成，云何説斷？皆以實際爲定量，則無有變異。如經問：「何等是真智慧？答言：無變異相，如衆生無變異相，真智慧亦無變異。又問：云何是衆生相？答：假名字、畢竟離，是衆生相，如是相則無變異。乃至〔一〕如虚空無變異相，一切諸法亦無變異相。」〔二〕

云何無變異？以無二故，亦無無二，方成真智，但云無有二，非是有無二。如華嚴經頌云：「常於諸法不作二，亦復不作於不二，於二不二並皆離，知其悉是語言道。」〔三〕

校注

〔一〕乃至：表示引文中間有删略。

〔二〕見思益梵天所問經卷三道行品。

〔三〕見實叉難陀譯大方廣佛華嚴經卷二九。

是知一切言語，皆從覺觀而生，纔有覺觀，便形紋綵[一]。發萌芽於境上，起兆眹於心中，心、境對治，便爲質礙。若入宗鏡，自絶言思，妙旨潛通，了無所得。

校注

〔一〕紋綵：花紋、色彩。慧琳一切經音義卷八七：「紋綵，上吻分反，考聲云：吴越謂小綾爲紋。下猜宰反，考聲云：繒帛有色者也。」

又，若一切修行趣佛乘人，但先得旨之後，方可以佛知見，治諸餘習[一]；以正定水，瑩淨禪支[二]；用多聞慧，助生觀力；乃至習誦熏修，萬行嚴飾。若未入宗鏡，不了自心，縱多聞習誦，俱不成就。如善星受持讀誦十二部經，獲得四禪，不達無生，返墮地獄[三]。又如阿難多聞，不明實相，遭婬席所縛，爲文殊所訶[四]。應須先入正宗，後修福智，如瑠璃之含寶月，似摩尼之置高幢，方得通透無瑕，能雨衆寶，自他兼利，豈虚構哉？

校注

〔一〕餘習：殘餘之習，謂既斷煩惱，然猶存殘餘之習氣。此餘習，唯佛能斷之。

〔二〕禪支：禪定的分支。阿毗曇毗婆沙論卷四一：「禪有十八枝。初禪有五枝，覺、觀、喜、樂、一心。第二禪有四枝，内信、喜、樂、一心。第三禪有五枝，捨、念、慧、樂、一心。第四禪有四枝，不苦不樂、捨、念、一心。（中略）一心是禪，亦是禪枝，餘者是枝非禪。」

〔三〕大般涅槃經卷三三：「善星比丘雖復讀誦十二部經，獲得四禪，乃至不解一偈、一句、一字之義，親近惡友，退失四禪。失四禪已，生惡邪見，作如是説：『無佛、無法、無有涅槃。沙門瞿曇善知相法，是故能得知他人心。』我於爾時告善星言：『我所説法，初、中、後善，其言巧妙，字義真正，所説無雜，具足成就，清淨梵行。』善星比丘復作是言：『如來雖復爲我説法，而我真實謂無因果。』善男子，汝若不信如是事者，善星比丘今者近在尼連禪河，可共往問。爾時，如來即與迦葉往善星所，善星比丘遥見如來，見已即生惡邪之心，以惡心故，生身陷入阿鼻地獄。」

〔四〕大佛頂如來密因修證了義諸菩薩萬行首楞嚴經卷一：「爾時，阿難因乞食次，經歷婬室，遭大幻術摩登伽女以娑毗迦羅先梵天呪攝入婬席，婬躬撫摩，將毁戒體。如來知彼婬術所加，齋畢旋歸。王及大臣、長者、居士，俱來隨佛，願聞法要。于時，世尊頂放百寶無畏光明，光中出生千葉寶蓮，有佛化身結跏趺坐，宣説神呪，敕文殊師利將呪往護，惡呪銷滅，提獎阿難及摩登伽歸來佛所。阿難見佛，頂禮悲泣，恨無始來一向多聞，未全道力，殷勤啓請十方如來，得成菩提妙奢摩他、三摩禪那最初方便。」亦見本卷後引首楞嚴經文。

又，此絶待無作真心，非是斷空但空，若衆生一切妄心，世間一切幻法，以情識分别不及故，目之爲空。如洞山和尚偈云：「世間塵事亂如毛，不向空門何處消？若待境緣除蕩盡，古人那得喻芭蕉？」〔一〕

校注

〔一〕洞山和尚：釋良价。傳見宋高僧傳卷一二唐洪州洞山良价傳。「喻芭蕉」者，瑜伽師地論卷一六：「諸色如聚沫，諸受類浮泡，諸想同陽焰，諸行喻芭蕉，諸識猶幻事。」清來舟集大乘本生心地觀經淺注卷六：「取喻芭蕉，以芭蕉無實質，衆葉纏裹，外實内虚，剥去一葉，又有一葉，是以葉在則在，葉盡則空。」

龐居士偈云：「識樂衆生樂，緣繩妄走作。智樂菩薩樂，無繩亦無縛。若有發心者，直須學無作。莫道怕落空，得空亦不惡。見礦不識〔一〕金，入爐〔二〕始知錯。」〔三〕

校注

〔一〕「識」，龐居士語録作「别」。

〔二〕「爐」，龐居士語録作「鑛」。

〔三〕見于頔編集龐居士語録卷中。

黄蘗和尚云：無人敢入此門，恐畏落空盡，望涯而退〔一〕。

校注

〔一〕黄檗山斷際禪師傳心法要：「趨者不敢入此法，恐落空無棲泊處故，望崖而退。」黄蘗和尚，釋希運，傳見宋高僧傳卷二〇唐洪州黄蘗山希運傳。

證道謌云：「嗟末法，惡時代〔一〕，衆生薄福〔二〕難調制。去聖遠兮邪見深，魔强法弱多冤〔三〕害。聞説如來頓教門，恨不滅除令瓦碎。作在心，殃在身，不須怨訴更尤人。欲得不招無間業，莫謗如來正法輪。」〔四〕

校注

〔一〕「代」，嘉興藏本及永嘉證道歌、景德傳燈録卷三〇作「世」。

〔二〕「薄福」，永嘉證道歌、景德傳燈録卷三〇作「福薄」。

〔三〕「冤」，永嘉證道歌作「恐」。

〔四〕見永嘉證道歌。

問：悟此心宗修行之人，得圓滿普賢行不？

答：一切理智，無邊行願，皆不出普賢一毛孔。若實入此宗鏡中，乃至凡、聖之身一一毛孔，皆能圓滿普賢之行。

如華嚴經，海幢比丘入般若波羅蜜境界清浄光明三昧，經行地側，結加趺坐，入于三味，離出入息，無別思覺，身安不動。從其身分，出十法界身雲，一切供具，雨無量法雨等〔一〕。

又如善見比丘告善財言：「我經行時，一念中，一切十方皆悉現前，智慧清淨故。一念中，一切世界皆悉現前，經過不可説不可説世界故。」〔二〕

又如喜目觀察衆生夜神，「入大勢力普喜幢解脱門〔三〕，於其身上一一毛孔，出無量種變化身雲，隨其所應，以妙言音而爲説法，普攝無量一切衆生，皆令歡喜而得利益」〔四〕。

又如善財「重觀普賢一一身分、一一毛孔，悉有三千大千世界。風輪、水輪、地輪、火輪，大海、江河及諸寶山、須弥、鐵圍，村營、城邑，宫殿、園苑，一切地獄、餓鬼、畜生、閻羅王界，天龍八部、人與非人、欲界、色界、無色界處，日月星宿、風雲雷電、晝夜月時及以年劫、諸佛出世、菩薩衆會、道場莊嚴，如是等事，悉皆明見。如見此世界，十方所有一切世界悉如是見。如見現在十方世界，前際、後際一切世界亦如是見，各各差别，不相雜亂」〔五〕。

如説海幢身分之上、善見一念之中、普賢毛孔之内，盡十方法界、虚空界、所有一切凡聖境界净穢國土，靡所不現，可證宗鏡無外，無法不含。如卷大海之波瀾，收歸一滴；猶撮十方之刹土，指在一塵。如古德云：「以遮那之境界，衆妙之玄門，知識説之而不窮，善財酌之而不竭，文殊體之而寂寂，普賢證之以重重。」〔六〕何者？以文殊是自心如理之體，體常湛然；以普賢是自心如量之用，用周法界。所以寶性論明有二種修行：一、如實修行，了如理一味。二、徧滿修行，備知一心有恒沙法界〔七〕。

校注

〔一〕詳見實叉難陀譯大方廣佛華嚴經卷六三。

〔二〕見實叉難陀譯大方廣佛華嚴經卷六五。

〔三〕澄觀大方廣佛華嚴經疏卷七：「解脱名『大勢力普喜幢』，謂此解脱德無不備，化無不周，名『大勢力』，即今『廣大』；身惑俱净，無不樂見，故云『普喜』；悲爲德相，即『幢』義也。」

〔四〕見實叉難陀譯大方廣佛華嚴經卷六九。

〔五〕見實叉難陀譯大方廣佛華嚴經卷八〇。

〔六〕按，此「古德」者，俟考。五燈會元卷一五婺州承天惟簡禪師、建中靖國續燈録卷六婺州承天惟簡禪師等中惟簡有此説，然惟簡禪師晚出，故其説或襲自宗鏡録，或與宗鏡録有共同上源。

〔七〕究竟一乘寶性論卷二僧寶品：「有二種修行，謂如實修行及遍修行，難證知義。如實修行者，謂見衆生自性清净佛性境界故，偈言『無障净智者，如實見衆生，自性清净性，佛法身境界』故。遍修行者，謂遍十地一切境界故，見一切衆生有一切智故。」

是以悟此真如無盡之心，成得普賢無盡之行。亦云梵行已立、已事已辦。如不了此而妄有所修，非唯不具普賢行門，乃至三歸五戒等一切修進之門，悉不成就，以不達本故。

所以法華經云：「若不能得見聞、讀誦、書持、供養是法華經者，當知是人未善行菩薩道。」〔一〕以自他所隔，但爲愛見之心，未達一乘，豈成同體之行？

又云：「此經難持，若暫持者，我則歡喜，諸佛亦然。如是之人，諸佛所歎，是則勇猛，是則精進，是名持戒，行頭陁者，則爲疾得無上佛道。」〔二〕故知見性修行，性周萬行。如華嚴經云：「菩薩行即如來性，如來性即菩薩行。」〔三〕

校注

〔一〕見妙法蓮華經卷四法師品。

〔二〕見妙法蓮華經卷四見寶塔品。

〔三〕見實叉難陀譯大方廣佛華嚴經卷五一。

若明見此旨，方稱圓修。權教罔思，下位天隔。讚一念隨喜，福尚無量，何況正念修行，爲人開示？所以文句疏釋：「一念隨喜者，自未有行，但隨喜法及人，功報尚多，況行到耶？隨喜心有二：若聞開權顯實，即於一念心中，解非權非實之理，信佛知見，又雙解權實，事理圓融，雖具煩惱性，能知如來秘密之藏，此即豎論隨喜；又，若聞開權顯實之意，即於一心廣解一切心，又〔一〕一切法皆是佛法，無有障礙，若欲分別，辯説無窮，月、四月至歲，旋轉不盡，雖未得真隨喜心，能如此解。法既如此，人亦如是，此約横論隨喜。即横而竪，即竪而横，故大涅槃經云：『寧願少聞，多解義味。』〔二〕即此意也。」〔三〕

校注

〔一〕「又」，妙法蓮華經文句作「及」。

〔二〕見大般涅槃經卷二八，南本見卷二六。

〔三〕見智顗説妙法蓮華經文句卷八上釋法師品。

故知纔聞一心，能生隨喜，則洞了諸法，無有遺餘，可謂一聞千悟，得大揔持，於凡夫心能生圓信，格〔一〕量功德，唯佛方知。若外道得五通者，能移山竭海而不伏見愛，不及煖法人〔二〕；二乘無學，子果俱脱，猶被涅槃縛，不知其因果俱權；通教人修因雖巧，發心不識五百由旬，得果止除四住〔三〕；别人雖勝二乘，修因則偏，其門又拙，非佛所讚，皆不及初隨喜一念圓信之人〔四〕。

校注

〔一〕「格」，嘉興藏本作「校」。「格量」「校量」，推究、衡量。

〔二〕法句譬喻經卷一無常品：「時有梵志兄弟四人，各得五通，卻後七日皆當命盡，自共議言：『五通之力，反覆天地、手捫日月、移山駐流，靡所不能，寧當不能避此死對？』（中略）七日期滿，各各命終，猶果熟落。」　煖法人：即修得煖法之位者。煖法，四加行位之第一位，以光明之煖性爲喻，是見道（即歡喜地菩薩位，十地第一地）無漏智火之前相。龍樹造、鳩摩羅什譯大智度論卷四八：「觀四諦，信涅槃道，心住快樂，似如無漏，是名煖法。如人攢火，並有煖氣，必望得火。」圓暉述俱舍論頌疏論本卷二三：「此法如煖，立煖法名。聖道如火，能燒惑薪，聖火前相，故名爲煖。」

〔三〕四住：「四住地」之略，指三界一切見、思煩惱。諦觀録天台四教儀：「四住者，只是見、思。謂見爲一，名見一切處住地。思惑分三，一、欲愛住地，欲界九品思；二、色愛住地，色界四地各九品思；三、無色愛住地，無色界四地各九品思。此之四住，三藏佛與六根清淨人同斷。」

〔四〕「外道得五通者」至此，見智顗說妙法蓮華經文句卷一〇上釋隨喜功德品。

又，止觀云：「能如是入唯心觀者，則具一切法門，該括周備，規矩初心，送行人到彼薩雲〔一〕。蓋如來積劫之所勤求，道場之所妙悟，正在兹乎！」〔二〕故知萬途雖别，一性無差。若未歸此自心之性，終非究竟。凡有所作，心境不亡，皆墮輪迴，不入真實。

校注

〔一〕薩雲：梵語「薩雲若」之略，或作「薩婆若」，意譯「一切智」。因名般若，果名薩婆若。

〔二〕見智顗說、灌頂記摩訶止觀卷五上。

如大智度論云：「復次，如水性下流故，會歸於海，合爲一味。諸法亦如是，一切揔相、別相，皆歸法性，同爲一相，是名爲法性。如金剛在山頂，漸漸穿下至金剛地際，到自性乃止。諸法亦如是，智慧分別推求，已到如中，從如入自性，如無本末生，滅諸法戲論，是名爲法性。又如犢子，周章鳴唤，得母乃止。諸法亦如是，種種別異，取捨不同，得到自性乃止，無復過處，是名法性。」〔一〕

校注

〔一〕見龍樹造、鳩摩羅什譯大智度論卷三二。

如一切菩薩求道修行，若未到宗鏡，心終不止。所以宗鏡略有二意：一爲頓悟知宗，二爲圓修辦事。如首楞嚴經云：「佛責阿難言：非汝歷劫辛勤證修，雖復憶持十方如來、十二部經清淨妙理，如恒河沙，只益戲論。汝雖談説因緣自然，決定明了，人間稱汝多聞第一，以此積劫多聞熏習，不能免離摩登伽難，何須待我佛頂神呪，摩登伽心婬火頓歇，得阿那含，於我法中，成精進林，愛河乾枯，令汝解脱？是故阿難，汝雖歷劫憶持如來秘密妙嚴，不如一日修無漏業，遠離世間憎愛二苦。如摩登伽宿爲婬女，由神呪力，消其愛欲，法中今名性比丘尼，與羅睺母耶輸陁羅同悟宿因，知歷世因貪欲爲苦，一念熏修無漏善故，或得出

纏，或蒙授記，如何自欺，尚留觀聽？」〔一〕

乃至阿難等既開悟後，重請妙修行路，如經云：「世尊，我今雖承如是法音，知如來藏妙覺明心偏十方界，含育如來十方國土，清浄寶嚴妙覺王刹。如來復責多聞無功，不逮修習。我今猶如旅泊之人，忽蒙天王賜以華屋，雖獲大宅，要因門入。唯願如來不捨大悲，示我在會諸蒙闇者捐捨小乘，畢獲如來無餘涅槃本發心路。」

乃至佛告阿難：「汝等若欲捐捨聲聞，修菩薩乘，入佛知見，應當審觀因地發心，與果地覺爲同爲異？阿難，若於因地以生滅心爲本修因，而求佛乘不生不滅，無有是處。以是義故，汝當照明諸器世間可作之法，皆從變滅。阿難，汝觀世間可作之法，誰爲不壞？然終不聞爛壞虚空。何以故？空非可作，由是始終無壞滅故。」

釋曰：詳夫諸大乘經祖佛正意，凡從今日去紹佛乘人，先須得本，悟自真心不生不滅爲因，然後以無生之旨，偏治一切。所以華嚴論云：若有習氣〔二〕，還以佛知見治之。若不入佛知見，設有修行，但成折伏，終不能入諸佛駛水之流〔三〕。如法華明開示悟入佛之知見，只是於衆生心中而論開示，以佛知見藴在衆生心故〔四〕。

校注

〔一〕見大佛頂如來密因修證了義諸菩薩萬行首楞嚴經卷四。下兩處引文同。

〔二〕習氣：即餘習，煩惱之殘餘，謂既斷煩惱，然猶存殘餘習氣。此餘習，唯佛能斷之。大智度論卷二：「阿羅漢、辟支佛雖破三毒，氣分不盡，譬如香在器中，香雖去，餘氣故在。」

〔三〕李通玄撰新華嚴經論卷一：「設有餘習，以佛知見而用治之。無佛知見，但成折伏，不得入佛駛水之流，還經遠劫，方能入也。」

〔四〕妙法蓮華經卷一方便品：「諸佛世尊欲令衆生開佛知見，使得清浄故，出現於世；欲示衆生佛之知見故，出現於世；欲令衆生悟佛知見故，出現於世；欲令衆生入佛知見道故，出現於世。（中略）是諸佛但教化菩薩，欲以佛之知見示衆生故，欲以佛之知見悟衆生故，欲令衆生入佛之知見故。」智顗説妙法蓮華經玄義卷二上：「如經爲令衆生開示悟入佛之知見，若衆生無佛知見，何所論開？當知佛之知見，蘊在衆生也。」

若宗門中，從上亦云先須知有，然後保任。又云頭尾須得相稱，不可理行有闕，心口相違，入我宗中，無有是處。若未悟自心無生之理，唯以生滅心爲因，欲求無生之果，如蒸砂作飯〔一〕，種苦求甘，因果不同，體用俱失。邪修妄習，猶九十六種，揑目生華〔二〕；趣寂執權，似三乘道人〔三〕，勞神費力。若入宗鏡，理行俱圓，可謂一見之良醫，釋真之皎日矣。

故大涅槃經云：「譬如霧露，勢雖欲住，不過日出，日既出已，消滅無餘。善男子，是諸衆生所有惡業，亦復如是。住世勢力，不過得見大涅槃日，是日既出，悉能除滅一切惡

業。」〔四〕

校注

〔一〕蒸砂作飯：蒸砂欲其成飯，譬喻事之不可成。大佛頂如來密因修證了義諸菩薩萬行首楞嚴經卷一：「諸修行人不能得成無上菩提，乃至别成聲聞、緣覺，及成外道諸天魔王及魔眷屬，皆由不知二種根本，錯亂修習，猶如煮沙欲成嘉饌，縱經塵劫，終不能得。云何二種？阿難，一者、無始生死根本，則汝今者與諸衆生，用攀緣心爲自性者；二者、無始菩提涅槃元清淨體，則汝今者識精元明，能生諸緣緣所遺者。」又卷六：「若不斷婬，修禪定者，如蒸沙石，欲其成飯，經百千劫，秖名熱沙。何以故？此非飯本，石沙成故。」

〔二〕捏目生華：因捏目而眼前出現諸華幻相，喻指外道各種虚妄不實。大佛頂如來密因修證了義諸菩薩萬行首楞嚴經卷八：「如是衆生一一類中，亦各各具十二顛倒。猶如捏目，亂花發生，顛倒妙圓真淨明心，具足如斯虚妄亂想。」

〔三〕三乘道人：猶方廣道人，爲附佛法之外道。大智度論卷一：「更有佛法中方廣道人言，一切法不生不滅，空無所有，譬如兔角龜毛常無。」

〔四〕見大般涅槃經卷六。

夫未遇宗鏡正法之日，一心實智之海，歸前所有一切修行三昧諸行，皆是無常，不成上善，以未究竟故。如經云：「佛言：善男子，雖修一切契經諸定，未聞如是大涅槃經，咸言一切悉是無常。聞是經已，雖有煩惱，如無煩惱，即能利益一切人天。何以故？曉了己身有佛性故，是名爲常。復次，善男子，譬如衆流，皆歸于海。一切契經諸定三昧，皆歸大乘大涅槃經。何以故？究竟善説有佛性故。」〔一〕所以纔知有佛性，自然解行相應，如結網而終是取魚，裹糧而必須前進。如云：「若唯解而無行，同沙井之非潤；專虚而不實，似空雲而無雨。」〔二〕

校注

〔一〕見大般涅槃經卷八。

〔二〕見廣弘明集卷一〇周高祖巡鄴除殄佛法有前僧任道林上表請開法事。

是以此録全爲修習菩薩道、圓滿普賢門，遂乃廣集了義金文、先德遺旨，皆令信順，與道相應，該括始終，自他兼利，以真如一心性無盡故，法尔如是順性而行，無有匱息，自然圓滿一切智慧、一切慈悲、一切三昧、一切神通、一切行願、一切因果、一切理事、一切權實、一切行布、一切圓融。

所以華嚴論云：「經明法雲地菩薩〔一〕隨心念力，廣大微細，自、他相入，一多、大小互參，神通、德用自在，皆隨自心念所成故。如一切衆生作用境界，皆是自心執業所成。人天、地獄、畜生、餓鬼、善惡等報果，一依心造。如此十地菩薩，以無作法身大智之力，隨所心念，莫不十方一時自在，皆悉知見：以普光明智爲體，爲智體無依，稱性遍周法界，與虚空量等，周滿十方世界；以無性智，大用隨念；以不忘失智，隨念皆成；以具揔別智，揔別成壞，同異俱作〔二〕；以廣狹大小自在智，化通無礙；以與一切衆生同體智，能變一切衆生境界純爲淨土之刹；以自他無二智，一身而作多身，多身而作一身；以法身無大小離量之智，能以毛孔廣容佛刹；以等虚空無邊無方之智，而一念現生，滿十方而無去來；以如響智，而能響應對現，等衆生應形。以是具足圓滿福德智，而恒居妙刹，常與一切衆生同居。若非聖所加持力，而衆生不見。」〔三〕

校注

〔一〕法雲地菩薩：即第十地菩薩，謂此地菩薩以大慈悲普覆一切衆生，如雲之普覆萬物，雖施作利潤而本寂不動。

〔二〕「智，揔別成壞，同異俱作」，原作「同異，成壞俱作」，據新華嚴經論改。

〔三〕見李通玄新華嚴經論卷二九。

如華嚴經云：「佛子，譬如有人，以摩尼寶置色衣中，其摩尼寶雖同衣色，不捨自性。菩薩摩訶薩亦復如是，成就知慧以爲心寶，觀一切智普皆明現，然不捨於菩薩諸行。何以故？菩薩摩訶薩發大誓願，利益一切衆生，度脱一切衆生，承事一切諸佛，嚴浄一切世界，安慰衆生深入法海，爲浄衆生界現大自在，給施衆生，普照世間，入於無邊幻化法門，不退不轉，無疲無厭。佛子，譬如虚空，持衆世界，若成若住，無厭無倦，無羸無朽，無散無壞，無變無異，無有差別，不捨自性。何以故？虚空自性，法應尔故。菩薩摩訶薩亦復如是，立無量大願，度一切衆生，心無厭倦。

「乃至〔二〕佛子，菩薩摩訶薩以此開示一切如來無差別性，此是無礙方便之門，此能出生菩薩衆會，此法唯是三昧境界，此能勇進入薩婆若，此能開顯諸三昧門，此能無礙普入諸刹，此能調伏一切衆生，此能住於無衆生際，此能開示一切佛法，此於境界皆無所得。

「雖一切時演説開示，而恒遠離妄想分別；雖知諸法皆無所作，而能示現一切作業；雖知諸佛無有二相，而能顯示一切諸佛；雖知無色，而演説諸色；雖知無受，而演説諸受；雖知無想，而演説諸想；雖知無行，而演説諸行；雖知無識，而演説諸識，恒以法輪開示一切；雖知法無生，而常轉法輪；雖知法無差別，而説諸差別門；雖知諸法無有生滅，而説一切生滅之相；雖知諸法無麁無細，而説諸法麁細之相；雖知諸法無上中下，而能宣説最上之法；雖知諸法不可言説，而能演説清淨言詞；雖知諸法無内無外，而説一切内外諸法；雖知諸法不可了知，而説種種智慧觀察；雖知諸法無有真實，而説出離真實之道；雖知諸法畢竟無盡，而能演説盡諸有漏；雖知諸法無違無諍，然亦不無自他差別；雖知諸法畢竟無師，而常尊敬一切師長；雖知諸法不由他悟，而常尊敬諸善知識；雖知法無轉，而轉法輪；雖知法無起，而示諸因緣；雖知諸法無有前際，而廣説過去；雖知諸法無有後際，而廣説未來；雖知諸法無有中際，而廣説現在；雖知諸法無有作者，而説諸作業；雖知諸法無有因緣，而説諸集因；雖知諸法無有等比，而説平等不平等道；雖知諸法無有言説，而決定説三世之法；雖知諸法無有所依，而説依善法而得出離；雖知法無身，而廣説法身；雖知三世諸佛無邊，而能演説唯有一佛；雖知法無色，而現種種色；雖知法無見，而廣説諸見；雖知法無相，而説種種相；雖知諸法無有境界，而廣宣説智慧境界；雖知諸法無有差別，而説行果種種差別；雖知諸法無有出離，而説清淨諸出離行；雖知諸法本來常住，而説一切諸流轉法；雖知諸法無有照明，而恒廣説照明之法。」〔二〕

釋曰：「譬如虛空，持衆世界，若成若住，無厭無倦」者，以普賢智了一切法，皆如虛空性故。虛空之性，即凡、聖身。只爲衆生不了，迷爲生死，變作根塵。菩薩故能對現色身，隨應説法，故云「普賢身相如虛空」〔三〕。

又偈云：「心聞洞十方，生于大因力。」〔四〕又偈云：「空生大覺中，如海一漚發。」

校注

〔一〕乃至：表示引文中間有删略。
〔二〕見實叉難陀譯大方廣佛華嚴經卷四三。
〔三〕見實叉難陀譯大方廣佛華嚴經卷七。
〔四〕見大佛頂如來密因修證了義諸菩薩萬行首楞嚴經卷六。下一處引文同。

是知若法若行，皆我之心性，猶如虚空，豈有厭倦乎？若不了一切法同虚空性，執有前境相狀可觀，隨相發心，緣塵起行，不達同體之旨，悉墮有爲，盡成愛見之悲，終成厭倦。若依宗鏡，如説修行，所有一毫之功，畢趣菩提之果。是以無緣之緣，顯無化之化，謂衆生真心稱理，不可得故。若無緣，即無所化。若真心隨緣，不壞緣起，則亦有所化。如是則非真流之行，無以契真；非起行之真，不從行顯。良以體融行而因圓，行該真而果滿。理行兼備，因果同時，圓解圓修，方成宗鏡。

又，此普賢之行，全是佛智，佛智即是真心。如華嚴經頌云：「佛智廣大同虚空，普徧一切衆生心，悉了世間諸妄想，不起種種異分別。」〔一〕則全佛智是衆生心，世間妄想，皆從衆生心變。能變之心，既是佛智；所變之境，豈成實耶？則了世間妄想皆空，終不起於異見分別，謂凡謂聖、謂有謂無等。

校注

〔一〕見實叉難陀譯大方廣佛華嚴經卷八〇。

又，了世間妄想，即如量智〔一〕；不起異分別，即如理智〔二〕。如量觀俗，如理了真。又，即體之相包含，是如量智；即相之體一味，是如理智。若理、量雙消，方冥佛智。是以若欲真俗雙照，因果俱圓，不出如理、如量之二智。

如佛性論云：「此理、量二智，有二種相：一者、無著，二者、無礙。言無著者，見衆生界自性清浄，名爲無著，是如理智相；無礙者，能通達觀無量無邊境界故，是名無礙，是如量智相。又，此二智有二義：如理智爲因，如量智爲果。言如理爲因者，能作生死及涅槃因；如量爲果者，由此理故，知於如來真俗等法，具足成就。又，如理智者，是清浄因；如量智者，是圓滿因。清浄因者，由如理智，三惑滅盡；圓滿因者，由如量智，三德圓滿。」〔三〕

校注

〔一〕如量智：即後得智、有分別智，能知世、出世間一切諸法，如其分量，不多不少，故曰如量。

〔二〕如理智：即根本智、無分別智，是契合真理的智。龍樹造、真諦譯十八空論：「如理智者，即無分別智。如量智，即是無分別後智。又，如理智是一切種智，如量智即是一切智。」

〔三〕見佛性論卷三辯相分第四中總攝品。

故知成佛皆由二智：如理智者，即一心之體，爲因；如量智者，即一心之用，爲果。所以體用相即，因果同時，初後卷舒，悉於一心圓滿，乃至法界顯於塵内，寶刹現於毛端，皆是如理智中如量境界。若但證如理之旨，普賢大用不得現前；若唯行如量之宗，文殊正智不能究竟。具此二門，方明宗鏡，所以善財一生能辦多劫之行。古釋云：善財既因毗目仙人善友力，瞬息之間，或有佛所，見經不可説不可説佛刹微塵數劫，修行不倦〔一〕。何得一生不經多劫？仙人之力，長短自在故。如世王質，遇仙之碁，令斧柯爛，三歲尚謂食頃〔二〕。既能以長爲短，亦能以短爲長，如周穆隨於幻人，雖經多年，實唯瞬息〔三〕。故不應以長短之時、廣狹之處，定其旨也〔四〕。

故知隨心轉變，不定長短，心長則長，心短即短。延促是心，非干時分。一切萬法，皆是心成，離心計度，皆失宗旨。

校注

〔一〕毗目仙人：即毗目瞿沙，善財童子五十三參中的第八參，仙人爲其解説「菩薩無勝幢解脱」。實叉難陀譯大方廣佛華嚴經卷六四：「毗目仙人即申右手，摩善財頂，執善財手。即時，善財自見其身往十方十佛刹微塵數世界中，到十佛刹微塵數諸佛所，見彼佛刹及其衆會、諸佛相好、種種莊嚴；亦聞彼佛隨諸衆生心之所樂而演説法，一文一句皆悉通達，各别受持，無有雜亂；亦知彼佛以種種解浄治諸願；亦知彼佛以清浄願成就諸力；亦見彼佛隨衆生心所現色相；亦見彼佛大光明網，種種諸色清浄圓滿；亦知彼佛無礙智慧大光明力；又自見身於諸佛所，經一日夜或七日夜、半月、一月、一年、十年、百年、千年，或經億年，或阿庾多億年，或那由他億年，或經半劫，或經一劫、百劫、千劫，或百千億乃至不可説不可説佛刹微塵數劫。」

〔二〕水經注卷四〇漸江水注引東陽記云：「信安縣有懸室坂，晉中朝時，有民王質，伐木至石室中，見童子四人彈琴而歌，質因留，倚柯聽之。童子以一物如棗核與質，質含之，便不復饑。俄頃，童子曰：『其歸。』承聲而去，斧柯漼然爛盡。既歸，質去家已數十年，親情凋落，無復向時比矣。」

〔三〕詳見列子周穆王。

〔四〕「古釋云」至此，詳見澄觀述大方廣佛華嚴經隨疏演義鈔卷八六。

音義

迂，憶俱反，曲也。　邁，莫壞反。　挂，古賣反。　擣，都晈反，築也。　眣，直引反。　透，他候反，跳也。　搆，古候反。　瀾，落干反，大波。　撮，倉括反。　駛，踈吏反，速。

丁未歲分司大藏都監開板

宗鏡録卷第四十一

慧日永明寺主智覺禪師延壽集

夫此宗如何投湊，即得相應？

答：向之即背，近之即離。取而復失，急而復遲。千聖拱手而無計校，一門深入而忘覺知。此是心中自證法門，非待問答而得。如法華經偈云：「我意難可測，亦無能問者。無問而自說，稱歎所行道。」〔一〕

所以先德云：諸祖共傳諸佛清浄自覺聖智真如妙心，不同世間文字所得〔二〕。若有悟斯真實法性，此人則能了知三世諸佛及一切衆生同一法界，本來平等，常恒不變。先曹山和尚偈云：「從緣薦得相應疾，就體消機道郤〔三〕遲。瞥起本來無處所，吾師暫説不思議。」〔四〕

校注

〔一〕見妙法蓮華經卷一方便品。

〔二〕按，此説本書卷一〇亦引。「先德」者，俟考。

〔三〕「機道卻」，撫州曹山元證禪師語録等作「停得力」。

〔四〕見撫州曹山本寂禪師語録卷上。先曹山和尚，釋本寂，俗姓黄，泉州莆田人，洞山良价法嗣。傳見宋高僧傳卷一三梁撫州曹山本寂傳，參見祖堂集卷八曹山和尚、景德傳燈録卷一七撫州曹山本寂禪師等。稱「先曹山」者，後亦有稱「曹山」而爲區别故，如其法嗣中有曹山慧霞。

故知千聖皆目此一念心起時了不可得，是真不思議，離此決定，别無殊勝。如是了者，豈非疾乎！何待消融方能見道？若不直見其事，欲以意解情求，如將兔角之弓，駕龜毛之箭，以無手之者，擬射碎須彌之山；似傾壓沙之油，點無煙之火，貯漏巵之内，欲照破鐵圍之闇。徒役狂心，無有是處。

故思益經云：「問：以何法修道？答言：不以見、聞、覺、知法，不以得、不以證，於一切法無相、無示，名爲修道。」〔一〕

校注

〔一〕見思益梵天所問經卷四授不退轉天子記品。

華嚴疏云「頓教者，總不説法相，唯辯真性，無有八識差別之相」〔一〕者，釋云：「八識心王尚無差別，況心所變，豈當有耶？心生則種種法生，心滅則種種法滅。故起信論云：『一切諸法，唯依妄念而有差別，若離心念，則無一切境界之相。是故一切法從本已來，離言説相，離名字相，離心緣相，畢竟平等，無有變異，唯是一心，故名真如。以一切言説，假名無實，但隨妄念，不可得故。』〔二〕所以疏云：『一切所有唯是妄想，一切法界唯是絶言。』〔三〕故起信論云：『言真如者，亦無有相。謂言説之極，因言遣言，此真如體無有可遣，以一切法悉皆真故。亦無可立，以一切法皆同如故。當知一切法不可説、不可念，故名真如。』〔四〕以一切法性皆離言故，亦通四種法界，皆不可説。名無得物之功，物無當名之實，理本無言故。事理交徹，不可作事理説；事事相即，不可作一多説。如楞伽雖明五法〔五〕，名、相、妄想、正智、如如，五皆空寂。何者？謂迷如以成名、相，妄想是生；悟名、相之本如，妄便稱智，則無名、相、妄想，唯如、智矣。智因如立，智體亦空，如假智明，本來常寂，故並空矣。況八識約事皆緣生性空，因有我法説二無我，我尚叵得，無我寧存！故中論偈云：『諸佛或説我，或説於無我，諸法實相中，無我無非我。』〔六〕故雙遣也。疏云『訶教勸離，毁相泯心』〔七〕者，訶教者，謂以心傳心，不在文字故；勸離者，令離法。法雖無量，不出色心。離心心如，離色色如，故令皆離，則契心體離念矣。毁相約境，凡所有相，皆是虚妄故。泯心約智，了境相空，假稱爲智，相既不有，智豈有真？心境兩亡，則皆泯絶。心無心相，即是安心。故説生心即妄，不生即佛。言生心者，非但生於餘心，縱生菩提涅槃，觀心見性，亦曰生心，並爲妄想。念相都寂，方曰不生。寂照現前，豈不名佛？故達磨碑云：『心有也，曠劫而滯凡夫；心無也，刹那而登正覺。』〔八〕言心無者，非了心空，不生於了耳。」〔九〕

校注

〔一〕見澄觀撰大方廣佛華嚴經疏卷二。

〔二〕見真諦譯大乘起信論。

〔三〕見澄觀撰大方廣佛華嚴經疏卷二。

〔四〕見真諦譯大乘起信論。

〔五〕見楞伽阿跋多羅寶經卷四。

〔六〕見龍樹造、鳩摩羅什譯中論卷三觀法品。

〔七〕見澄觀撰大方廣佛華嚴經疏卷二。

〔八〕菩提達摩碑文：「心無也，刹那而登妙覺；心有也，曠劫而滯凡夫。」按，此碑文署「梁武帝撰」，「石井博士認爲，由於菩提達摩碑文中並不存在傳衣、傳法偈之類的説法，而且也没有頓悟、無念、般若之思想，以及其他種種理由，此達摩碑文是在神會開始攻擊北宗之前後，由東山法門下一系的某個弟子撰寫的，神會與此碑文毫無關係」（見小島岱山菩提達摩石碑碑文並參考資料，世界宗教研究，二〇〇一年第一期。石井之觀點，據小島岱山，見其梁武帝撰菩提達摩碑文之再檢討，駒澤短期大學研究紀要，第二八號，二〇〇〇年三月）。紀華傳認爲此碑文「是在七二八年至七三二年之間由禪宗的某位弟子假託梁武帝撰寫的」（見菩提達摩碑文考釋，世界宗教研究，二〇〇二年第二期）。

〔九〕見澄觀述大方廣佛華嚴經隨疏演義鈔卷九。

故韋侍御問仰山和尚了心之旨，答云：「若欲了心，無心可了。無了之了，是爲真了。」〔一〕

校注

〔一〕仰山和尚：釋慧寂，俗姓葉。按，韋侍御，當即韋胄（或作韋宙），傳見新唐書卷一九七循吏列傳。仰山和韋宙關係密切，據祖庭事苑卷七：「大中十三年，韋宙中丞爲師創洪州觀音院居之。」又宋高僧傳卷一二唐袁州仰山慧寂傳：「時韋胄就寂請伽陀，乃將紙畫規圓相，圓圍下注云：『思而知之，落第二頭。云不思而知，落第三首。』乃封呈達。自爾有若干勢以示學人，謂之仰山門風也。」然無問「了心之旨」事。景德傳燈録卷一一同。五燈會元卷九潙山祐禪師法嗣袁州仰山慧寂通智禪師在「問偈」事外，還有劉侍御問「了心之旨」事，此「劉侍御」者，不知是「韋侍御」之誤，還是別爲一人。

華嚴經頌云：「一切法不生，一切法不滅，若能如是解，諸佛常現前。」〔一〕

「言『如是解』者，如不生解而無解相，非謂空解於不生耳。疏云『無佛無不佛，無生無不生』〔二〕者，重拂前迹，爲迷衆生言即心即佛，既無衆生，何曾有佛？故經偈云：平等真法界，無佛無衆生〔三〕。執佛言無佛，非謂是無佛，故云『無不佛』矣，則遣之又遣之，若少有所得，皆是妄想。故佛藏經云：『於法少有所得，則與佛諍者。與佛諍者，皆入邪道，非我弟子。』〔四〕又，只詺無佛以爲真佛，故言『無不佛』耳，故經頌云：『性空即是佛，不可得思量。』〔五〕若有生心，生心是妄，故説『不生』。佛尚不有，何有無生？作無生解，還被無生之所纏縛，故云『無不生』矣。又，一切法不生，則般若生，故云『無不生』矣。則生與不生，反覆相違，亦反覆相成。唯亡言者可與道合，虚懷者可與理通矣。」〔六〕若亡言，則「止止不須説」〔七〕，豈强起言端乎？若虚懷，則「我法妙難思」，寧妄生知解乎？

校注

〔一〕見實叉難陀譯大方廣佛華嚴經卷一六。

〔二〕見澄觀撰大方廣佛華嚴經疏卷二。

〔三〕按，子璿集首楞嚴義疏注經卷八：「諸大乘經，若説平等法界，無佛無衆生，則無地位可立。如華嚴經云：衆生妄分別，有佛有世界，若了真法性，無佛無世界。楞伽云：無有佛涅槃，亦無涅槃佛，遠離覺所覺。（中略）此等令觀一真法界本來平等，無修無證，亦無迷悟，故無地位可立。」實叉難陀譯大方廣佛華嚴經卷二三：「了達法性者，無佛無世界。」

〔四〕見佛藏經卷上諸法實相品。

〔五〕見實叉難陀譯大方廣佛華嚴經卷一六。

〔六〕見澄觀述大方廣佛華嚴經隨疏演義鈔卷九。

〔七〕見妙法蓮華經卷一方便品。下一處引文同。

又，夫入宗鏡，法爾亡言，非智所知，唯信所及。如讚般若偈云：「若人見般若，論義心皆絶，猶如日出時，朝露一時失。」〔一〕故祖師云：「論即不義，義即不論。若欲論義，終非義論。」〔二〕

校注

〔一〕見龍樹造、鳩摩羅什譯大智度論卷一八。

〔二〕據景德傳燈録卷一，此説出第七祖婆須蜜。

昔梁武帝於華林園重雲殿集四部衆，自講三慧、般若經，時傅大士在會。太子遣問：「大士何不論義？」答曰：「皇帝菩薩所説，非長非短，非廣非狹，非有邊非無邊。如如正

理，復有何言？」劉中丞又問：「大士何不往復？衆所願聞。」答曰：「日月停景，四時和適。」〔一〕

校　注

〔一〕詳見善慧大士語録卷一。

又，中天竺有出家外道馬鳴，世智辯才，善通言論，唱言：「若諸比丘能與我論義者，可打揵搥〔一〕。如其不能，不足公鳴揵搥，受人供養。」時長老脇到彼國言：「但鳴揵搥，設彼來者，吾自對之。」即鳴揵搥，外道即問：「今日何故打此木耶？」答言：「北方有長老沙門來鳴揵搥。」外道問言：「欲論義耶？」答言：「然。」於是廣備論場，大衆雲集。乃至〔二〕長老脇言：「吾既年邁，故從遠來，又先在此坐，理應先語。」外道言：「亦可爾耳。現汝所説，吾盡當破。」長老脇即言：「當今天下泰平，大王長壽，國土豐樂，無諸災患。」外道默然，不知所言，論法無對，即墮負處，伏爲弟子，剃除鬚髮，度爲沙彌，受具足戒〔三〕。

校　注

〔一〕「搥」，嘉興藏本作「椎」。後同。「揵搥」，梵語音譯，「揵」音或記作「犍」「乾」等，「搥」音或記作「稚」「地」「遲」「椎」「槌」等，意譯爲鐘、磬、打木、聲鳴等，是可以敲打作聲之物的通稱。釋氏要覽卷下「犍稚」條：「令詳律，但是鐘磬、石板、木板、木魚、砧搥，有聲能集衆者，皆名『犍稚』也。」

〔二〕乃至：表示引文中間有删略。

〔三〕詳見馬鳴菩薩傳。

又，有學人請忠國師：「和尚立義。」師云：「立了也。」學人罔措，被師喝出：「非公境界。」〔一〕

校注

〔一〕忠國師：釋慧忠，傳見宋高僧傳卷九唐均州武當山慧忠傳。此事詳見祖堂集卷三慧忠國師、景德傳燈録卷五西京光宅寺慧忠禪師。

故知若入宗鏡，玄鑒豁然，如臨鏡中，自見面像，見即便見，更俟發言耶？所以月上女經云：「時舍利弗復問女言：『衆生界者，復有幾許？』其女報言：『如彼過去、未來、現在諸佛境界。』舍利弗言：『若如此者，汝説何事，是何解釋？』其女報言：『依尊者問，我還依答。』時舍利弗復問女言：『我問何義？』其女答言：『問文字也。』舍利弗言：『彼文字滅，無有足跡。』其女答言：『尊者舍利弗，如是滅相一切法中，如有問者、如有答者，二俱

滅相，不可得也。』」〔一〕

校注

〔一〕見月上女經卷上。

華手經云：「佛告跋陁婆羅：『善哉，善哉！如汝所説，如來道場所得法者，是法非法，亦非非法。我於此，智不能行，目不能見，無有行處，慧所不通，明不能了，問無有答。於此法中，無受無取，無垢無淨。若我説是自所得法，若以行相行是法者，則皆迷悶。』」〔一〕

校注

〔一〕見華手經卷一如相品。

佛藏經云：「佛言：『舍利弗，於聖法中計得寂滅，皆墮邪見，何況言説？何況説者？如是空法，以何可説？舍利弗，佛何以故，説諸語言皆名爲邪？不能通達一切法者，是則皆爲言説所覆，是故如來知諸語言皆爲是邪，乃至少有言語不得其實。舍利弗，諸佛阿耨多羅三藐三菩提，皆無想無念。何以故？如來於法，不得體性，亦不得念。』」〔一〕

校　注

〔一〕見佛藏經卷上念佛品。

大法炬陁羅尼經云：「佛告毗舍佉：應當先爲説彼六波羅蜜，次第修已，然後爲説空解脱門。若爲衆生説此空法，或有得聞，或有思惟，或能證者，是亦不應，但有言説。何以故？如是空法，不可惟以心想知故。若彼空法但以心想能證知者，一切衆生未修道時，亦應即是阿羅漢也。毗舍佉，彼空法者，亦不可説相貌形體。若可説者，則是作相。若有作相，則有願求。若有願求，則是三世。何以故？毗舍佉，無相法中，一切三世皆不可得。所以者何？過去、未來、現在等事皆寂滅故，云何起願？復次，應觀是色，作無相想。云何觀色作無相想？當知此色生滅輪轉，念念不停。毗舍佉，如是色相，不可眼見。當知彼是心識境界，唯意所知，是故不可以眼得見。毗舍佉，一切衆生所有心意，不可言説，唯佛智知。雖可慮知而不可見，念念不住，猶如幻化，云何可取而可得見？如是毗舍佉，不可以彼衆生心識，取心真相。既不可取，云何可説？何以故？以愛憎事違平等故。毗舍佉，若欲滅除愛憎想者，當勤精進，觀一切法悉皆空寂，無有取著。」〔二〕

校注

〔一〕見大法炬陀羅尼經卷六法師相品。

問：豈無今時學路，何乃頓斷方便之門？

答：中下之機，不無學路。童蒙之訓，豈斷今時！故楞伽經云：宗通爲菩薩，説通爲童蒙〔一〕。助觀之門，深有利益。若一向背己徇文，執學而辦〔二〕，則對木人而待語，期石女以生兒，空歷塵沙，終無得理。設〔三〕爾外學得成，皆非真實。如云寫月非真月，圖龍失本龍。如今若要真成，但能净意内觀，則了然寂現，猶臨明鏡，自見其形。若以見聞妄求，如撈水月，豈有得時？

校注

〔一〕楞伽阿跋多羅寶經卷三：「我謂二種通，宗通及言説，説者授童蒙，宗爲修行者。」又：「三世如來，有二種法通，謂説通及自宗通。説通者，謂隨衆生心之所應，爲説種種衆具契經，是名説通。自宗通者，謂修行者離自心現種種妄想，謂不墮一異、俱不俱品，超度一切心、意、意識，自覺聖境界，離因成見相，一切外道、聲聞、緣覺墮二邊者，所不能知，我説是名自宗通法。」

〔二〕「辦」，嘉興藏本作「辯」。

〔三〕「設」，磧砂藏、嘉興藏本作「説」。

所以真覺謌云：「浄五眼，得五力，唯證乃知難可測。鏡裏看形見不難，水中捉月争拈得？」〔一〕

盤山和尚云：「向上一路，千聖不傳，學者勞形，如猿捉月。」〔二〕

龐居士偈云：「行學非真道，徒勞神與軀。千生尋水月〔三〕，終是枉功夫。」〔四〕

校注

〔一〕見永嘉證道歌。真覺謌者，永嘉玄覺又號爲真覺大師故。

〔二〕盤山和尚：寶積禪師。引文亦見祖堂集卷一五盤山和尚、景德傳燈録卷七幽州盤山寶積禪師。「月」，祖堂集、景德傳燈録皆作「影」。

〔三〕「千生尋水月」，龐居士語録作「千里尋月影」。

〔四〕見于頔編集龐居士語録卷下。

問：如何即是？

答：是則第二頭，非則第三手，心智路絶，限量情消。所以文殊般若經云：不可解者即般若，般若非可解非不可解〔一〕。肇論云：「玄道在於絶域，故不得以得之；妙智存乎物外，故不知以知之；大象隱於無形，故不見以見之；大音匿於希聲，故不聞以聞之。」〔二〕唯信入之時，自然洞鑒。若洞徹圓明了達之際，尚不因於心念，何況就他人而求自法，取彼眼而作圓通？數寶終不濟貧〔三〕，説食焉能得飽〔四〕？但自親到，頓入絶學之門；唯在發明，方達無爲之旨。若能如是如是入理思惟，則能如是如是了然顯現，自然二際冥合，物我無差，契萬境以虚玄，同一心之憺怕〔五〕，皆依空而立，抱一而生。

校注

〔一〕文殊師利所説般若波羅蜜經：「不可解者即般若波羅蜜。般若波羅蜜，非是可解非不可解。」

〔二〕見肇論涅槃無名論玄得第十九。元康撰肇論疏卷下：「然則『玄道在乎絶域，故不得以得之』者，此謂真諦也。真諦性空，與有乖絶，乃是無真之真，故有無得之得耳。『妙智存乎物外，故不知以知之』者，此謂般若也。般若玄妙，物像之外，乃是無物之物，故有不知之知也。『大像隱於無形，故不見以見之』者，此謂法身也。法身無邊，故云『大像』，雖云大像，不見其體，故云『隱於無形』。既是無形之形，故云不可見而見也。『大音匿於希聲，故不聞以聞之』者，此謂一音也。一音説法，無有定聲，故云希聲。雖云大音，不聞其聲，故云『匿於希聲』。既是無聲之聲，故云不聞而聞也。大像、大音，語出老子，借文明意耳。」

〔三〕佛陀跋陀羅譯大方廣佛華嚴經卷五：「譬如貧窮人，日夜數他寶，自無半錢分，多聞亦如是。」

〔四〕大佛頂如來密因修證了義諸菩薩萬行首楞嚴經卷一：「今日乃知雖有多聞，若不修行，與不聞等，如人説食，終不能飽。」

〔五〕怕：即今「泊」。説文解字注：「从心，白聲。李善：蒲各切。」宋遵式注肇論疏卷四：「心静曰怕，怕即寂也。」

是以雲融曳而緩清霄，山幽隱而閑緑野，喬松倚巖而自長，脩竹拂徑而長新。内則襟懷憺然，外則道性常爾。故心要牋云：「若一念不生，則前後際斷，照體獨立，物我皆如，直造心原，無知無得，不取不捨，無對無修。然迷悟更依，真妄相待。若求真去妄，似棄影勞形；若體妄即真，似處陰滅影。故無心於忘照，則萬累都捐；若任運以寂知，則衆行爰起。放曠任其去住，静鑒覺其源流。語默不失玄微，動静未離法界。」〔一〕

校　注

〔一〕按，此説出澄觀撰心要法門。心要牋，當即宗密注心要法門，是對澄觀心要法門的注釋。心要法門，全文見景德傳燈録卷三〇五臺山鎮國大師澄觀答皇太子問心要。亦見方廣錩先生整理注心要法門，收於藏外佛教文獻第七册。

靈叟吟云：「我欲學菩提，輸他釋迦先。我欲學闡提，落他調達後。不涉二家風，未免

中途走。設使總不是，憑何而開口。開口不開口，切忌犯靈叟。若會箇中意，望南觀北斗。」〔一〕

校　注

〔一〕按，據唐光化三年（九〇〇年）智嚴所集福州玄沙宗一大師廣録卷下：「洞山有靈叟頌上師：『君欲學菩提，輸他釋老先。始欲學羼提，落他調達後。欲識箇中意，面南看北斗。』師以頌答：『奇哉一靈叟，那得許咣咣。風起引箜篌，迷子争頭湊。設你總不是，蝦蟆大張口。欲識此中意，南星真北斗。』」可見此處所引靈叟吟，顯係洞山靈叟上頌與玄沙師備答頌的融合。文字上的差異，當屬傳承中的變異現象。玄沙師備，傳見宋高僧傳卷一三梁福州玄沙院師備傳。集録者智嚴，爲師備門人。玄沙師備答頌，亦見景德傳燈録卷二九，爲玄沙師備宗一大師頌三首之二。亦見玄沙語録卷中。又，「那得許咣咣」，玄沙語録卷中、景德傳燈録卷二九作「那頓許吺吺」。

傅大士頌云：「入道行路難，我道行路易。入山數載餘〔一〕，長伸兩脚睡。行路易，路易莫思量。刹那心不異，何處不〔二〕天堂？」〔三〕

校　注

〔一〕「數載餘」，普慧大師語録作「十二年」。

〔二〕「何處不」，普慧大師語録作「終日是」。

〔三〕見善慧大士語録卷三行路易。

如上雖廣引先達誠言，纔入宗鏡之中，法爾言思道斷，識智齊泯，勝負俱亡，四辯莫窮，群賢罔測。故浄名私記〔一〕云：浄名默然，從前已來，至此究竟，實智滿足。亦如善財值彌勒入樓觀，方得究竟〔二〕。今默無言，即樓觀體。大集經云：光明、寂静、無諍三句法竟，釋迦默然而住〔三〕。與今無異。

又如西天韻陁山中，有一羅漢名富樓那。馬鳴往見，端坐林中，志氣眇然，若不可測，神色謙退，似而可屈。遂與言曰：「沙門説之，敢有所明，要必屈汝，我若不勝，便刎頸相謝。」沙門默然，容無負色，亦無勝顔。扣之數四，曾無應情。馬鳴退自思惟：「我負矣，彼勝矣。彼安無言，故無可屈。吾以言之，雖知言者可屈，自吾未免於言，真可愧矣。」遂投出家〔四〕。

校注

〔一〕浄名私記：或爲道邃、或爲道暹、或爲法融所撰。詳見本書卷一五注。

〔二〕詳見實叉難陀譯大方廣佛華嚴經卷七九。

〔三〕大方等大集經卷二一：「修集具足清淨、寂静、光明、無諍如是四句，名之爲佛。如來能知善方便故，初得菩提，默然而住，無所宣説，待梵王請。」

〔四〕按，此事法苑珠林卷五三機辯篇菩薩部引云「馬鳴菩薩傳云」。法苑珠林校注曰：「馬鳴菩薩傳與此不同。出處俟考，或爲佚典。」

問：若如上説，道體自然，則祖佛何煩出世？

答：古教云：「不得一法，疾與授記。」〔一〕祖師云：「不得一法，號曰傳心。」〔二〕了煩惱性空，即佛出世。故經云：貪、瞋、癡出，即是佛出〔三〕。但令衆生絶凡聖之情〔四〕，無出没之相，閑居静住，無所施爲，達斯法門，是真佛出；説如斯事，是真實慈。

校注

〔一〕思益梵天所問經卷二問談品：「佛言：若菩薩不行生法、不行滅法，不行善、不行不善，不行世間、不行出世間，不行有罪法、不行無罪法，不行有漏法、不行無漏法，不行有爲法、不行無爲法，不行修道、不行除斷，不行生死、不行涅槃，不行見法、不行聞法、不行覺法、不行知法，不行施、不行捨、不行戒、不行覆、不行忍、不行善、不行發、不行精進、不行禪、不行三昧、不行慧、不行行、不行知、不行得。梵天，若菩薩如是行者，諸佛則授阿耨多羅三藐三菩提記。」

〔二〕見裴休集黄檗山斷際禪師傳心法要。斷際禪師，即希運，傳見宋高僧傳卷二〇唐洪州黄蘗山希運傳。

〔三〕大方等大集經卷一〇：「生、老、病、死出於世者，即是佛出。無明愛出，即是佛出。貪恚癡出，即是佛出。一切疑網煩惱出者，即是佛出。」

〔四〕「情」，原作「清」，據磧砂藏本改。

問：既無心念，木石何殊？又絶見聞，如何覺悟？

答：只謂强覺妄知而能障道，唯當脱黏內伏，發自靈知，根塵既消，光明頓發。

釋摩訶衍論云「以一切法本來唯心，實無於念」者，即是自宗正理，所謂法性，從無始來，唯是一心，無一法而非心故。「而有妄心不覺起念，見諸境界，故説無明。」若一心之性寂滅無起，即是本覺慧明。如論云：「心性無起，即是大智慧光明義。」又，妄心起見，一向唯轉虚妄境中，不能通達真實境界。所以者何？真僞相違，不契當故。如論云：「若心起見，則有不見之相。」真實知見，離能所之邊見。如論云：「心體若離見〔一〕，即是偏照法界義。」又，若心有動轉相，即是無明熏習氣故。心性寂静，無有喧動，正直無有顛倒之解，即是實智之照。如論云：「若心有動，非真識知。」若一心有動轉相，更有前境可緣者，能見之心、所見之境二差別故，本覺功德則不圓滿。而本性德雖過恒沙，唯一心量，終無二體。所以者何？如是諸德，悉皆各各不分其體，於一法界，其量等故〔二〕。

校注

〔一〕「心體若離見」，大乘起信論作「心性離見」。參後注。

〔二〕「釋摩訶衍論云」至此，詳見筏提摩多譯釋摩訶衍論卷六。真諦譯大乘起信論：「以一切法本來唯心，實無於念。而有妄心，不覺起念，見諸境界，故説無明。心性不起，即是大智慧光明義故，若心起見，則有不見之相。心性離見，即是偏照法界義故。若心有動，非真識知，無有自性，非常、非樂、非我、非淨，熱惱，衰變，則不自在，乃至具有過恒沙等妄染之義。」

首楞嚴經云：「佛告阿難：如是六根，由彼覺明，有明明覺，失彼精了，黏妄發光〔一〕。是以汝今離暗離明，無有見體；離動離静，元無聽質。無通無塞，齅性不生；非變非恬，嘗無所出。不離不合，覺觸本無；無滅無生，了知安寄〔二〕？汝但不循動静、合離、恬變、通塞、生滅、暗明，如是十二諸有爲相，隨拔一根，脱黏内伏，伏歸元真，發本明耀，耀性發明，諸餘五黏應拔圓脱〔三〕，不由前塵所起知見，明不循根，寄根明發，由是六根互相爲用。

「阿難，汝豈不知，今此會中，阿那律陁無目而見〔四〕，跋難陁龍無耳而聽〔五〕，殑伽神女非鼻聞香〔六〕，驕梵鉢提異舌知味〔七〕，舜若多神無身有觸，如來光中映令暫現，既爲風質，其體元無〔八〕。諸滅盡定，得寂聲聞，如此會中摩訶迦葉，久滅意根，圓明了知，不因心念〔九〕。

阿難，今汝諸根若圓拔已，内瑩發光，如是浮塵及器世間諸變化相，如湯消冰〔一〇〕，應念化成無上知覺〔一一〕。阿難，如彼世人聚見於眼，若令急合，暗相現前，六根黯然，頭足相類，彼人以手循體外繞，彼雖不見，頭足一辯，知覺是同〔一二〕。緣見因明，暗成無見，不明自發，則諸暗相永不能昏。根塵既消，云何覺明不成圓妙？」〔一三〕

校注

〔一〕子璿集首楞嚴義疏注經卷四：「性覺之體，本有真明，由彼妄覺影明忽起，遂令真覺隱於精了，失真照性。妄覺影明，自相粘執，熏變擊發，結成六種知見之光，故此六根由迷發現。」

〔二〕子璿集首楞嚴義疏注經卷四：「由境有根，如風起浪。境風不息，識浪奚窮？故離塵境無根識耳。」

〔三〕子璿集首楞嚴義疏注經卷四：「圓脱，圓銷也。執境成根，因根有礙。執心不起，諸境自亡。既不相纏，自然圓脱。」

〔四〕子璿集首楞嚴義疏注經卷四：「阿那律陀，云『無滅』，白飯王子。以多睡故，如來呵之。從此精進，七日不眠，則失雙目。佛令修天眼，繫念在緣，四大淨色，半頭而發。見障内外，明暗皆矚；照三千界，如觀掌果，故云『無目而見』。」

〔五〕子璿集首楞嚴義疏注經卷四：「跋難陀，云『賢喜』，與難陀龍常護摩伽陀國，雨澤以時，國無饑年。瓶沙王年設大會，報龍之恩，人皆歡喜，從此得名。難陀，云『歡喜』，爲目連所降。無耳而聽，未詳緣起。」

〔六〕子璿集首楞嚴義疏注經卷四：「殑伽，亦『恒伽』，此云『天堂來』。此河從無熱惱池南面銀象口出，流入東印度。主河之神是女，故云神女。非鼻聞香，未見其緣。」

〔七〕子璿集首楞嚴義疏注經卷四：「（驕梵鉢提）正云『笈房鉢底』，此云『牛相』。今經云：我有口業，於過去世輕弄沙門，世世生生有牛呞病。呞者，牛凡食後，常事虚哨，時人稱爲牛呞也。異舌者，未見別緣。或可既云牛相，即其牛舌也，而能辨了人所食味，故云『異舌知味』。」

〔八〕子璿集首楞嚴義疏注經卷四：「舜若多，云『空』，即主空神也。無色界天，亦是此類。隨其所主，亦無色質。『既爲風質』者，此約體不可見，故云『元無』。以佛力故，故能暫現。亦顯有定自在色無業色也，無色界天淚下如雨，正是此事。」

〔九〕子璿集首楞嚴義疏注經卷四：「摩訶迦葉入雞足山待彌勒佛，倶舍即云已入涅槃，餘説入定。聖説雖爾，若例今經付囑阿難，故知入定、涅槃，倶不可測。既知身在已滅意根，圓明了知，不妨作用。」

〔一〇〕「冰」，原作「火」，據諸校本改。

〔一一〕子璿集首楞嚴義疏注經卷四：「三界萬法，皆由無明妄念而得分別。今六根既拔，塵無所粘，妄念不生，性明内瑩，故得浮塵、幻相、器界、虚空一體圓成，歸無上覺。」

〔一二〕子璿集首楞嚴義疏注經卷四：「此則近以世人六根隔越不相通用，尚有知覺同者，豈況真覺須假根塵耶？六根無辨，故云『黯然』。頭足不分，故云『相類』。若以手摸，頭足明辨，與見無異，故云『知覺是同』。」

〔一三〕見大佛頂如來密因修證了義諸菩薩萬行首楞嚴經卷四。

問：如上所説，並約大根，如初日照高山，駃〔一〕馬見鞭影。若中機下品，不可孤然未入之人，以何方便？

答：亦須自省，開發信心。若未發時，直須静慮，以時研究，永斷攀緣，身心一如，以悟爲限。或因聞入，或從境明，豁爾意消，真心自現。

校注

〔一〕「駃」，廣韻卷四夬韻：「駃，駃馬，日行千里。」

問：境、識俱無自體者，境從識生，識從何起？

答：識從真性起。

問：真性從何而起？

答：真性則無所起。

問：若無所起，云何顯現？

答：無起即起，起即無起，非起不起，是不思議起。

問：如何是不思議起？

答：紅埃飛碧海，白浪涌青岑。

問：修習此宗，聞解信人得何法利？獲何勝報？

答：此是第一之説，無等之詮，學而不得，福猶勝於人天；聞而不信，尚結菩提之種。十方金口，同共稱揚；諸大乘經，無不具載。法華經云：「一念隨喜，皆記無上菩提；一句受持，悉同如來供養。」〔一〕古釋華嚴出現品云：「此品文旨宏奥，能頓能圓，究衆生之本原，罄諸佛之淵海。根本法輪之内，更處其心，生在金輪種中，復爲嫡子。妙中之妙，玄中之玄，並居凡類之心，小功而能速證，安得自欺不受？今聞解能欣，尤須自慶。」〔二〕

故知慕斯法者，起信樂心，纔舉念時，已作如來真子；始迴向際，便成無上菩提。興少學而齊上賢，施微功而獲大果。促三祇於一念，圓萬德於小成。猶長者得摩尼之珠，盡未來施而不盡；似小國獲輪王之寶，徧法界用而無窮。妙德、藥王獻香華而侍立，釋迦、多寶〔二〕同歡喜而證明。隨所至方，接足而如逢善逝；説一偈處，起塔而堪作寶坊。法利何窮？功德無盡！

校注

〔一〕見妙法蓮華經卷四法師品。

〔二〕見澄觀撰大方廣佛華嚴經疏卷五〇。

校　注

〔一〕「多」，原作「名」，據諸校本改。多寶，東方寶浄世界之佛。

華嚴論云：「修信解力者，常信自他凡聖，一體同如，無所依住，無我、無我所，心境平等，無二相故。一切凡聖，本唯法界，無造作性，依真而住，住無所住。與一切諸佛衆生同一心智，住性真法界。所有分別，是一切諸佛本不動智，凡聖一真，共同此智。全信自心是佛種智及一切智，不於心外别有信佛之心，亦不於自心之内見自心有佛相故。信如斯法，自力未充，以此是人，獲得人中一切勝報。」〔一〕「衣服飲食，隨念而至。」〔二〕

校　注

〔一〕見李通玄撰新華嚴經論卷一三。

〔二〕出實叉難陀譯大方廣佛華嚴經卷一一。

又，不唯正報、依報具足，乃至有情、無情，悉皆歸順，以得法界根本，更有何事而不從乎？如華嚴經云：「時大光王告言：善男子，我浄修菩薩大慈幢行，我滿足菩薩大慈幢行。乃至〔一〕善男子，此妙光城所住衆生，皆是菩薩發大乘意，隨心所見不同，或見此城其量狹小，或見此城其量廣大，或見土沙以爲其地，或見衆寶而以莊嚴，或見聚土以爲垣牆，或見寶牆周匝圍繞，或見其地多諸瓦石、高下不平，或見無量大摩尼寶間錯莊嚴、平坦如掌，或見屋宅土木所成，或見殿堂及諸樓閣、階墀、牕闥、軒檻、户牖，如是一切，無非妙寶。「善男子，若有衆生，其心清浄，曾種善根，供養諸佛，發心趣向一切智道，以一切智爲究竟處，及我昔時修菩薩行曾所攝受，則見此城衆寶嚴浄，餘皆見穢。善男子，此國土中一切衆生，五濁世時，樂作諸惡，我心哀愍而欲救護，入於菩薩大慈爲首隨順世間三昧之門〔二〕。入此三昧時，彼諸衆生所有怖畏心、惱害心、怨敵心、諍論心，如是諸心，悉自消滅。何以故？入於菩薩大慈爲首順世三昧，法如是故。善男子，且待須臾，自當現見。「時大光王即入此定，其城内外，六種震動。諸寶地、寶牆、寶堂、寶殿、臺觀、樓閣、階砌、户牖，如是一切，咸出妙音，悉向於王，曲躬敬禮。妙光城内所有居人，靡不同時歡喜踊躍，俱向王所舉身投地。村營、城邑一切人衆，咸來見王，歡喜敬禮。近王所住鳥獸之屬，互相瞻視，起慈悲心，咸向王前恭敬禮拜。一切山原及諸草樹，莫不迴轉，向王敬禮。陂池、泉井及以河海，悉皆騰溢，流注王前。」〔三〕

校　注

〔一〕乃至：表示引文中間有删略。

〔二〕李通玄撰略釋新華嚴經修行次第決疑論卷三之下：「以明不住淨智，隨俗行慈，順俗利生，心無沈掉，名爲三昧。」澄觀撰大方廣佛華嚴經疏卷五七：「慈本爲物，名順世間。高出衆行，故名爲首，即是幢義。」

〔三〕見實叉難陀譯大方廣佛華嚴經卷六六。

釋摩訶衍論云：「自所作之功德，迴向三處：一者、真如，二者、一心法，三者、本覺佛性，是名爲三。以何義故，迴向三處？謂爲欲自所作功德令平等故，迴向真如；或爲欲自所作功德令廣大故，迴向一心；或爲欲自所作功德令明了故，迴向本覺。應如是知，應如是觀。如是迴向，有何利益？謂衆多故。此義云何？譬如用一微塵置大地中，所置微塵與彼大地等無差別。迴向法門，亦如是故。又譬如用一注水置大海中，所置注水與彼大海等無差別。迴向法門，亦如是故。又譬如破一小有，即便與大虛空等無差別。迴向法門，亦如是故。已說展舒功德令廣門，次說施於衆生普利門〔一〕。言『普利一切衆生界』者，即是施於衆生普利門，謂舉廣大圓滿功德周徧利益衆生界故。頌云：歡喜大士志心勸，無量佛子衆海中。我已超毛頭三角〔二〕，過於生華〔三〕之四根〔四〕。第一無數粗滿訖，第二僧祇始入無，如宜汝等諸佛子，以於左右之兩手，捧於本識之明鏡，臨七識散慮之面，見六塵境界之垢，洗法執人我之咎。汝等佛子若如是，法身、應、化之三身，如舒伊字圓現前，常、樂、我、淨之四德。如入達池具出生，我從四王自在處，下入大海龍宮殿，隨分窺諸契經海。總有一百洛叉〔五〕數，如是諸經真實法，無量無邊差別義，摩訶衍論立義中。該攝安立具足説，有善男子善女人，若自手捧斯經卷，名捧百洛叉經者。若口自誦經本分，名誦百洛叉經者，此人所得之功德，十方世界微塵數。諸佛及大菩薩衆，各出微塵數舌相，如是微塵劫數中，不息稱説不能盡。何況觀察其義理，思惟文下之所詮。」〔六〕

校　注

〔一〕按，真諦譯大乘起信論：「諸佛甚深廣大義，我今隨分總持説。迴此功德如法性，普利一切衆生界。」筏提摩多譯釋摩訶衍論卷一〇：「就此一頌中，即有三種門。云何名爲三種門耶？一者攝前所説總結門，二者展舒功德令廣門，三者施於衆生普利門。」此處所引，即爲釋後二門的部分。

〔二〕毛頭：即毛道，凡夫的異名。詳見本書卷二九注。　三角：即三角生死，謂善業、不善業、無記等。正法念處經卷四：「何者三角？若人行善、不善、無記種種雜業，地獄、天、人諸處雜生。彼不善業，生地獄中；善業，天中；雜業，人中。若行三業，於三處生，如是名爲三角生死。」角者，聚也。

〔三〕「華」，釋摩訶衍論作「死」。

〔四〕四根：謂男、女、意、命。

〔五〕洛叉：數量詞，意譯「十萬」，或謂「億」。

〔六〕見筏提摩多譯釋摩訶衍論卷一〇。

是以若人於此宗鏡之中，或介爾起心，或瞥然舉意，或偶得手觸，或暫以目觀，皆成入道之緣，盡結一乘之種。以是祖佛正訣，經論本宗，高布涅槃之天，深窮般若之海。又此中文包義富，宗贍理圓，搜之而句句盡徹根原，編之而一一徧含旨趣，何況信解悟入，正念修行，書寫受持，開演傳布！格量功果，唯佛乃知，非筭數之可量，豈讚揚之所及！

問：唯心之體，前已略明。唯識之相，如何指示？性、相雙辯，方顯正宗；理、事俱通，始袪邪執。

答：欲顯正宗，先除邪執者，故須因事明理，會妄歸真。真是依妄之真，因情説會；事是從理之事，破執言明。無執而理事俱虚，離情而真妄雙絶。瞖消而空華自謝，念息而幻境俄沉。今依諸聖，於衆生界中，抱教迷宗，蓋非一二，撮其樞要，無先二空：以迷人空故，起我見之愚，受妄生死；以迷法空故，違現量之境，障浄菩提。所以我、法俱空，唯從識變。今立第一心法，能變識有三：一、第八異熟識變，二、第七思量識變，三、第六了别境識變。既唯識變，我法皆虚，因此二空，故契會玄旨。以我空故，煩惱障斷；以法空故，所知障消。煩惱障斷故，證真解脱；所知障斷故，獲大菩提。然後行滿因門，心冥果海，則境識俱寂，唯一真空。問：從上宗乘，唯令絶學，單刀直入，教外別傳。何假智慧多聞，廣論性相，言繁理隱，水動珠昏？

答：顯宗破執，權拂學路討論；達旨融通，非離文字解脱。法華經云：「若有利根，智慧明了，多聞强識，乃可爲説。」〔一〕大凡参玄之士，須具二眼：一、己眼，明宗；二、智眼，辯惑。所以禪宗云：單明自己，不了目前，如此之人，只具一眼。理孤事寡，終不圓通。隻翼單輪，豈能飛運？若執只要單刀直入，不用廣參者，則善財初見妙德發明之後，不合偏參法界。故知初後心等，理行同時，所以善財至彌勒佛果圓後，卻指再見初友文殊。如先德云：「文殊之妙智，宛是初心；普賢之玄門，曾無別體。」〔二〕是則理事冥齊於一旨，本末匪越於刹那，曷乃守一疑諸，頓迷法界？捨此取彼，宰割虚空？

校注

〔一〕見妙法蓮華經卷二譬喻品。

〔二〕見澄觀華嚴經行願品疏卷一。

又，若以智慧爲非，則大智文殊不應稱法王之子〔三〕；若以多聞是過，則無聞比丘不合作地獄之人〔二〕。應須以智慧合其多聞，終不執詮而認指；以多聞而廣其智慧，免成孤陋而面牆〔三〕。所以云：有智無行，國之師；有行無智，國之用；有智有行，國之寶；無智無行，國之賊〔四〕。是以智應須學，行應須修，闕智則爲道之讎，無行乃國之賊。當知名相關鎖，非智鑰而難開；情想勾牽，匪慧刀而莫斷。應須責躬省己，策發進修。是以復〔五〕圓通之人，豈墮絶言之見？發菩提之者，不生斷滅之心。若能直了自心，即是單刀直入，最爲省要，以一解千從，攝法無餘故。亦是教外別傳，離此別無奇特。

校注

〔一〕湛然述法華文句記卷三上：「問：經稱文殊是法王子者，其諸菩薩，何人不是法王之子？答：有二義故，一、於王子中，德推文殊；二、諸經中，文殊並爲菩薩衆首。」

〔二〕大佛頂如來密因修證了義諸菩薩萬行首楞嚴經卷九：「如第四禪無聞比丘妄言證聖，天報已畢，衰相現前，謗阿羅漢身遭後有，墮阿鼻獄。」

〔三〕書周官：「不學，牆面，蒞事惟煩。」孔傳：「人而不學，其猶正牆面而立，臨政事必煩。」孔穎達疏：「人而不學，如面向牆，無所睹見，以此臨事，則惟煩亂不能治理。」

〔四〕弘明集卷一牟子理惑論：「若知而不言可也，既不能知，又不能言，愚人也。故能言不能行，國之師也；能行不能言，國之用也；能行能言，國之寶也。三品各有所施，何德之賊乎？唯不能言，又不能行，是謂賊也。」

〔五〕「復」，諸校本作「履」。

又，此宗鏡大意，以妙悟見諦爲期，不取依通齊文作解〔一〕。法既真實，行須契同，唯在心知，不俟言説。爲未了者，亦不絶言，究竟相應，終須親省。此是十方諸佛同證同説，古今不易一際法門。如經云：「我不見有一佛國土，其中如來不説此法。」〔二〕是以佛佛道同，心心理合。故知離宗鏡外，無法可説，以凡有言教，俱不出平等性故，終無有二。所以經云：「如大師子，殺香象時皆盡其力，殺兔亦爾，不生輕想。諸佛如來，亦復如是，爲諸菩薩及一闡提演説法時，功用無二。」〔三〕仰唯聖旨，鑒誡昭然，豈可於平等至教之中起差別解耶？於一真衆生界中生勝劣見耶？

校注

〔一〕智顗説摩訶止觀卷一〇上：「夫聽學人誦得名相，齊文作解，心眼不開，全無理觀。據文者生，無證者死。」

〔二〕見實叉難陀譯大方廣佛華嚴經卷三四。

〔三〕見大般涅槃經卷三三，南本見卷三一。

若入宗鏡之中，自免斯咎。今所録者，一一皆是古佛聖教，於無量億劫，捨無數身命，普爲一切衆生求此難得阿耨多羅三藐三菩提法，付囑諸大菩薩，爲末代求無上菩提之人千途異説，共顯一心，云何負恩，不生信受？

如智度論云：「諸摩訶衍經，皆名爲法。此中求法者，書寫、讀誦、正憶念，如是等治衆生心病故，集諸法藥，不惜身命。如釋迦文佛本爲菩薩時，名曰樂法，時世無佛，不聞善語，四方求法，精勤不懈，了不能得。爾時，魔變作婆羅門而語之言：『我有佛所説一偈，汝能以皮爲紙，以骨爲筆，以血爲墨，書寫此偈，當以與汝。』樂法即時自念：『我世世喪身無數，不得是利。』即自剥皮，曝之令乾，欲書其偈，魔便滅身。是時佛知其志心，即從下方踊出，爲説深法，即得無生法忍。又如薩陁波崙，苦行求法〔一〕；如釋迦文菩薩，五百釘釘身，爲求法故〔二〕；又如金堅王，割身五百處爲燈炷〔三〕。投巖、入火，如是等種種難行、苦行，爲衆生求法。」〔四〕

校注

〔一〕詳見摩訶般若波羅蜜經卷二七常啼品。薩陁波崙，意譯「常啼」，爲求般若，七日七夜啼哭之菩薩。

〔二〕佛本行集經卷一降胎品：「貪慕深妙法，因身受慧義，入火投山巖，支節鐵針釘。」

〔三〕佛本行經卷五憶先品：「吾剥皮以施，纏氎爲燈炷。同時然燈炷，舉身炎皆熾。王名堅金剛，其耐痛無比。以是求一願，與之以成佛。」

〔四〕見龍樹造、鳩摩羅什譯大智度論卷四九。大般涅槃經卷三二：「復次，菩薩爲法因緣，剜身爲燈，疊纏皮肉，蘇油灌之，燒以爲炷。菩薩爾時受是大苦，自呵其心而作是言：『如是苦者，於地獄苦，百千萬分未是一分。汝於無量百千劫中受大苦惱都無利益，汝若不能受是輕苦，云何而能於地獄中救苦衆生？』菩薩摩訶薩作是觀時，身不覺苦，其心不退、不動、不轉。菩薩爾時應深自知：『我定當得阿耨多羅三藐三菩提。』善男子，菩薩爾時具足煩惱未有斷者，爲法因緣，能以頭目、髓腦、手足、血肉施於衆生，以釘釘身，投巖、赴火。菩薩爾時雖受如是無量衆苦，若心不退、不動、不轉，菩薩當知：『我今定有不退之心，當得阿耨多羅三藐三菩提。』」

故知善知識者，難得遭逢，譬如梵天投一芥子，安下界針鋒之上猶易，值明師道友、得聞正法甚難〔一〕。如西天九十六種外道，皆求出離，因遇邪師，反沉生死。是以涅槃經云：「具四因緣，能證涅槃之道：一者、親近善友，二者、聽聞正法，三者、如理思惟，四者、如説修行。」〔二〕若不遇善友，不得聞正法。何者？因聞正法，則能思惟信入，正念修行。有如是法利，應須殷重，生難遭想，摧我慢心，乃至遇經卷得聞，或因人舉示，如有悟入之處，皆是我師。況此宗鏡，唯録要文，可謂端拱坐參，不出門而知天下；易辦成現，弗動足而到龍宮。

校注

〔一〕大般涅槃經卷二：「芥子投針鋒，佛出難於是。」

〔二〕見大般涅槃經卷二五，南本見卷二三。

是以華嚴經云：「善男子，善知識者，如慈母，出生佛種故；如慈父，廣大利益故；如乳母，守護不令作惡故；如教師，示其菩薩所學故；如善導，能示波羅蜜道故；如良醫，能治煩惱諸病故；如雪山，增長一切智藥故；如勇將，殄除一切怖畏故；如濟客，令出生死瀑流故；如船師，令到智慧寶洲故。善男子，常當如是正念思惟諸善知識。

「復次，善男子，汝承事一切善知識，應發如大地心，荷負重任無疲倦故；應發如金剛心，志願堅固不可壞故；應發如鐵圍山心，一切諸苦無能動故；應發如給侍心，所有教令皆隨順故；應發如弟子心，所有訓誨無違逆故；應發如僮僕心，不猒一切諸作務故；應發如養母心，受諸勤苦不告勞故；應發如傭作心，隨所受教無違逆故；應發如除糞人心，離憍慢故；應發如已熟稼心，能低下故；應發如良馬心，離惡性故；應發如大車心，能運重故；應發如調順象心，恒伏從故；應發如須彌山心，不傾動故；應發如良犬心，不害主故；應發如栴陁羅〔一〕心，離憍慢故；應發如牸牛心，無威怒故；應發如舟船心，往來不倦

故；應發如橋梁心，濟渡忘疲故；應發如孝子心，承順顏色故；應發如王子心，遵行教命故。」〔二〕

校注

〔一〕「栴陁羅」，經中作「旃荼羅」，屠夫、獄卒、劊子手等以屠殺爲業者。慧琳一切經音義卷一：「旃荼羅，梵語也，上之然反，次宅加反，正梵音云奴雅反，經文作『荼』，音不切也。古云『旃陀羅』，皆訛略也。西域記云：屠膾主殺守獄之人也。彼國常法，制勒此類，行則闢於路左，執持破竹，或復摇鈴，打擊爲聲，標顯自身，恐悞觸突净行之人。若不如此，國有嚴刑，王則治罰此人，彰净穢有異。」

〔二〕見實叉難陀譯大方廣佛華嚴經卷七七。

是以因人聞法，因法悟道，因道修行，因行成佛，豈可憍慢而不順旨乎？故世尊言：我今得成佛，最初皆因遇善友因緣〔一〕。且如外道須跋陁，最後若不遇釋迦，何由捨邪歸正〔二〕？

故大涅槃經云：佛言須跋陁：「『仁者，若受苦行便得道者，一切畜生悉應得道。是故先當調伏其心，不調伏身。以是因緣，我經中說：斫伐此林，莫斫伐樹。何以故？從林生怖，不從樹生。欲調伏身，先當調心。心喻於林，身喻於樹。』須跋陁言：『世尊，我已先調伏心。』佛言：『善男子，汝今云何能先調心？』須跋陁言：『世尊，我先思惟，欲是無常、無樂、無淨，觀色即是常樂清淨。作是觀已，欲界結斷，獲得色處，是故名爲先調伏心。復次觀色，色是無常、如癰、如瘡、如毒、如箭，見無色常，清淨寂靜。如是觀已，色界結盡，得無色處，是故名爲先調伏心。次復觀想，即是無常、癰、瘡、毒、箭，如是觀已，獲得非想非非想處，是非想非非想即一切智、寂靜、清淨，無有墜墮，常恒不變，是故我能調伏其心。』佛言：『善男子，汝云何能調伏心也？汝今所得非想非非想定，猶名爲想。涅槃無想，汝云何言獲得涅槃？善男子，汝已先能訶責麁想，今者云何愛著細想，不知訶責？如是非想非非想處，故名爲想，如癰、如瘡、如毒、如箭。善男子，汝師鬱頭藍弗利根聰明，尚不能斷如是非想非非想處，受於惡身，況其餘者！』

「『世尊，云何能斷一切諸有？』佛言：『善男子，若觀實想，是人能斷一切諸有。』須跋陁言：『世尊，云何名爲實想？』『善男子，無想之想，名爲實想。』『世尊，云何名爲無想之想？』『善男子，一切法無自相、他相及自他相，無無因相，無作相，無受相，無作者相，無受者相，無法非法相，無男女相，無士夫相，無微塵相，無時節相，無爲自相，無爲他相，無爲自他相，無有相，無無相，無生相，無生者相，無因相，無因因相，無果相，無果果相，無晝夜相，無明暗相，無見相，無見者相，無聞相，無聞者相，無覺知相，無覺知者相，無菩提相，無得菩提者相、無業相、無業主相、無煩惱相、無煩惱主相。善男子，如是等相，隨所滅處，名真實想。善男子，一切諸法，皆是虛假，隨其滅處，是名爲實想，是名法界，名畢竟智，名第一義諦，名第一義空。』」〔三〕

校　注

〔一〕大般涅槃經卷三五：「諸佛菩薩名善知識。以是親近善友因緣，則得近於大般涅槃。」

〔二〕須跋陀：意譯「善賢」，拘尸那城之梵志，壽一百二十，聰明多智，得五神通，聞佛涅槃，往佛所，聞八聖道，遂成羅漢，成爲佛最後的弟子。慧琳一切經音義卷一八：「蘇跋陀羅，阿羅漢名也，唐言『善賢』。是佛在世時，最後得度聖弟子也，即涅槃經中須跋陀羅是也。」

〔三〕見大般涅槃經卷四〇，南本見卷三六。

音　義

湊，倉奏反，水會聚也。　拱，居悚反，手抱也。　瞥，芳滅反，目翳也。　壓，烏甲反，鎮也。　貯〔一〕，丁呂反，積也。　脇，虛業反。　邁，莫壞反。　憺，徒敢反。　怕，普伯反。　喬，巨嬌反。　叟，蘇后反，老叟。　輸，式朱反。　伸，失人反，舒也，理也。　眇，亡沼反。　刎，武粉反，刎頭。　頸，居郢反，項也。

黏，女廉反。　齅，許救反，以鼻取氣。　跋，蒲撥反。　殑，其矜反。　驕，舉喬反。　駛，踈吏反，速也。　埃，烏開反。　岑，鋤針反。　宏，户萌反，大也。　罄，苦定反，盡也。　淵，烏玄反，深也。　嫡，都歷反。　垣，雨元反。　垣，墉也。　墀，直尼反，塗地也。　闥，他達反。　檻，胡黯反，閉也。　敵，徒歷反。　陂，彼爲反。　溢，夷質反，滿溢。　訣，古穴反〔二〕，訣別。　編，甫連反。　袪，去魚反。　俄，五何反。　俄頃，速也。　鑰，以灼反。　剥，北角反，削也。　曝，薄報反，曝乾。　崙，盧昆反。　殄，徒典反，絶也。　瀑，蒲木反，瀑布。　傭，余封反。　稼，古訝反。　癰，於容反，癰瘑。

丁〔三〕未歲分司大藏都監開板

校注

〔一〕「貯」，原作「則」，據前文及音義改。

〔二〕「反」，原無，據文意補。

〔三〕「丁」，原無，據上下卷刊刻信息補。

宗鏡録卷第四十二

慧日永明寺主智覺禪師延壽集

夫大乘圓頓，識智俱亡，云何卻述緣生，反論因果？

答：經云：深信大乘，不謗因果〔一〕。又云：「深入緣起，斷諸邪見。」〔二〕夫唯識之旨，不出因果。正因相者，由識變故，諸法得生，以識爲因；正果相者，由種識故，生諸分別法體之果及異熟等分位之果。所以上至諸佛，下及衆生，皆因果所收，何得撥無，墮諸邪網？只爲一切外道，不達緣生，唯執自然，撥無因果；二乘眇目，但證偏空，滅智灰身，遠離因果；世間業繫無聞凡夫，五欲火燒，執著因果：盡成狂解，不體圓常，皆背法界緣起之門，悉昧般若無生之旨。

校　注

〔一〕出處俟考。此説或非佛經原文。唐惠沼成唯識論了義燈卷七：「深生信心，不謗因果。」

〔二〕見維摩詰所説經卷上佛國品。

今所論因果者，唯以實相爲因，還用實相爲果，但了平等一心故，終不作前後同時之見。若能如是信入一心，皆成圓因妙果。如賢劫定意經云：「指長吉祥，見者悦然，無不吉利，此者皆是一心之報。」〔一〕又云：「其演光明，無所不照，多所安隱，是一心報。」又云：「威光巍巍，無見頂相，是一心報。」

校注

〔一〕見竺法護譯賢劫經卷三三十二相品。下兩處引文同。按，賢劫經，據開元釋教録，先後有竺法護和鳩摩羅什兩譯，竺法護譯經中著録，曰「題云颰陀劫三昧，晉曰賢劫定意經」。羅什譯闕本。

華手經偈云：「汝等觀是心，念念常生滅，如幻無所有，而能得大報。」〔一〕又偈云：「是心不在緣，亦不離衆緣，非有亦非無，而能起大果。」

校注

〔一〕見華手經卷三無憂品。下一處引文同。

顯揚論頌云：「由彼心果故，生已自然滅，後變異可得，念念滅應知。」「論曰：彼一切行，是心果故，其性纔生，離滅因緣，自然滅壞，又復後時變異可得，當知諸行皆刹那滅，云何應知諸行是心果耶？頌曰：心熏習增上，定轉變自在，影像生道理，及三種聖教。

「論曰：由道理及聖教，證知諸行是心果性。道理者，謂善不善法，熏習於心，由習氣增上力故，故行得生。又，脱定障心清浄者，一切諸行，隨心轉變，由彼意解自在力故，種種轉變。又，由定心自在力故，隨其所欲，定心境界影像而生，是名道理。聖教者，謂三種聖言，如經中偈云：心將引世間，心力所防護，隨心生起已，自在皆隨轉。又説：是故苾芻〔一〕，應善專精，如正道理，觀察於心，乃至廣説。又説：苾芻當知，言城主者，即是一切有取識蘊，是名聖教。」〔二〕

校注

〔一〕苾芻：「比丘」的舊譯，或作「苾蒭」。慧琳一切經音義卷二：「苾蒭，上毗逸反，下測虞反，梵語草名也。僧肇法師義苾蒭有四勝德：一名浄乞食，二名破煩惱，三名能持戒，四名能怖魔。梵文巧妙，一言具含四義，故存梵言也。」法藏華嚴經探玄記卷一八：「比丘者，梵有三名，或云『比呼』，或云『苾芻』，或云『比丘』。此無正譯，義翻有三，謂怖魔、破惡及乞士。」

〔二〕見玄奘譯顯揚聖教論卷一四成無常品。

是知福隨心至，患逐心生，如響應聲，似影隨質。如阿那律供辟支佛之一食，甘露而常盈空器，金人而用盡還生。「阿那律」者，此翻「無貧」。賢愚經云：「弗沙佛末世時〔一〕飢饉，有辟支佛利吒行乞，空鉢無獲。有一貧人，見而悲悼，白言：『勝士，能受稗不？』即以所噉奉之。食已，作十八變。後更採稗，有兔跳抱其背，變爲死人，無伴得脱。待暗還家，委地即成金人，拔指隨生，用脚〔二〕還出。惡人、惡王欲來奪之，但見死屍，而其金寶九十劫果報充足〔三〕，故号『無貧』。其生已後，家業豐溢，日夜增益。父母欲試之，蓋空器皿往送，發看，百味具足。而其門下，日日常有一萬二千人，六千取債，六千還直。出家已後，隨所至處，人見歡喜。欲有所須，如己家無異。」〔四〕

校注

〔一〕「末世時」，大正藏本妙法蓮華經文句作「末法時世」。按，大正藏本妙法蓮華經文句的底本是增上寺報恩藏明本，據其校勘記，萬壽五年、康治元年寫法隆寺藏本亦作「末世時」。

〔二〕「脚」，嘉興藏本作「卻」。按，妙法蓮華經文句作「脚」，大方廣佛華嚴經隨疏演義鈔卷八四引作「卻」。釋名釋形體：「脚，卻也，以其坐時卻在後也。」

〔三〕「而其金寶九十劫果報充足」，妙法蓮華經文句作「而其所覩，純是金寶，九十一劫果報充足」。

〔四〕按，此處引文，見智顗説妙法蓮華經文句卷一下引。賢愚經者，詳參慧覺等譯賢愚經卷一二波婆離品，但智顗所據，似非此譯。又，妙法蓮華經文句卷一下：「阿㝹樓馱，亦云阿那律，亦阿泥盧豆，皆梵音奢切耳，此翻無貧，亦如意，亦無獵，名也。昔於饑世，贈辟支佛稗飯，獲九十一劫果報充足，故名無貧。」吉藏法華義疏卷一：「阿菟樓馱者，翻爲如意，亦云無貧，以過去一食施辟支佛，十五劫中天上人中受於福樂，最後得羅漢，常得如意，無有貧窮。是甘露飯王之子也。」此阿那律事，亦見雜寶藏經卷四大愛道施佛金縷織成衣并穿珠師緣。

又如金色王施辟支佛一飯，後滿閻浮提於七日内唯雨七寶，一切人民，貧窮永斷〔一〕。當知此七寶，不從餘處來，皆從彼王供養心中出。因起自心中，果不生異處。如阿那律金人自作自受，所以福者見爲金寶，惡人觀是死屍。故知轉變從心，前塵無定。又如未開空器，甘露本無，隨福所生，百味具足。善惡之境，皆是自心。故唯識論云：「境隨業識轉，是故説唯心。」〔二〕則無有一法不歸宗鏡。

校注

〔一〕詳見金色王經。七寶者，諸經所説不完全相同。金色王經中所云七寶者，「所謂金、銀及毗琉璃、私頗知迦、赤色真珠，并雨馬瑙、牟娑羅等如是七寶。」毗琉璃，即琉璃；私頗知迦，即玻璃；牟娑羅，即硨磲。

〔二〕玄奘譯成唯識論卷二：「由自心執著，心似外境轉，彼所見非有，是故説唯心。」

已上是世間因果，次論諸佛因果者。

如華嚴論云：「顯佛果有三種不同：一、亡言絶行，獨明法身無作果；二、從行積修，行滿功成多劫始成果；三、創發心時，十住初位體用隨緣所成果。

「初、亡言絶行，獨[一]明法身無作果者，即涅槃、無行等經是，隱身不現，萬事休息。又云：羅刹爲雪山童子説『諸行無常，是生滅法。生滅滅已，寂滅爲樂』[二]。是無作果，不具行故。

「二、從行積修，行滿多劫方明[三]果者，即權教之中，説從行修成，三僧祇劫行滿所成佛果是也。此以不了無明十二有支[四]本是法身智慧，猒而以空觀折伏現行煩惱，忻别淨門。

「三、從凡十信[五]初心，創證隨緣運用所成果者，即華嚴經是也。十住[六]終心，即以方便三昧，達無明十二有支，成理智大悲，即具文殊普賢體用法界法門。又如化佛所施因果教行，定經三僧祇中所有功德，揔是修生，百劫修相好業，燃燈得光明，不殺得長壽，布施得資財，忍辱得端正，一一因果屬對，相似具足，仍對治種種法門，始得見性成佛。如華嚴經即不然，一念頓證法界法門，身心性相，本唯法體，施爲運用，動寂皆平，任無作智，即是佛也。爲一切佛法應如是，無長無短，始終畢竟，法皆如是，於一真法界，任法施爲，悉皆具足恒沙德用，即因即果。以此普門法界，理智諸障自無，無別對治，別修別斷，不見變化，變與不變，無異性相故。普觀一切，無非法門，無非解脱，但爲自心强生繫著，爲多事故，沉潛苦流，故勞聖説種種差別，於所説處復生繫著。以此義故，聖説不同，或漸或圓，應諸根器。

「如此經教頓示，圓乘人所應堪受。設不堪受者，當須樂修究竟流歸，畢居此海。是故餘教先因後果，不同此教因果同時。爲法性智海中，因果不可得故。爲不可得中，因果同時，無有障礙也；可得，因果即有前後。有所得者，皆是無常，非究竟説也。若先因後果者，因亦不成，故果亦壞也。緣生之法，不相續故，即斷滅故，自他不成故。如數一錢，不數後錢。無後二者，一亦不成。爲刹那不相續，刹那因果壞；多劫不相續，多劫因果壞。待數後錢時，前一始成。因果亦爾，要待一時，中無間者，因果始成。若爾者，如數兩錢同數，無前無後，誰爲一二？如豎二指，誰爲因果？如二指等，隨心數處爲因，後數爲果。若是有前有後，即有中間者，還有刹那間斷。有間斷者，不成因果。若同時者，如豎二指，無先無後，誰爲因果，亦皆不成。

「如此華嚴經因果同時者，俱無如是前後因果及同時情量繫著〔七〕、妄想有無、俱不俱、常無常等繫著因果。但了法體非所施設，非因果繫名爲因果，非情所立同時前後之妄想也。如是者，何異楞伽漸教之説？此則不然。乃至楞伽中，唯論破相，但救顯理，無繫著故不論緣起。如緣起法界者，法界不成不破，但知了法如是故。是故楞伽經云：『先示相似物，後當與真實。』〔八〕又云：『得相者是識，不得相者智。』〔九〕如此經中，無有假法，諸法揔真，純真無假，更無相似存真存假。經云：衆生界即佛界也〔一〇〕。如文殊以理會行，普賢以行會理，二人體用相徹，以成一真法界，前後相收。品品之中，互相該括，前後相徹，文義更收。一法門中，具多法也。是故經偈云：『於多法中爲一法，於一法中爲衆多。』〔一一〕

校注

〔一〕「獨」，原作「所」，據新華嚴經論改。

〔二〕詳見大般涅槃經卷一四。

〔三〕「明」，嘉興藏本作「成」。按，新華嚴經論作「明」。

〔四〕十二有支：即十二因緣，包括無明、行、識、名色、六處、觸、受、愛、取、有、生、老死十二支。

〔五〕「信」，原作「住」，據諸校本改。按，華嚴五十二位中，初十信爲凡位。十住等，在別教、終教爲賢位，在圓教爲聖位。據文意，此處作「信」是。

〔六〕「住」，原作「信」，據諸校本改。參前注。

〔七〕情量：任情量取，謂愚夫分別妄想計度。大乘止觀法門卷一：「自性圓融，體備大用，但是自覺聖智所知，非情量之能測也。」　繫著：即執著。大般涅槃經卷一七：「有繫著者，爲魔所縛。無繫著者，魔不能縛。以是義故，菩薩摩訶薩而無所著。」

〔八〕見大乘入楞伽經卷三。

〔九〕見楞伽阿跋多羅寶經卷三。

〔一〇〕按，此非經文，而是對經意的概括。

〔一一〕見李通玄撰新華嚴經論卷四。「經偈云」者，實叉難陀譯大方廣佛華嚴經卷四四：「於一法中解多法，於多法中解一法。」

然此心是法界之都，無法不攝，非但凡聖、因果，乃至逆順、善惡同歸。若一一悟是自心，則事事無非正理。如經云：「提婆達多，不可思議，所修行業，皆同如來。」「六群比丘，實非弊惡，所行之法，皆同佛行。有修善者，地獄受果，惡行之人，天上受報。」〔一一〕如不達斯文，則逆順分歧，焉能美惡同化？然初章之内，已述正宗，若上上機人，則一聞千悟，斯皆宿習見解生知；若是中、下之根，須憑開導，因他助發，方悟圓成。爲此因緣，微細纂集。所以云：若有一微塵處未了，此猶有無明在，以不了處爲障翳故。何況自身根門之内，日用之中，有無量應急法門，全未明一！如生盲人，每日喫一百味飯，雖然得喫，品饌何分？若言無分，又每日得喫；若言有分，設問揔不知。若欲爲未了之人，憑何剖析？只成自誑，反墮無知。自眼未開，焉治他目？

校注

〔一〕見大方等無想經卷四。提婆達多：又作調達、達兜等，斛飯王之子，阿難之兄，佛之從弟，意譯天熱、天授等。吉藏撰法華義疏卷九：「提婆達多，是斛飯王子。『提婆』，此翻爲『天』；『達多』，言『熱』。以其生時，諸天心熱，故名天熱。所以然者，諸天知其造三逆罪，破壞佛法，見其初生心生熱惱故，因以爲名。」六群比丘：佛在世時，聚集成衆作諸非威儀事之六惡比丘。一、闡陀，又云闡那，即車匿；二、迦留陀夷，意譯麤黑，以其顔貌麤黑故也。此二人性多貪癡，不受人語，住迦尸黑山聚落，作諸非威儀事。後同阿難還至佛所。迦留陀夷因入婆羅門家説法，被賊打殺。三、三文陀達多，又云難陀；四、摩醯沙達多，無翻。此二人是釋種，性多愚癡，不受人語，住黑山聚落，作諸非威儀事。後三文陀達多以猪祠廟生天。五、馬師，又云馬宿，性多愚癡；六、滿宿，性多嗔恚。此二人本是田夫，亦釋種也，因作田辛苦出家，住雞吒山聚落，不受人語，作諸非威儀事。於六群比丘中，最爲上首。後二人因多愚癡、嗔恚，墮生龍中。

是以善財首見文殊，已明根本智，入聖智流中，然後徧參道友，爲求差别智道，習菩薩行門，遇無猒足國王如幻法門〔一〕，見勝熱婆羅門無盡輪解脱〔二〕，尚乃迷宗失旨，對境茫然。故知佛法玄微，非淺智所及。何乃將蚊子足，擬窮滄溟之底；用蜘蛛絲，欲懸妙高之中！益抱慚顔，須申懺悔。是以般若海闊，入之者方悟無邊；法性山高，昇之者乃知彌峻。

伏自大雄應世，諸聖發揚。至像法〔三〕初，則有馬鳴、龍樹等五百論師大弘至教。及像法中，復有護法、陳那等十大菩薩廣解深經，辯空有之宗，立唯識之理。悉是賢劫千佛，十刹能仁，同酬本願之懷，共助無緣之化。何乃持螢光而干日馭，捧布鼓而近雷門？不揆寡聞，退慚劣解，牛跡豈將大海齊量？腐草焉與靈椿等榮？

校注

〔一〕詳見實叉難陀譯大方廣佛華嚴經卷六六。

〔二〕詳見實叉難陀譯大方廣佛華嚴經卷六四。

〔三〕像法：指像法時，是佛滅五百年後一千年間，此時所行佛法與正法相似，故稱。

今此持論，爲成法器，深心好樂大乘之者。如大寶積經云：「佛言：若有求大利益善男子、善女人信我教者，後滓濁世極覆藏時，善人難得，時聞如是等甚深法已，應爲如理者説，不爲不如理者；爲信者説，非不信者。我今亦爲如理者説，非不如理者；爲信者説，非不信者。」〔一〕

又，識者、愛者，貴若珠珍；不識、不愛，賤同泥土。仰惟參玄之士，願稟佛言；深囑慕道之賢，同遵祖意。

校注

〔一〕見大寶積經卷二。

問：依上標宗，甚諧正脉，何用更引言詮，廣開諸道？

答：馬鳴祖師雖標唯心一法，開出真如、生滅二門〔一〕；達磨直指一心，建立隨緣無礙四行〔二〕。詳夫宗本無異，因人得名，故云祖師頓悟直入名禪宗，諸佛果德根本名佛性，菩薩萬行原穴名心地，衆生輪迴起處名識藏，萬法所依名法性，能生般若名智海，不可定一執多，生諸情見。

校注

〔一〕詳見大乘起信論。

〔二〕景德傳燈録卷三〇菩提達磨略辨大乘入道四行：「夫入道多途，要而言之，不出二種：一是理入，二是行入。理入者，謂藉教悟宗，深信含生同一真性，但爲客塵妄想所覆，不能顯了，若也捨妄歸真，凝住壁觀，無自無他，凡聖等一，堅住不移，更不隨於文教。此即與理冥符，無有分別，寂然無爲，名之理入。行入者，謂四行，其餘諸行悉入此中。何等四耶？一、報冤行，二、隨緣行，三、無所求行，四、稱法之行。云何報冤行？謂修道行人，若受苦時，當自念言：我從往昔無數劫中，棄本從末，流浪諸有，多起冤憎，違害無限。今雖無犯，是我宿殃惡業果熟，非天非人所能見與，甘心忍受，都無冤訴。經云：逢苦不憂。

何以故？識達故。此心生時，與理相應，體寃進道故，説言報寃行。二、隨緣行者，衆生無我，並緣業所轉，苦樂齊受，皆從緣生。若得勝報榮譽等事，是我過去宿因所感，今方得之，緣盡還無，何喜之有？得失從緣，心無增減，喜風不動，冥順於道，是故説言隨緣行也。三、無所求行者，世人長迷，處處貪著，名之爲求。智者悟真，理將俗反，安心無爲，形隨運轉。萬有斯空，無所願樂，功德黑暗，常相隨逐。三界久居，猶如火宅，有身皆苦，誰得而安？了達此處，故捨諸有，息想無求。經云：有求皆苦，無求乃樂。判知無求，真爲道行，故言無所求行也。四、稱法行。性浄之理，目之爲法。此理衆相斯空，無染無著，無此無彼。經云：法無衆生，離衆生垢故；法無有我，離我垢故。智者若能信解此理，應當稱法而行。法體無慳，於身、命、財，行檀捨施，心無悋惜，達解三空，不倚不著，但爲去垢，稱化衆生而不取相。此爲自行，復能利他，亦能莊嚴菩提之道。檀施既爾，餘五亦然。爲除妄想，修行六度而無所行，是爲稱法行。」此説主要内容，亦見續高僧傳卷一六齊鄴下南天竺僧菩提達磨傳。

是以金光明經云：法性甚深無量〔一〕。「無量」者，非别有一法名爲無量，毗盧遮那徧一切處，一切諸法，皆是佛法。「甚深」者，亦非别有一法名爲甚深，即事而真，無非實相〔二〕。可謂一中之多，當存而正泯；多中之一，在卷而亦舒。如華嚴經云：「菩薩摩訶薩知三界唯心、三世唯心，而了知其心無量無邊，是爲無等住。」〔三〕又，先德云：「言雖不能言，然非言無以傳，是以聖人終日言而未嘗言也。」〔四〕以終日言故，不絶漚和之心；而未嘗言故，靡失般若之性。以漚和故，不違大化之門；以般若故，不見言象之迹。

校注

〔一〕參見金光明經卷三鬼神品。

〔二〕「無量者，非別有一法名爲無量」至此，見智顗説、灌頂録金光明經文句卷一。

〔三〕見實叉難陀譯大方廣佛華嚴經卷五四。

〔四〕見肇論般若無知論。

又，經云：諸佛常依二諦説法〔一〕。若不得世諦，不得第一義。以了俗無性，即是真門。何乃逐物隨情，横生異見，局方隅之遠近，定器量之淺深？如尺〔二〕蠖尋條，安前足而進後足；似癡猴得樹，放高枝而捉低枝。若能除器觀空，自亡方圓長短；知心是境，豈有高下是非？且如世諦門中，有八萬四千塵勞煩惱。於諸凡夫妄想中，唯生死一法最大。以有生死，心境並生；若無生死，人法俱寂。故知了存今日，不可因循。

校注

〔一〕按，此非「經云」，而是對佛經説法方式的概括。智顗説妙法蓮華經文句卷三上釋方便品：「如來常依二諦説法。」吉藏金剛般若疏卷四：「真語者，依真諦説也。實語者，依世諦説也。所以舉二語者，爲如來常依二諦説法故也。」

〔二〕「尺」，磧砂藏、嘉興藏本作「蚇」。按，卷後音義亦作「蚇」。「蚇」，爲「尺蠖」之「尺」的增旁俗字，屬張涌泉先生所説「給本不需要意符的字加上意符」（漢語俗字研究）者。易繫辭下：「尺蠖之屈，求其信也。」郝懿行爾雅義疏疏蟲：「其行先屈後申，如人布手知尺之狀，故名尺蠖。」龍樹造、鳩摩羅什譯大智度論卷一八：「譬如尺蠖，屈安後足，然後進前足。」

夫業繫四生，身居九有〔一〕，得人身者，如爪上之塵；失人身者，猶大地之土。處三塗地而永埋塵劫，居四空天而恒没禪支〔二〕。設暫生人中，千般障難，或機鈍而難省，或根利而信邪，或身器不完，或遮障俱重，皆不可化，無由證真。

校注

〔一〕九有：俱稱九有情居、九衆生居，是三界中有情衆生所樂住之地，處有九所，故名九有。一、欲界之人與六天，二、初禪天，三、二禪天，四、三禪天，五、四禪天中之無想天，六、空處，七、識處，八、無所有處，九、非想非非想處。隋慧遠撰大乘義章卷八九衆生居義：「欲界人天以之爲一。初禪爲二，二禪爲三，三禪爲四，無想爲五，空處爲六，識處爲七，無所有處以之爲八，非想爲九，此之九處，衆生樂住，名衆生居。」圓暉述俱舍論頌疏論本卷八：「諸有情類，唯於此九欣樂住故，立有情居，餘處皆非，不樂住故。言餘處者，謂諸惡處，非有情類自樂居中，惡業羅刹逼之令住故。彼如牢獄，不立有情居。」

〔三〕四空天：無色界之四處，即九有中之空處、識處、無所有處和非想非非想處。大佛頂如來密因修證了義諸菩薩萬行首楞嚴經卷九：「是四空天身心滅盡，定性現前無業果色，從此逮終，名無色界。」

如大智度論云：「當知人身難得，佛世難值，好時易過，一墮諸難，永不可治。若墮地獄，燒炙屠割，何可教化？若墮畜生，共相殘害，亦不可化；若墮餓鬼，飢渴熱惱，亦不可化；若生長壽天，千〔一〕萬佛過，著禪定味故，皆不覺知。如安息國諸邊地生者，皆是人身，愚不可教化。雖生中國，或六情不具，或四支不完，或盲聾瘖瘂，或不識義理，或時六情具足，諸根通利，而深著邪見，言無罪福，不可教化。故爲説好時易過，墮諸難中。」〔二〕

校注

〔一〕「千」，諸校本作「十」。按，大智度論作「千」。

〔二〕見龍樹造、鳩摩羅什譯大智度論卷九一。

設無諸難，煩惱業深，仍爲八苦〔一〕火燒，五濁〔二〕所亂。夫言苦者無量，或三苦、五苦、八苦，乃至瑜伽一百一十苦〔三〕及八萬四千塵勞之苦，皆不出流轉之苦及行苦等，而凡夫甘處，曾不覺知。如俱舍論頌云：「如以一睫毛，置掌人不覺，若置眼睛上，爲苦極不安。凡

夫如手掌，不覺行苦睫〔四〕，智者如眼睛，緣〔五〕極生猒怖。」〔六〕

校注

〔一〕八苦：生苦、老苦、病苦、死苦、愛别離苦、怨憎會苦、求不得苦、五陰盛苦。詳見後文。

〔二〕五濁：劫濁、見濁、煩惱濁、衆生濁、命濁。詳見後文。

〔三〕詳見玄奘譯瑜伽師地論卷四四。

〔四〕「睫」，原作「緣」，據諸校本及阿毗達磨俱舍論改。

〔五〕「緣」，原作「睫」，據諸校本及阿毗達磨俱舍論改。

〔六〕見阿毗達磨俱舍論卷二二。

故知生、老、病、死之苦，誰能免乎？四山常來切人。如先德云：「故賢與不肖，豪强羸弱，同爲四遷，一無脱者，梵王帝釋、貧窮下賤，堯舜桀紂、三皇四凶，併歸灰壤，皆爲苦依。」〔一〕

夫八苦者，生苦則衆苦積聚之因、六趣受身之本。如食糞中之果〔二〕，猶飡毒樹之根〔三〕，取甘露而墮坑〔四〕，買上食而致死〔五〕。功德、黑闇二女相隨，有智主人二俱不受〔六〕。

對法論云：生苦者，衆苦所依故，衆苦逼迫故〔七〕。九月十月處胎藏間，如在糞穢坑中，長受寒、熱等種種衆苦。生熟藏間，如兩山迫逼。趣産門時，其苦難堪。乍出風飄，如刀割錐刺，不覺失聲，廢忘已前所有事業，名爲生苦。

校注

〔一〕見澄觀述大方廣佛華嚴經隨疏演義鈔卷二九。

〔二〕大般涅槃經卷一二：「如婆羅門幼稚童子，爲飢所逼，見人糞中有菴羅果，即便取之。有智見已，呵責之言：『汝婆羅門種姓清浄，何故取是糞中穢果？』童子聞已，赧然有愧，即答之言：『我實不食，爲欲洗浄，還棄捨之。』智者語言：『汝大愚癡，若還棄者，本不應取。』善男子，菩薩摩訶薩亦復如是，於此生分，不受不捨，如彼智者呵責童子。凡夫之人，欣生惡死，如彼童子，取果還棄。」

〔三〕大般涅槃經卷一二：「譬如毒樹，根亦能殺，莖亦能殺，皮花果實悉亦能殺。」

〔四〕大般涅槃經卷一二：「譬如嶮岸，上有草覆，於彼岸邊，多有甘露。若有食者，壽命千年，永除諸病，安隱快樂。凡夫愚人，貪其味故，不知其下有大深坑，即前欲取，不覺脚跌，墮坑而死。」

〔五〕大般涅槃經卷一二：「譬如四衢道頭，有人器盛滿食，色、香、味具，而欲賣之。有人遠來，飢虚羸乏，見其飯食色、香、味具，即指之言：『此是何物？』食主答言：『此是上食，色、香、味具。若食此食，得色得力，能除飢渴，得見諸天。唯有一患，所謂命終。』是人聞已，即作是念：『我今不用色力見天，亦不用死。』即作是言：『食是食已，若命終者，汝今何用於此賣之？』食主答言：『有智之人，終不肯買。唯有愚人，不知是事，多與我價，貪而食之。』」

〔六〕大般涅槃經卷一二：「如有女人入於他舍，是女端正，顔貌瓌麗，以好瓔珞莊嚴其身。主人見已，即便問言：『汝字何等？繫屬於誰？』女人答言：『我身即是功德大天。』主人問言：『汝所至處，爲何所作？』女人答言：『我所至處，能與種種金銀琉璃、頗梨真珠、珊瑚虎珀、車渠馬瑙、象馬車乘、奴婢僕使。』主人聞已，心生歡喜，踴躍無量：『我今福德，故令汝來至我舍宅。』即便燒香散花，供養恭敬禮拜。復於門外更見一女，其形醜陋，衣裳弊壞，多諸垢膩，皮膚皴裂，其色艾白。見已問言：『汝字何等？繫屬誰家？』女人答言：『我字黑闇。』復問：『何故名爲黑闇？』女人答言：『我所行處，能令其家所有財寶一切衰耗。』主人聞已，即持利刀，作如是言：『汝若不去，當斷汝命。』女人答言：『汝甚愚癡，無有智慧。』主人問言：『何故名我癡無智慧？』女人答言：『汝舍中者，即是我姊。我常與姊，進止共俱，汝若驅我，亦當驅彼。』主人還入，問功德天：『外有一女，云是汝妹，實爲是不？』功德天言：『實是我妹，我與此妹，行住共俱，未曾相離。隨所住處，我常作好，彼常作惡，我常利益，彼常作衰。若愛我者，亦應愛彼，若見恭敬，亦應敬彼。』主人即言：『若有如是好惡事者，我俱不用，各隨意去。』是時二女，俱共相將，還其所止。爾時，主人見其還去，心生歡喜，踊躍無量。」

〔七〕玄奘譯大乘阿毗達磨雜集論卷六：「生何因苦？衆苦所逼故，餘苦所依故。衆苦所逼者，謂曾於母胎生熟藏間，具受種種極不净物所逼迫苦。正出胎時，復受支體逼切大苦。餘苦所依者，謂有生故，老、病、死等衆苦隨逐。」按，開元釋教録卷一〇：「大乘阿毗達磨雜集論，十六卷，亦呼爲對法論，二百五十五紙。唐玄奘譯。」

老苦者，時分變異故苦，身分沉重，諸根熟昧，皮膚緩皺，行步傴曲，寢膳不安，起坐呻吟，喘息氣逆，所爲緩緩，爲人所輕，世情彌篤，世事皆息，名爲老苦〔一〕。又，老者，忘若嬰兒，狂猶鬼著。以危脆衰熟之質，當易破爛壞之時。落日西垂，萎華欲謝。如甘蔗之滓，無三種出家禪誦之味〔二〕。劫勇力而全因老賊，擒壯色而將付死王〔三〕。猶蓮遭雹而摧殘〔四〕，似車折軸而無用〔五〕。若枯河乏水，不利於人〔六〕；如殘炷無油，勢寧得久〔七〕？

校注

〔一〕前文「對法論云」至此，見窺基妙法蓮華經玄贊卷五末。

〔二〕大般涅槃經卷一二：「譬如甘蔗，既被壓已，滓無復味。善男子，壯年盛色，亦復如是，既被老壓，無三種味：一、出家味，二、讀誦味，三、坐禪味。」

〔三〕大般涅槃經卷一二：「譬如國王，有一智臣，善知兵法，有敵國王，拒逆不順，王遣此臣，往討伐之，即便擒獲，將來詣王。老亦如是，擒獲壯色，將付死王。」

〔四〕大般涅槃經卷一二：「譬如池水，蓮花滿中，開敷鮮榮，甚可愛樂，值天降雹，悉皆破壞。善男子，老亦如是，悉能破壞盛壯好色。」

〔五〕大般涅槃經卷一二：「譬如折軸，無所復用。老亦如是，無所復用。」

〔六〕大般涅槃經卷一二：「譬如枯河，不能利益人及非人、飛鳥走獸。善男子，人亦如是，爲老所枯，不能利益一切作業。」

〔七〕大般涅槃經卷一二：「譬如燈炷，唯賴膏油，膏油既盡，勢不久停。善男子，人亦如是，唯賴壯膏，壯膏既盡，衰老之炷何得久停？」

病苦者，四大變易乖違故苦，百節酸疼，四支苦楚，能壞一切安隱樂事。由此經言，如人壯美，王妃竊愛，遣信私通，王便捉獲，挑其眼目，截其耳鼻，刖其手足，形容頓改，爲人惡賤，病苦所逼，以是難堪。爲人所惡，亦復如是〔一〕。爲苦惱愁憂之本，作死亡怖畏之由，如雹壞苗，似怨所逼，劫奪正命，摧滅壯容。減福力而退大菩提，增放逸而失真善本，此名病苦。

校注

〔一〕大般涅槃經卷一二：「譬如有人，形貌端正，爲王夫人欲心所愛，遣使逼喚，與共交通。時王捕得，即便使人挑其一目，截其一耳，斷一手足。是人爾時形容改異，人所惡賤。善男子，人亦如是，雖復身體耳目具足，既爲病苦所纏逼已，則爲衆人之所惡賤。」又，「病苦者」至此，見窺基妙法蓮華經玄贊卷五末。

死苦者，壽命變壞故苦，風刀解支節，無處不苦痛。張口歎息，手足紛亂，翻睛沮沫，捫摸虛空，汗液交流，便洟零落。昔雖假以沐〔一〕浴，必歸不净；昔雖假以塗熏，必歸〔二〕臭穢。昔時王位，財寶榮盛，親族婦妾萬億，于時頓捨，獨往後世，無一相隨，卧置牀枕，横尸偃仰。父母妻子，槌胸哽咽；衆人號慕，披髮拍頭。雖生戀仰之悲，終致永分之痛。或埋殯墳陵，肉消骨腐；或有露尸，以施身肉，禽獸螻蟻，交横樝掣；或以火焚，臭煙蓬焞〔三〕，四面充塞。人所傷嗟，悲慟絶聲，咸歸故里，唯餘灰糞，獨從風土。平生意氣，觸處陵雲；一旦長辭，困沾霜月〔四〕。

是知禄命盡處，臨死之時，如劫風吹散，猶瀑布漂流，往無所遮，到不能脱。向深遠處，怖境常驚；於幽闇中，孤魂獨逝。怨臣恒逐，曾不覺知；死王所追，無能免者。

大涅槃經云：「夫死者，於嶮難處，無有資糧；去處懸遠，而無伴侣。晝夜常行，不知邊際。深邃幽闇，無有燈明。入無門户，而有處所。雖無痛處，不可療治。往〔五〕無遮止，到不得脱，無所破壞，見者愁毒。非是惡色而令人怖，敷在身邊，不可覺知。」〔六〕

釋云：「於嶮難處」者，二十五有恐畏之世；「無有資糧」者，無善法以自資；「去處懸遠」者，生死無窮也；「而無伴侣」者，魂靈自逝也；「晝夜常行，不知邊際」者，隨業漂流，循環無際；「深邃幽闇，無有燈明」者，死是後相，一入死分昏沉，難出生死長夜，故名「深邃」。死已，多入三塗大黑闇處，故云「無有燈明」。「入無門户，而有處所」者，死入身内，不因門户，即身辯死，名「有處所」；「雖無痛處」者，臨欲死時，雖有五根，無有知覺也；「不可療治」者，報終必死，世醫拱手也。「往無遮止，到不得脱」者，業盡報終，時至必遷，自業所追，無人繫縛；「無所破壞，見者愁毒」者，報色雖滅，膚體不毁，而見悲瘦，莫不愁毒；「非是惡色而令人怖」者，無恐人相貌而見者惶懼；「敷在身邊，不可覺知」者，此明人死，在身最後邊，然不能知死之時節也。

又，諸識昏昧，六腑空虛，餘息淹淹，心魂愀愀。無常經偈云：「命根氣欲盡，支節悉分離，衆苦與死俱，此時徒歎恨。兩目俱翻上，死刀〔七〕隨業下，意想並慞惶，無能相救濟。」

所以先德云：「人命無常，一息不追，千載長往。幽途綿邈，無有資糧。苦海攸深，船筏安寄？聖賢訶棄，無所恃怙。年事稍去，風刀不賒。豈可晏然坐待痠痛？譬如野干，失耳、尾、牙，詐眠望脱，忽聞斷頭，心大驚怖。遭生、老、病，尚不爲急，死事不賒，那得不怖？怖心起時，如履湯火，六塵五欲，不暇貪染〔八〕。如阿輸柯王弟大帝王聞栴陁羅朝朝振鈴，一日已盡，六日當死。雖有五欲，無一念受，行者怖畏，苦到懺悔〔九〕。不惜身命，如野干決絶；無所思念，如彼怖王。」〔一〇〕

校注

〔一〕「沐」，諸校本作「澡」。

〔二〕按，此下「臭穢」至「非是惡色而令人怖者無」部分，底本誤將卷四三中「照光吞萬像法界洞然」至「如是入佛法者有信心手隨意」部分置於此（即誤將卷四十三第九張作爲卷四十二第九張，致卷四十二第九張缺失）。故此部分，據磧沙藏本録入。

〔三〕「焞」，磧砂藏本作「捽」，據嘉興藏本改。卷後音義作「埻」。按，焞，煙起貌；捽，拔也；埻，塵起貌。

〔四〕「死苦者」至此，見窺基妙法蓮華經玄贊卷五末。

〔五〕「往」，原作「在」，據嘉興藏本及大般涅槃經改。

〔六〕見大般涅槃經卷一二，南本見卷一一。

〔七〕「刀」，原作「不」，據諸校本改。

〔八〕龍樹造、鳩摩羅什譯大智度論卷一四：「譬如野干，在林樹間，依隨師子及諸虎豹，求其殘肉以自存活。有時空乏，夜半踰城，深入人舍，求肉不得，屏處睡息，不覺夜竟，惶怖無計，走則慮不自免，住則懼畏死痛，便自定心，詐死在地。衆人來見，有一人言：『我須野干耳。』即便截取。野干自念：『截耳雖痛，但令身在。』次有一人言：『我須野干尾。』便復截去。野干復念：『截尾雖痛，猶是小事。』次有一人言：『我須野干牙。』野干心念：『取者轉多，儻取我頭，則無活路。』即從地起，奮其智力，絶踊間關，徑得自濟。行者之心，求脱苦難，亦復如是：若老至時，猶故自寬，不能慇懃決斷精進。病亦如是，以有差期，未能決計。死欲至時，自知無冀，便能自勉，果敢慇懃，大修精進，從死地中畢至涅槃。」

〔九〕龍樹造、鳩摩羅什譯大智度論卷二〇：「如阿育王弟違陀輪，七日作閻浮提王，得上妙自恣五欲。過七日已，阿育王問言：『閻浮提主，受樂歡暢不？』答言：『我不見、不聞、不覺。何以故？旃陀羅日日振鈴高聲唱：「七日中已爾許日過，過七日已，汝當死！」我聞是聲，雖作閻浮提王，上妙五欲，憂苦深故，不聞，不見。』」阿輸柯王：即阿育王。阿育王經卷一：「阿育王瞋，即以竹篰裹諸女人，以火燒之，以其惡故，時人謂爲『旃陀阿輸柯王』，翻『可畏』。」栴陁羅：或作「旃陀羅」「旃荼羅」等，意譯「屠者」「執惡」等。玄應一切經音義卷三：「旃陁羅，或云『旃荼羅』，此云『嚴熾』，謂屠煞者種類之名也。」

一云『主煞人』，獄卒也。案西域記云：其人若行，則揺鈴自摽，或拄破頭之竹。若不然，王即與其罪也。」知禮述金光明經文句記卷二上：「旃陀羅者，此云『嚴幟』，乃是西土屠殺之輩，以惡業自嚴，行時揺鈴持竹以爲標幟，故以爲名。」

〔一〇〕見智顗説、灌頂記摩訶止觀卷四上。

是知萬禍之因，衆苦之本，皆從一念結構而生。應須密護根門，常防意地，無令妄起，暫逐前塵。如佛垂般涅槃略説教誡經云：「此五根者，心爲其主，是故汝等當好制心。心之可畏，甚於毒蛇，惡獸怨賊、大火越逸，未足喻也。動轉輕躁，但觀於蜜，不見深坑。譬如狂象無鉤，猨猴得樹，騰躍踔躑，難可禁制。當急挫之，勿令放逸。縱此心者，喪人善事，制之一處，無事不辦。是故比丘，當勤精進，折伏汝心。」

故知生死難出，應須兢慎。且如二乘聖人及自在菩薩，俱出三界之外，尚有變易之身，四種生死，何況三界之内現行煩惱業繫凡夫分段死〔一一〕乎？

四種生死者，則是一切阿羅漢、辟支佛、大地菩薩由四種障，不得如來四德：一、方便生死，二、因緣生死，三、有有生死，四、無有生死。無上依經云：「佛告阿難：於三界中，有四種難：一者、煩惱難，二者、業難，三者、生報難，四者、過失難。無明住地所起方便生死，如三界内煩惱難，無明住地所起因緣生死，如三界内業難；無明住地所起有有生死，如三界内生報難；無明住地所起無有生死，如三界内過失難。應如是知，阿難，四種生死未除滅故，〔二〕三種意生身無有常、樂、我、浄波羅蜜果，唯佛法身是常、是樂、是我、是浄波羅蜜，汝等應知。」〔三〕

校注

〔一〕現行煩惱：謂六根（眼根、耳根、鼻根、舌根、身根、意根）對六塵（色塵、聲塵、香塵、味塵、觸塵、法塵）境現起貪、瞋、癡等煩惱。　業繫：業力猶如繩索，繫縛衆生。真諦譯大乘起信論：「凡夫業繫苦。」慧遠撰大乘起信論義疏卷下：「凡夫業繫苦者，分段麁苦也。」　分段死：即分段生死，爲輪迴六道之凡身生死。隋慧遠撰大乘義章卷八二種生死意六門分別：「言分段者，六道果報，三世分異，名爲分段。分段之法，始起爲生，終謝爲死。」慧沼述成唯識論了義燈卷六末曰：「言分段者，分謂齊限，即謂命根；段謂差別，即五藴體。捨此受餘有差別故，此差別身，命有齊限，即段之分名分段。（中略）皆隨因緣，有定齊限，故名分段。」又大乘法苑義林章補闕卷四二種生死章：「言分段者，論云身命長短，隨因緣力，有定齊限，故名分段。」

〔二〕見無上依經卷上。意生身：初地以上之菩薩身。楞伽阿跋多羅寶經卷二：「意生者，譬如意去，速疾無礙，故名意生。」卷三：「有三種意生身。云何爲三？所謂三昧樂正受意生身、覺法自性性意生身、種類俱生無行作意生身。」吉藏勝鬘寶窟卷中之末：「言意生身者，是初地已上一切菩薩。彼人受生，無礙自在，如心如意，名意受生。意有三義：一、遍到，二、速疾，三、無礙，故云意生身，此等皆是變易生死差別也。有人言，從變易已去，無復形方分段，直是心識受生，故云意生身。馥師云，變易是借喻之名，杳深難測，如識代謝，故云意生身。」

愛別離苦者，大涅槃經云：「因愛生憂，因愛生怖，若離於愛，何憂何怖？」〔一〕法華經云：「諸苦所因，貪欲爲本。」〔二〕浄名經云：「從癡有愛，則我病生。」〔三〕

校注

〔一〕見大般涅槃經卷一二，南本見卷一一。

〔二〕見妙法蓮華經卷二譬喻品。

〔三〕見維摩詰所説經卷中文殊師利問疾品。

怨憎會苦者，大涅槃經云：「觀於五道一切受生，悉是怨憎合會大苦。」〔一〕若未了無生，於所生之處，無非是怨，無非是苦。何者？爲境所縛，不得自在故。

校注

〔一〕見大般涅槃經卷一二，南本見卷一一。

求不得苦者，有其二種：一者、所希望處求不能得，二者、多役功力不得果報〔一〕。

校注

〔一〕詳見大般涅槃經卷一二，南本見卷一一。

五陰盛苦者，生苦、老苦、病苦、死苦、愛別離苦、怨憎會苦、求不得苦，是故名爲五陰盛苦，以執陰是有，爲陰所籠，便成陰魔，衆苦所集〔一〕。

五濁者，一、劫濁，四濁〔二〕增劇，聚在此時，瞋恚增劇刀兵起，貪欲增劇飢餓起，愚癡增劇疾疫起，三災起故煩惱倍隆，諸見轉熾，麁弊色心，惡名穢稱，摧年減壽，衆濁交湊，如水奔昏，風波鼓怒，魚龍攪擾，無一聊賴，時使之然。如劫初光音天墮地，地使有欲〔三〕；如忉利天入麁澀園，園生鬬心〔四〕：是名劫濁相。

煩惱濁者，貪海納流，未曾飽足；瞋虵吸毒，燒諸世間；癡闇頑嚚，過於漆墨；慢高下視，陵忽無度；疑網無信，不可告實：是爲煩惱濁相。

見濁者，無人謂有人，有道謂無道，十六知見〔五〕、六十二〔六〕見等，猶如羅網，又似稠林，纏縛屈曲，不能得出，是見濁相。

衆生濁者，攬於色心，立一宰主，譬如黐膠，無物不著；流浪六道，處處受生，如貧如痤，名長名富：是爲衆生濁相。

命濁者，朝生暮殞，晝出夕没，波轉烟迴，眴息不住，是命濁相〔七〕。居此濁亂之時，遮障增劇：境飄識飈，燒盡善根；業動心風，吹殘白法。著瞋魑魅之鬼趣，墮癡羅刹之網中，爲貪愛王之拘留，被魔怨主之驅役，孰能頓省，傚此圓修？既得在中華，又難逢佛世，今須慶幸，得遇遺文！況收宗鏡之中，前後無非真實，言言可以悟道，字字唯是標宗！直須曉夜忘疲，兢兢研究，忽從聞省，悟我真心，頓爲得道之人，永紹菩提之種。若未見道，念念緣差，一失人身，萬劫不復。所以古教云：一息有四百生滅，性命在呼吸之間〔八〕。若未得道之人，只有輪迴生死，命若懸絲。若得朝聞，夕死可矣。故提謂經云：「如有一人在須彌山上，以纖縷下之，一人在下，持針迎之，中有旋嵐猛風吹縷，難入針孔，人身難得，甚過於是。」〔九〕

校注

〔一〕五陰：即色、受、想、行、識。五陰盛身，故有衆苦。吉藏撰中觀論疏卷七：「有斯五陰，衆苦熾盛，名五盛陰苦。又，此五陰盛貯衆苦，名五盛陰苦。」八苦中，前七爲別，五陰盛苦爲總。

〔二〕四濁：五濁中之餘四濁，即見濁、煩惱濁、衆生濁和命濁。

〔三〕增一阿含經卷三四：「或有是時，水滅地復還生。是時，地上自然有地肥，極爲香美，勝於甘露。欲知彼地肥氣味，猶如甜蒲桃酒。比丘當知，或有此時，光音天自相謂言：『我等欲至閻浮提，觀看彼地形還復之時。』光音天子來下世間，見地上有此地肥，便以指嘗著口中而取食之。是時，天子食地肥多者，轉無威神，又無光明，身體遂重而生骨肉，即失神足，不復能飛。」

〔四〕增一阿含經卷二三：「復以何故名爲麁澀園觀？若三十三天入此園中已，身體極麁，猶如冬時以香塗身，身體極麁，此亦如是。若三十三天入此園中已，身體極麁，不與常同，以是之故，名爲麁澀園觀。」龍樹造、鳩摩羅什譯大智度論卷八：「譬如三十三天王歡樂園中，諸天入者，心皆柔軟，歡樂和悦，麁心不生，若阿修羅起兵來時，都無鬭心。是時，釋提婆那民將諸天衆入麁澀園中，以此園中樹木華實氣不和悦，麁澀惡故，諸天人衆鬭心即生。」

〔五〕十六知見：未見正道之人，於五陰等法中强立主宰，妄計有我、我所，計我之心歷諸緣而有我、衆生、壽者、命者、生者、養育、衆數、人、作者、使作者、起者、使起者、受者、使受者、知者、見者等十六種之别。詳見本書卷二一注。

〔六〕「二」，原作「三」，據諸校本和妙法蓮華經文句改。六十二見，謂外道人於色、受、想、行、識五陰中，各起四種見，成二十見。約過去、現在、未來三世通而論之，則成六十見。以斷、常二見而爲根本，總成六十二見。

〔七〕「四濁增劇」至此，見智顗説妙法蓮華經文句卷四下。

〔八〕大般涅槃經卷三八：「一息一瞬，衆生壽命四百生滅。智者若能觀命如是，是名能觀念念滅也。」

〔九〕按，此説見法苑珠林卷二三慚愧篇引證部引。提謂經一卷，失譯，開元釋教録卷一五小乘經單譯闕本中著録。卷一八別録中僞妄亂真録又著録提謂波利經二卷，子注曰：「宋武時，北國比丘曇靖撰。舊別有提謂經一卷，與此真僞全異。」

又，菩薩處胎經偈云：「盲龜浮木孔，時時猶可值，人一失命根，億劫復難是。海水深廣大，三百三十六，一針投海底，求之尚可得，一失人身命，難得過於是。」〔一〕又偈云：「吾從無數劫，往來生死道，捨身復受身，不離胞胎法。計我所經歷，記一不記餘，純作白狗形，積骨億須彌。以利針〔二〕地種，無不值我體，何況雜色狗，其數不可量。吾故攝其心，不貪著放逸。」〔三〕

伏自祖教西至，賢聖交馳，皆爲明心，決擇生死。生死所起，不出根塵。因不覺而妄念忽生，迷法界而幻境潛現，從此執人執法，立自立他，隨對待而逆順牽情，逐分別而愛憎關念，遂乃竛竮〔四〕五趣，匍匐四生。今欲反究妄原，須明起處。故首楞嚴經云：「佛告阿難：如汝所説，真所愛樂，因于心目。若不識知心目所在，則不能得降伏塵勞。譬如國王爲賊所侵，發兵討除，是兵要當知賊所在。使汝流轉，心目爲咎。」〔五〕故知心爲群妄之原，目是諸見之本。

是以生死之始，起惑之初，因迷自心而作外塵，爲執妄識而爲内我。由我而强爲主宰，從想而建立自他，抱幻憑虚，遂成顛倒。顛倒之法，略説有三：一、心顛倒，二、見顛倒，三、想顛倒。心如停賊主人，見是賊身，想如賊脚，根塵是賊媒，内外搆連，劫盡家寳。是以見劫眼根善，聲劫耳根善，香劫鼻根善，味劫舌根善，觸劫身根善，法劫意根善。法財傾竭，智藏空虚，如怨詐親，誰有知者？如或識賊，賊無能爲。若了境識心，終不更爲外塵所侵、内結能縛。且如心王八法〔六〕，乃至六種無爲〔七〕，撮要一百法門，並是衆生日用，無一時而不具，無一念而不生。以此校量，故非閑事。若不能深濟生死、危苦急難，則往聖古賢，虚煩製作，爲有深益，方可施爲，聖不誑凡，真焉惑僞？

校　注

〔一〕見菩薩處胎經卷六定意品。「一失人身命，難得過於是」，原無，然文意不足，據菩薩處胎經和法苑珠林補。

〔二〕「利針」，菩薩處胎經作「針刺」。

〔三〕見菩薩處胎經卷三全身舍利品。按，此處引提謂經及菩薩處胎經文，當皆據法苑珠林卷二三慚愧篇引證部轉引。

〔四〕竛竮：孤苦的様子。妙法蓮華經卷二信解品：「於某城中，捨吾逃走，伶俜辛苦五十餘年。」「伶俜」，據大正藏校勘記，宋、元、明諸本妙法蓮華經皆作「竛竮」。窺基撰妙法蓮華經玄贊卷六末：「『伶』，音郎丁反，與『零』同。切韻：伶者，樂人。非此所明。『俜』，音匹丁反，三蒼云：伶俜，猶聯翩也，亦孤獨貌。切韻：若行不正，作『竛竮』。竛，音郎丁反，竮，音普丁反，亦作『伶俜』。又，行不正作『跉趶』。跉盯即令𤖯音。今多作『跉跰』，不知所説。有解云，跉跰，足履危險之貌。亦有本作『跉俜』字，此是孤單之狀。或躡五趣危險辛苦，或孤單辛苦馳流五趣，捨佛等父母，故名曰孤單。義雖可然，不知何據。」

〔五〕見大佛頂如來密因修證了義諸菩薩萬行首楞嚴義經卷一。

〔六〕心王八法：即八識。

〔七〕六種無爲：虛空無爲、擇滅無爲、非擇滅無爲、不動無爲、想受滅無爲、真如無爲。詳見本書卷五八。

今所録者，略證此宗，尋萬丈而未得毫氂，指百分而纔言一二，請不猒繁息志，子細披尋，覽之如登寶山，信之似遊海藏。

又，此雖假文言，一一示其真實，不可隨語生著，昧我正宗。如經云：刀輪害閻浮人頭，其失猶少。有所得心説大乘者，其罪過彼也〔一〕。大智度論云：執有與無諍，乃至非有非無與有無諍，如牛皮、龍繩〔二〕，俱不免患〔三〕。中觀論云：諸佛説空法，本爲化於有。若有著於空，諸佛所不化〔四〕。若定言諸法非有非無者，是名愚癡論。若失四悉檀意，自行化他，皆名著法。若得四悉檀意，自他俱無著也〔五〕。

校注

〔一〕「經云」，妙法蓮華經文句卷一〇上作「佛藏云」。吉藏法華玄論卷一：「佛藏經中，廣彰其失，今略示一文以爲鑑鍼。彼云：若以刀輪害閻浮提衆生，其失猶小。若以有所得説大乘者，罪過於此矣。」佛藏經四卷，開元釋教録卷一二大乘經單譯著録，鳩摩羅什譯。今檢鳩摩羅什譯佛藏經，未見此説。

〔二〕龍繩：用龍鬚草（蓑草）作的繩子。有嚴箋法華文句記箋難卷四：「龍繩，採龍鬢草爲繩，縛身上，以水洒之，即入骨。」清大益集法華經大成卷八：「龍繩入水，牛皮向日，彌益堅緊，如著法慢流也。」

〔三〕按，大智度論中未見此説。

〔四〕龍樹造、鳩摩羅什譯中論卷二觀行品：「大聖説空法，爲離諸見故。若復見有空，諸佛所不化。」

〔五〕「如經云」至此，見智顗説妙法蓮華經文句卷一〇上釋常不輕菩薩品。

又論云：「佛法中不著有，不著無，有無亦不著，非有非無、非非有非非無亦不著，不著亦不著，如是則不容難。譬如以刀斫空，終無所傷，爲衆生故，隨緣説法，自無所著。」〔一〕故般若燈論序云：「觀明中道而存中失觀，空顯第一而得一乖空。然則司南之車，本示迷者；照膽之鏡，爲鑒邪人。無邪則鏡無所施，不迷則車不爲用。斯論破申，其由此矣。」〔二〕若如斯者，寧容執教隨言語之所轉乎？

校　注

〔一〕見龍樹造、鳩摩羅什譯大智度論卷三八。

〔二〕見慧賾述般若燈論序。此序在波羅頗蜜多羅譯般若燈論釋卷首。慧賾，傳見續高僧傳卷三唐京師清禪寺沙門釋慧曠傳。

是以若未遇宗鏡大録祖佛微細正意，内得見性，但外學多聞者，則身雖出家，心不入道。故大涅槃經云：「佛言：汝諸比丘，身雖得服袈裟染衣，其心猶未得染大乘清浄之法。汝諸比丘，雖行乞食，經歷多處，初未曾乞大乘法食。」〔一〕故云雖有勝意之通、善星之辯，若不知實相之理者，不免没魂於裂地之患〔二〕。如首楞嚴經云：「如第四禪無聞比丘，妄言證聖，天報已畢，衰相現前，謗阿羅漢，身遭後有，墮阿鼻獄。」〔三〕又云：「善星妄説一切法空，生身陷入阿鼻地獄。」〔四〕

校注

〔一〕見大般涅槃經卷二。

〔二〕按，勝意比丘墮地獄事，見諸法無行經卷下、大智度論卷六；善星比丘墮地獄事，見大般涅槃經卷三三。參後注。

〔三〕見大佛頂如來密因修證了義諸菩薩萬行首楞嚴經卷九。子璿集首楞嚴義疏注經卷九：「智論所説。此比丘者，不廣尋經論，師心修行，無廣聞慧，不識諸禪三界地位，但精勤不息，證得初禪謂是初果，乃至四禪離八災患，便謂已證阿羅漢果。阿羅漢者，此云無生，我已證得無生果，已離三界分段生死，所作已辦，更不進修。至無常時，四禪中陰見有生處，忽然起謗：『我聞羅漢已得無生，今日云何更有生處？

若如是者，佛説羅漢並是虚妄，故知無有得涅槃者。』由此起謗決定邪見，天中陰滅，墮阿鼻獄。」

〔四〕見大佛頂如來密因修證了義諸菩薩萬行首楞嚴經卷八。仁岳述楞嚴經熏聞記卷五：「善星比丘，是佛菩薩時子，出家之後，受持解脱十二部經，壞欲界結，獲得四禪。而親近惡友，退失此定，生惡邪見，言無佛無法，無有涅槃。後在尼連河遥見佛來，生惡邪心，生身陷入阿鼻地獄。事載涅槃迦葉菩薩品。」

故知若未入宗鏡，先悟實相真心，假饒大辯神通，長劫禪誦，終不免斯咎。若達此旨，凡所施爲，舉足、下足，自然不離一心涅槃之道。

如月上女經云：「舍利弗告月上女言：『汝於今者，欲何所去？』月上女報言：『汝問今欲向何所去者，我今亦如舍利弗去，作如是去耳。』舍利弗報月上女言：『我今欲入毗耶離城，汝於今者乃從彼出，云何報言我今乃如舍利弗去作如是去？』爾時，月上女復報舍利弗言：『然舍利弗，舉足、下足，凡依何處？』舍利弗言：『我舉足、下足，並依虚空。』女報言：『我亦如是，舉足、下足，悉依虚空，而虚空界不作分別，是故我言亦如舍利弗去作如是去耳。』女言：『舍利弗，此事且然，今舍利弗行何行？』舍利弗言：『我向涅槃如是行也。』月上女言：『舍利弗，一切諸法，豈不向涅槃行也？我今者亦向行也。』舍利弗問月上：『若一切法向涅槃者，汝今云何不滅度？』月上女言：『舍利弗，若向涅槃，即不滅度。何

以故？其涅槃行，不生不滅，不可得見，體無分別，無可滅度者。』」〔一〕

釋曰：「其涅槃行，不生不滅」者，即自心無生之義。縱千途出没，靡離涅槃之門；任萬法縱横，豈越無生之道？故法華經偈云：「佛子住此地，即是佛受用，常在於其中，經行及坐卧。」〔二〕

校注

〔一〕見月上女經卷上。

〔二〕見妙法蓮華經卷五分别功德品。

如上所述，似如逆耳，本之正意，皆是擊發之心，猶石中之火，若無人扣擊，千年萬年，只成頑石，終不成火用。如孔子家語云：「孔子曰：良藥苦口而利於病，忠言逆耳而利於行。湯、武以諤諤而昌，桀、紂以唯唯而亡。君無諍臣，父無諍子，兄無諍弟，士無諍友，無其過者，未之有也。故曰：君失之，臣得之；父失之，子得之；兄失之，弟得之；己〔一〕失之，友得之。是以國無危亡之兆，家無悖亂之惡，父子兄弟無失，而交友無絶也。」〔二〕

校注

〔一〕「己」，嘉興藏本作「士」。按，孔子家語作「己」。

〔二〕見孔子家語六本。

今宗鏡内，雖廣引苦切之言，皆爲後學成器，普令悛惡從善，慕道進修，使法國土無背道之臣，令大乘家絶邪見之子。是以菩薩雖能自利，又乃譏他，常爲衆生不請之友。故勝鬘經云：「以攝受、折伏故，令佛法久住。」〔一〕是以潙山有警策之文〔二〕，無非苦口；浄名垂訶責之力，盡破執心。若佛法中有諍友，則學般若道侶，保無過失。故書云：道吾惡者，是吾師；道吾好者，是吾賊〔三〕。又云：三人同行，必有我師焉。況佛法内學，出世良因，寧不依師匠乎？

校注

〔一〕見勝鬘師子吼一乘大方便方廣經十受章。

〔二〕潙山：釋靈祐，俗姓趙，傳見宋高僧傳卷一一唐大潙山靈祐傳。敦煌遺書伯四六三八寫卷鈔有大潙警策，緇門警訓卷一收有潙山大圓禪師警策。宋守遂有潙山警策注。

〔三〕荀子修身：「故非我而當者，吾師也；是我而當者，吾友也；諂諛我者，吾賊也。」

今若於初機助道門中，此宗鏡文深資觀力，言下現證，修慧頓成。如云「爲道日損，爲學日益」，損者損於情欲，益者益於知見，不同外道邪師及學大乘語者，口雖説空，不損煩惱，此非善達正法，皆是惡取邪空。唯法器圓機，方能信受。堪嗟邪見垢重之人，聞亦不信！如慤疏〔一〕云：歷千佛而不驚，炷萬燈而莫曙。釋云：十方無量世界衆生，佛向身中出家、成道、説法、度生，衆生皆不覺知，都由無明，迷本覺性，不知如來藏中出現。如來藏，即衆生第八識，故云「歷千佛而不驚」，以不知即心是佛故。又如一室中有一醉客，有百千盞燈，照而不醒，喻聞法不識其理，不能染神，都無省悟，故云「炷萬燈而莫曙」。曙者，明也。何者爲燈？即「方便智爲燈，照見心境界」〔二〕。

校注

〔一〕慤疏：即惟慤述首楞嚴經玄贊。宋高僧傳卷一六唐京師崇福寺惟慤傳：「釋惟慤，俗姓連氏。（中略）一説楞嚴經初是荆州度門寺神秀禪師在内時得本，後因館陶沙門慧震於度門寺傳出，慤遇之，著疏解之。」宋思坦集注楞嚴經集注引用文目中，有惟慤玄贊，即此慤疏。義天新編諸宗教藏總録卷一海東有本見行録卷上著録惟慤述首楞嚴經玄贊，有標舉科節者、略經文的六卷（或三卷）本和全寫經文、隨科贊釋的二十卷本兩種，然二十卷本與六卷本大同。明錢謙益楞嚴經疏解蒙鈔卷首古今疏解品目：「崇福寺惟慤法師疏，慤公於至德初年，得房相家筆受經函，發願譔疏。計十一年始下筆，勒成三卷，目爲玄贊。文義幽賾，盛行西北，實此經疏解之祖也。」

〔二〕續高僧傳卷二一唐代州照果寺釋解脱傳：「釋解脱，姓邢，臺山夾川人。（中略）感諸佛見身説偈曰：

「諸佛寂滅甚深法，曠劫修行今乃得。若能開明此法明，一切諸佛皆隨喜。」因問：「寂滅法何者是？若爲教人令解之。」諸佛即隱，空中聲曰：「方便智爲燈，照見心境界。欲知真實法，一切無所見。」」

音　義

饉，渠吝反。　吒，陟嫁反。吒，歎也。　悼，徒到反，傷也。　稗，傍拜反，稻稗也。　噉，徒敢反，食噉也。　跳，徒聊反，躍也。　皿，武永反，器也。　創，初亮反。　纂，作管反，集也。　饌，鄒鯇反，盤饌。　剖，普后反，剉也，破也。　蜘，陟離反。　蛛，陟輸反。　馭，魚據反，駕也。　揆，求癸反，度也。　腐，扶雨反，朽也，息也。　椿，敕倫反。　滓，之史反。　諧，户皆反，和也，合也。　脉，莫獲反，血脉。　蚇，昌石反，蚇蠖也。　蠖，烏郭反，屈伸虫名。　完，胡官反，全也。　炙，之石反。　屠，同都反，殺也。　瘖，於金反。　啞，烏下反。　睫，即葉反，目睫。　肖，私妙反，似也，小也。　羸，力爲反，疲也。　桀，渠列反。　紂，除柳反。　壤，如兩反。　脆，此芮反。　萎，於爲反，蔫也。　擒，巨金反，擒捉也。　雹，蒲角反。　軸，直六反，車軸也。　邃，雖遂反。　瘦，素官反，疼痛也。　腑，方矩反，肺腑。　淹，英廉反。　愀，親小反，容色變也。

恃，時止[一]反，依也。　怙，侯古反，恃怙也。　賒，式車反，不交也。　詐，側駕反，僞也。　柯，古俄反，枝柯也。　躁，則到反，動也。　躍，以灼反。　躑，直炙反。　挫，則卧反，摧也。　劇，奇逆反。　疫，營隻反。　攪，古巧反，動也。　憀，落蕭反，無憀賴也。　虺，許偉反。　吸，許及反，内息。　嚚，語巾反，愚也。　稠，直由反。　黐，丑知反，黏也。　膠，古肴反。　痤，昨禾反，痤癤。　殞，于愍反，没也。　眴，舒閏反，目動也。　魑，丑知反。　魅，眉秘反。　軀，豈俱反。　兢，居陵反，戒慎。　跉[二]，郎丁反。　跰[三]，普丁反。　匍，薄胡反。　匐，蒲木反。　氂，里之反，十[四]毫也。　膽，都敢反，肝膽也。　扣，苦后反。扣，擊也。　諤，五各反，直言也。　唯，以追反，獨也。　悖，蒲没反，逆也。　悛，此緣反，更也，改也。　警，居影反，寤也。　糞，方問反。　緩，胡管反，舒也。　皺，側救反，面皺。　傴，於武反，不伸也。　呻，失人反，呻吟。　喘，昌兖反，喘息也。　縵，莫半反，無文。　篤，冬毒反，厚也。　爛，郎旰反，火熟也。　萎，於爲反，蔫也。　挑，吐凋反，挑撥。　沮，慈吕反，止也。　沫，莫割反，水沫。　捫，莫奔反，以手撫持。　摸，莫胡反，以手摸。　液，羊益反，淫液。　洟，他計反，鼻洟。　殯，必刃反，殯殮。　墳，符刃反，墳籍。　螻，落侯反。　蟻，魚豈反，螻蟻。　樝，側加反，似梨。　掣，昌列反，挽也。　臭，尺救反，氣揔名。　垺，蒲没反，塵起。

丁未歲分司大藏都監開板

校注

〔一〕「止」，原作「土」，據文意改。

〔二〕「跉」，文中作「跉」。

〔三〕「跰」，文中作「踋」。

〔四〕「十」，原無，據意文補。

宗鏡録卷第四十三

慧日永明寺主智覺禪師延壽集

夫初祖西來，唯傳一心之法，二祖求緣慮不安之心不得〔一〕，即知唯一真心圓成周徧，當下言思道斷，達磨印可，遂得祖印大行，迄至今日。云何著於言説，違背自宗？義學三乘，自有階等？

答：前標宗門中，已唯提大旨。若決定信入，正解無差，則舉一例諸，言思路絶。竊見今時學者，唯在意思，多著言説，但云心外無法，念念常隨境生；唯知口説於空，步步恒遊有内。只總舉心之名字，微細行相不知；若論無量法門，廣説窮劫不盡。今所録者，爲成前義，終無别旨，妄有披陳。

校　注

〔一〕二祖：指慧可。景德傳燈録卷三第二十八祖菩提達磨：「别記云：師初居少林寺九年，爲二祖説法，秖教曰：『外息諸緣，内心無喘，心如牆壁，可以入道。』慧可種種説心性，理道未契，師秖遮其非，不爲說無念心體。慧可曰：『我已息諸緣。』師曰：『莫不成斷滅去否？』可曰：『不成斷滅。』師曰：『何以驗之，云不斷滅？』可曰：『了了常知，故言之不可及。』師曰：『此是諸佛所傳心體，更勿疑也。』」

此一心法門，是凡聖之本，若不先明行相，何以深究根原？故須三量〔一〕定其是非，真修匪濫；四分〔二〕成其體用，正理無虧。然後十因〔三〕、四緣〔四〕，辯染浄之生處；三報〔五〕、五果〔六〕，鑒真俗之所歸。則能斥小除邪，刳情破執，遂乃護法菩薩正義圓明，西天大行，教傳此土。佛日沉而再朗，慧雲散而重生，遂得心境融通，自他交徹；不一不異，觸境冥宗；非有非空，隨緣合道。若不達三量，真妄何分？若不知四分，體用俱失。故知浪說心之名字，微細行相懵然不知，終不免心境緣拘，自他見縛，目下狐疑不斷，臨終津濟何憑？所以般若是送神符，臨終能令生死無滯。只爲盲無智眼，教觀不明，從無始已來，不能洞曉，違現量而失自心體，逐比非而妄認外塵，終日將心取心，以幻緣幻，似狗齩枯骨，自嚥其津〔七〕；如象鼻取水，還沐己體〔八〕。必無前境，而作對治。

校注

〔一〕三量：指心、心所量知所緣之對境而立的現量、比量和非量。詳後文及本書卷三六注。

〔二〕四分：諸識之心、心所體雖各一，而分別所起之用有四種差別：見分、相分、自證分和證自證分。相分爲心内所現之境。見分者，能緣之識，謂識之自體變相分，共起能緣之用。見者見照，能緣爲義。自證分者，識之自體分，見分雖知相分而不能自知，如刀不能自斬刀，故别有知見分之用，此名自證分。自證分更起能緣之用，使證知自證，此名證自證分。相分爲所緣之境，後三分爲能緣之心。詳參後文。

〔三〕十因：謂隨説因、觀待因、牽引因、生起因、攝受因、引發因、定異因、同事因、相違因、不相違因。詳見本書卷七一。

〔四〕四緣：即因緣、等無間緣、所緣緣和增上緣。詳本書卷三六注。

〔五〕三報：現報（現世作惡現身即受惡報，現世作善現身即受善報）、生報（此生作善、作惡，來生方受善惡之報）、後報（或過去無量生中作善、作惡，於此生中受善惡報，或在未來無量生中受善惡報）。

〔六〕五果：即異熟果、等流果、離繫果、士用果、增上果。詳本書卷三六注。

〔七〕正法念處經卷五生死品：「譬如狗齩離肉之骨，涎汁和合，望得其髓。如是貪狗，齒間血出，得其味已，謂是骨汁，不知自血有如是味。以貪味故，不覺次第自食其舌，復貪其味，以貪覆故，謂骨汁味。」

〔八〕地婆訶羅譯大乘密嚴經卷中妙身生品：「習氣擾濁心，凡愚不能見，（中略）亦如象以鼻，取水自霑沐。」

自從受身含識已來，居三界塵勞之内，猶熱病見鬼〔一〕，於非怨處認怨；若瞖眼生華〔二〕，向無愛中起愛。妄生妄死，空是空非，都不覺知，莫能暫省。今更不信，復待何時？生死海深，匪慧舟而不渡；塵勞網密，非智刃而莫揮。其四分、三量，諸多義門，下當廣辯。

問：祖佛大意，貴在心行，採義徇文，只益戲論。所以文殊訶阿難云：「將聞持佛佛，何不自聞聞？」〔一〕争如一念還原，深諧遺旨？

答：此爲未知者説，不爲已知者言；爲未行者言，不爲已行者説。若已知已行之者，則心迹尚亡，何待言説？今只爲初學未知者己眼不開、圓機未發，須假聞慧〔二〕以助初心；爲未行者，但執依通〔三〕，學大乘語，如蟲食木〔四〕，猶奴數錢〔五〕。乃至塵沙教門，皆爲此之二等，因兹見諦，如説而行。且智慧之光，如日普照；多聞之力，猶膏助明。以劣解衆生，從無始來，受無量劫洞然之苦，只爲迷正信路，失妙慧門，狂亂用心，顛倒行事，何乃盲無智照，翻嫌真實慧光？貧闕法財，更祛多聞寶藏？

校注

〔一〕智顗説、灌頂記摩訶止觀卷一下：「九縛凡夫，不覺不知，如大富盲兒坐寶藏中，都無所見，動轉罣礙，爲寶所傷。二乘熱病，謂諸珍寶是鬼虎龍蛇，棄捨馳走，跉跰辛苦五十餘年，雖縛脱之殊，俱貧如來無上珍寶。」

〔二〕大佛頂如來密因修證了義諸菩薩萬行首楞嚴經卷四：「亦如瞖人見空中花，瞖病若除，華於空滅。忽有愚人，於彼空花所滅空地，待花更生。」慧琳一切經音義卷五一：「瞖眼，上緊計反，韻略云：瞖，目障也。論從『羽』作『翳』，掩也，蔽也，非此義也。」按，此論指唯識論。諸經論中「瞖」「翳」多有混用者。

校注

〔一〕見大佛頂如來密因修證了義諸菩薩萬行首楞嚴經卷六。

〔二〕聞慧：指聽聞教法而具有的智慧。隋慧遠撰大乘義章卷一〇：「受教名聞，生解名爲聞慧。」

〔三〕依通：憑藉藥力、咒術等而顯現的神通。

〔四〕大般涅槃經卷二：「如蟲食木有成字者，此蟲不知是字非字。」

〔五〕佛陀跋陀羅譯大方廣佛華嚴經卷五：「譬如貧窮人，日夜數他寶，自無半錢分，多聞亦如是。」實叉難陀譯本卷一三：「如人數他寶，自無半錢分，於法不修行，多聞亦如是。」

如華嚴經云：「欲度衆生令住涅槃，不離無障礙解脱智；無障礙解脱智，不離一切法如實覺；一切法如實覺，不離無行無生行慧光；無行無生行慧光，不離禪善巧決定觀察智；禪善巧決定觀察智，不離善巧多聞。」〔一〕

校注

〔一〕見實叉難陀譯大方廣佛華嚴經卷三五。

是以因聞顯心，能辯決定觀察之禪，因禪發起無行無生之慧，因慧了達諸法如實之覺，因覺圓滿無礙解脱之智，斯皆全因最初多聞之力，成就菩提。若離此宗鏡，别無成佛之門，設有所修，皆成魔外之法。

大智度論偈云：「有慧無多聞，是不知實相，譬如大暗中，有目無所見。多聞無智慧，亦不知實相，譬如大明中，有燈而無目。多聞利智慧，是所説應受，無聞無智慧，是名人身牛。」〔一〕

且如「有慧無多聞」者，況如大暗中有目而無所見，雖有智眼，而不能徧知萬法、法界緣起、諸識熏習等，如處大暗之中，一無所見。是以實相徧一切法，一切法即實相，未曾有一法而出於法性。若不徧知一切法，則何由深達實相？故云「亦不知實相」。「多聞無智慧」者，況如大明中有燈而無目，雖有多聞記持名相，而無自證真智，圓解不發，唯墮無明，大信不成，空成邪見。如大明中，雖有日月燈光，無眼何由覩見？雖聞如來寶藏，一生傳唱，聽受無疲，己眼不開，但數他寶，智眼不發，焉辯教宗？如是之人，故是不知實相。聞、慧具足，方達實相之原。聞、慧俱無，如牛羊之眼，豈辯萬法性相總別之方隅耶？夫學般若菩薩，不可受人牛之誚〔二〕；紹佛乘大士，寧甘墮蟲木之譏〔三〕！若乃智人，應須三省。

校　注

〔一〕見龍樹造、鳩摩羅什譯大智度論卷五。

〔二〕人牛：即人身牛，未聞佛法，又無智慧者，雖具人身而心智如牛。

〔三〕大般涅槃經卷二：「如蟲食木有成字者，此蟲不知是字非字。」智顗説摩訶止觀卷一下：「若但聞名口説，如蟲食木，偶得成字，是蟲不知是字非字，既不通達，寧是菩提？」

是以未知心佛之寶，甘處塵勞；纔聞性覺〔一〕之宗，便登聖地。如賢劫定意經云：「喜王菩薩宴坐七日，過七日已，詣佛啓請：『行何三昧，能悉通達八萬四千諸度法門？』佛告喜王：『有三昧門，名了諸法本。菩薩行時，便能通達諸度法門。』諸度法門者，諸佛有三百五十功德，一一德各修六度爲因。」〔二〕

釋曰：「諸法本」者，即衆生心。若隨善心，成六度門；若隨惡心，作三塗道。當樂土而爲苦境，皆是心成；處地獄而變天堂，悉由心轉。或即刹那成佛，或即永劫沉淪，只在最初一念之力，故云法無定相，但隨人心。如天意樹〔三〕，隨天意轉，可謂變通立驗，因果現前，不動絲毫，徧窮法界。如牖隙之内，觀無際之空〔四〕；似徑尺鏡中，見千里之影〔五〕。有斯奇特，味者不知，如見金爲虵，悞執寶成礫。故密嚴經偈云：「譬如殊勝寶，野人所輕賤，若用飾冕旒，則爲王頂戴。如是賴耶識，是清浄佛性，凡位恒雜染，佛果常保持。如美玉在水，苔衣所纏覆，賴耶處生死，習氣縈不現。於此賴耶識，有二取生相，如虵有二頭，隨樂而同往。賴耶亦如是，與諸色相俱，一切諸世間，取之以爲色。惡覺者迷惑，計爲我我所，若

有若非有，自在作世間。賴耶雖變現，體性恒甚深，於諸無智人，悉不能覺了。」〔六〕

校注

〔一〕性覺：謂真如之體本自妙而常明，不因他體而有明者。詳見本書卷七七。

〔二〕「賢劫定意經云」至此，見澄觀述大方廣佛華嚴經隨疏演義鈔卷七〇。「賢劫定意經云」者，詳見賢劫經卷一問三昧品。

〔三〕天意樹：天上的如意樹。慧琳一切經音義卷二五：「天意樹，諸天有樹，隨天意轉，所求皆遂，故得名也。」

〔四〕澄觀撰大方廣佛華嚴經疏卷一：「諸慈悲者，於無盡中略此流傳，令尋於此，見無邊法，如觀牖隙，見無際空。」

〔五〕澄觀述大華嚴經略策：「廣狹自在無礙門，如徑尺之鏡，見千里之影。」

〔六〕見大乘密嚴經卷下阿賴耶即密嚴品。

是以若能覺了，即察動心，萬境萬緣，皆從此起。若心不動，諸事寂然，入如實門，住無分別。如入楞伽經偈云：「但有心動轉，皆是世俗法，不復起轉生，見世是自心。來者是事生，去者是事滅，如實知去來，不復生分別。」〔一〕

校注

〔一〕見入楞伽經卷一〇。

又，若執經論無益，翻成諸聖虛功，則西土上德聲聞，徒勞結集；此方大權菩薩，何假翻經？如抱沉痾之人，不須妙藥；似迷險道之者，曷用導師？良醫終不救無病之人，導師亦不引識路之者。嘉餚美膳，豈可勸飽人之餐？異寶奇珍，未必動廉士之念。見與不見，全在心知；行之不行，唯關意密。實不敢以己妨於上上機人，但一心爲報佛恩，依教略而纂録，如漏管中之見，莫測義天；似偷壁罅之光，焉裨法日？

今遵慈敕，教有明文，法爾沙門，須具三施〔一〕。三施之内，法施爲先。此八識心王，性相分量，上至極聖，下至凡夫，本末推窮，悉皆具足，只於明昧，得失似分。諸聖了之，成真如妙用，盡未來際，建佛事門；衆生昧之，爲煩惱塵勞，從無始來，造生死事。於日用中，以不識故，莫辯心王與心所，寧知内塵與外塵？如有目之人，處闇室之内；猶生盲之者，居寶藏之中。無般若之光，何由辯真識僞？闕智眼之鑒，焉能別寶探珠？遂乃以妄爲真，執常爲斷，不應作而作，投虛妄之苦輪；不應思而思，集顛倒之惡業。只爲不遇出世道友，未聞無上圓詮，任自胸襟，縱我情性，取一期之暫樂，積萬劫之餘殃，以日繼時，罔知罔覺，從生至老，不省不思，以無明俱時而生，以無明俱時而死。從一闇室，投一闇室；出一苦輪，入一苦輪。歷劫逾生，未有休日，此身他世，幾是脱時？

校注

〔一〕三施：財施、法施和無畏施。能持戒不侵他人財物，又能以己之財施與他人，是名財施；既能財施，又能爲人説法，令其開悟，是名法施；持戒之人，無殺害心，令衆生無畏於死，是名無畏施。詳見大智度論卷一四。

宗鏡本懷，正爲於此。是以照之如鏡，何法而不明？歸之如海，何川而不入？若千年闇室，破之唯一燈；無始塵勞，照之唯一觀。此具足詮旨，信入而不動神情；成現法門，諦了而匪勞心力。若更不信，徒抱惛〔二〕迷，深囑後賢，無失法利。故法華經偈云：「不求大勢佛，及與斷苦法，深入諸邪見，以苦欲捨苦，爲是衆生故，而起大悲心。」〔三〕

爲不依正覺廣大威勢之力及正念一心法威德力，於心外取法，成諸邪見。以生滅爲因，以生滅爲果，本出生死，重增生死。爲是等故，而起大悲，拔其妄苦。以生死是衆苦之本，雖年百歲，猶若刹那，如東逝之長波，似西垂之殘照，擊石之星火，驟隙之迅駒，風裏之微燈，草頭之懸露，臨崖之朽樹，爍目之電光，若不遇正法廣大修行，則萬劫沉淪，虚生浪死。

校注

〔一〕「惛」，磧砂藏本作「暋」，嘉興藏本作「昏」。

〔二〕見妙法蓮華經卷一方便品。

如大涅槃經云：「復次，菩薩修於死想，觀是壽命，常爲無量怨讎所遶，念念損減，無有增長。猶山瀑水，不得停住；亦如朝露，勢不久停；如囚趣市，步步近死；如牽牛羊，詣於屠所。迦葉菩薩言：『世尊，云何智者觀念念滅？』『善男子，譬如四人皆善射術，聚在一處，各射一方，俱作是念：「我等四箭，俱發俱墮。」復有一人作是念言：「如是四箭，及其未墮，我能一時以手接取。」善男子，如是之人，可説疾不？』迦葉菩薩言：『如是，世尊。』佛言：『善男子，地行鬼疾，復速是人。有飛行鬼，復速地行。四天王疾，復速飛行。日月神天，復速四天王。堅疾天，復疾日月。衆生壽命，復速堅疾。善男子，一息一眴，衆生壽命四百生滅。智者若能觀命如是，是名能觀念念滅也。善男子，智者觀命，繫屬死王〔二〕：「我若能離如是死王，則得永斷無常壽命。」復次，智者觀是壽命，猶如河岸臨峻大樹，亦如有人作大逆罪及其受戮無憐愍者，如師子王大飢困時，亦如毒蛇吸大風時，猶如渴馬護惜水時，如大惡鬼瞋恚發時，衆生死王，亦復如是。善男子，智者若能作如是觀，是則名爲修集死想。善男子，智者復觀：「我今出家，設得壽命七日七夜，我當於中精勤修道，護持禁戒，説法教化，利益衆生。」是名智者修於死想。復以七日七夜爲多：「若得六日、五日、四日、三日、二日、一日、一時，乃至出息入息之頃，我當於中精勤修道，護持禁戒，説法教化，利益衆生。」是名智者善修死想。』」〔二〕

校　注

〔一〕「死王」，嘉興藏本作「死生」。下同。死王，即閻魔王，爲死者之王，掌管人之壽命者。

〔二〕見大般涅槃經卷三八，南本見卷三四。

又，梁朝有高僧，奉帝請百大德試有道者，請至朝門，嚴備一百甲兵，旌旗耀日，怖百大德。九十九人悉皆驚走，唯有一大德而無驚怖。王問和尚：「何故不怕？」僧答云：「怕何物？我初生妶〔一〕童之時，刹那刹那，念念已死。」〔二〕

校　注

〔一〕「妶」，諸校本作「孩」。可洪新集藏經音義隨函録卷二〇：「妶童，上户哀反，正作『孩』。」

〔二〕按，此事似未見他書，俟考。此或大唐西域記卷二健馱邏國載如意論師事流傳過程中的移花接木：室羅伐悉底國毗訖羅摩阿迭多王「欲衆辱如意論師，乃招集異學德業高深者百人，而下令曰：『欲收視聽，遊諸真境，異道紛雜，歸心靡措，今考優劣，專精遵奉。』洎乎集論，重下令曰：『外道論師並英俊也，沙門法衆宜善宗義，勝則崇敬佛法，負則誅戮僧徒。』於是如意詰諸外道，九十九人已退飛矣，下席一人，視之蔑如也。因而劇談，語及火煙，王與外道咸諠言曰：『如意論師辭義有失！夫先煙而後及火，此事理之常也。』如意雖欲釋難，無聽鑒者。耻見衆辱，齚斷其舌，乃書誡門人世親曰：『黨援之衆，無競大義；群迷之中，無辯正論。』言畢而死」。

故知諸佛苦心，菩薩誓志，爲救衆生，如是悲切，應須遞相警策，不可倏爾因循。且三界受身，未脱死地，新新生滅，念念輪迴，直饒天帝五欲之榮，輪王七寶之富，泰來運合，賞悦暫時，報盡緣終，悲憂長久，物極則返，因果相酬，處業繫中，誰能免者？故法界箴云：「莫言無畏，其禍鼎沸。勿言無傷，其禍猶長。」〔一〕争如一念還原，紹隆佛種？念念不忘利物，步步與道相應，究竟同歸，莫先宗鏡。

校注

〔一〕法界箴：當即釋亡名撰息心讚。續高僧傳卷七周渭濱沙門釋亡名傳：「釋亡名，俗姓宋氏，南郡人，本名闕殆。（中略）誓欲枯木其形，死灰其慮，降此患累，以求虚寂，乃作絶學箴文，名息心讚。」其中有云：「勿謂何傷，其苦悠長。勿言何畏，其禍鼎沸。」此銘文開頭云：「法界有如意寶人焉，九緘其身，銘其膺曰」，故或稱之爲法界箴。

所以華嚴經云：「佛子，此菩薩摩訶薩復於一切衆生生利益心、安樂心、慈心、悲心、憐愍心、攝受心、守護心、自己心、師心、大師心，作是念言：『衆生可愍，墮於邪見、惡慧、惡欲、惡道稠林。我應令彼住於正見，行真實道。』又作是念：『一切衆生，分別彼我，互相破壞，鬪諍瞋恨，熾然不息。我當令彼住於無上大慈之中。』又作是念：『一切衆生，貪取無猒，唯求財利，邪命自活。我當令彼住於清淨身、語、意業正命法中。』又作是念：『一切衆生，常隨三毒，種種煩惱因之熾然，不解志求出要方便。我當令彼除滅一切煩惱大火，安置清涼涅槃之處。』又作是念：『一切衆生，爲愚癡重闇、妄見厚膜之所覆，故入蔭翳稠林，失智慧光明，行曠野險道，起諸惡見。我當令彼得無障礙清淨智眼，知一切法如實相，不隨他教。』

「又作是念：『一切衆生，在於生死險道之中，將墮地獄、畜生、餓鬼，入惡見網中，爲愚癡稠林所迷，隨[一]逐邪道，行顛倒行。譬如盲人無有導師，非出要道謂爲出要，入魔境界，惡賊所攝，隨順魔心，遠離佛意。我當拔出如是險難，令住無畏一切智城。』又作是念：『一切衆生，爲大瀑水波浪所没，入欲流、有流、無明流、見流，生死洄澓，愛河漂轉，湍馳奔激，不暇觀察。爲欲覺、恚覺、害覺隨逐不捨，身見羅刹，於中執取，將其永入愛欲稠林。於所貪愛，深生染著，住我慢原阜，安六處聚落，無善救者、無能度者。我當於彼起大悲心，以諸善根而爲救濟，令無災患，離染寂静，住於一切智慧寶洲。』又作是念：『一切衆生，處世牢獄，多諸苦惱，常懷愛憎，自生憂怖，貪欲重械之所繫縛，無明稠林以爲覆障。於三界内，莫能自出。我當令彼永離三有〔二〕，住無障礙大涅槃中。』又作是念：『一切衆生，執著於我，諸蘊窟宅不求出離，依六處空聚，起四顛倒行，爲四大毒虵之所侵惱，五蘊怨賊之所殺害，受無量苦。我當令彼住於最勝無所著處，所謂滅一切障礙，住無上涅槃。』」〔三〕

所以如上經云：「我當令彼住於正見，行真實道。」又云：「令彼安置清涼涅槃之處。」又云：「令彼知一切法如實相，不隨他教。」又云：「令住無畏一切智城。」又云：「住於一切智慧寶洲。」又云：「令彼住於最勝無所著處。」故知句句悉皆指歸宗鏡。何者？若悟自心，即是正見，離顛倒故。

校注

〔一〕「隨」，磧砂藏、嘉興藏本作「墮」。按，經中作「隨」。

〔二〕三有：欲界有、色界有、無色界有。龍樹造、鳩摩羅什譯大智度論卷三：「三種有：欲有、色有、無色有。云何欲有？欲界繫業取因緣，後世能生，亦是業報，是名欲有。色有、無色有亦如是，是名爲有。」

〔三〕見實叉難陀譯大方廣佛華嚴經卷三五。

楞伽經云：心外見法，名爲外道〔一〕。若悟自心，即是涅槃，離生死故。論云：心外有法，生死輪迴；若了一心，生死永絶〔二〕。若悟自心，即是實相，離虚妄故。法華經云：「唯此一事實，餘二即非真。」〔三〕若悟自心，即是智城，離愚癡故。思益經云：「愚於陰界入，而欲求菩提，陰界入即是，離是無菩提。」〔四〕若悟自心，即是寶洲，具法財故。華嚴論云寶洲〔五〕在何處？即衆生心是。若悟自心，即是最勝無所著處〔六〕，離住相故。若心外立法，則隨處生著。法華經云：「拔出衆生，處處貪著。」〔七〕金剛經云：「若菩薩心不住〔八〕法而行布施，如人有目，日光明照，見種種色。」〔九〕

校注

〔一〕大乘入楞伽經卷二：「大慧，我常不思議，以自證爲因相，不以外法有已還無無常爲因。外道反此，曾不能知常不思議自因之相，而恒在於自證聖智所行相外，此不應説。」宋寶臣注大乘入楞伽經卷三：「前謂佛反外道，此則外道反佛。曾不能知常不思議自因之相，離有無，超情識，而恒妄計在於自證聖智所行相外，是故如來誡不應説。然三乘之道優劣雖殊，悉皆内證。若心外見法，任説幽玄，然成外道。」敦煌遺書伯二〇四九維摩經疏卷三：「心外見法，理外妄計，皆名外道。」

〔二〕按，延壽心賦注卷一：「唯識疏云：心外有法，生死輪迴；心外無法，生死永絶。」永明智覺禪師唯心訣引則云：「先德云：心外有法，生死輪迴；心外無法，生死永棄。」

〔三〕見妙法蓮華經卷一方便品。

〔四〕見思益梵天所問經卷三志大乘品。

〔五〕李通玄新華嚴經論卷三七：「『我知海中一切寶洲』者，明達一切智洲。」

〔六〕實叉難陀譯大方廣佛華嚴經卷三五：「一切衆生執著於我，於諸蘊窟宅不求出離，依六處空聚，起四顛倒行，爲四大毒蛇之所侵惱，五蘊怨賊之所殺害，受無量苦。我當令彼住於最勝無所著處，所謂滅一切障礙無上涅槃。」

〔七〕見妙法蓮華經卷五五百弟子受記品。

〔八〕「住」，諸校本作「住於」。按，金剛般若波羅蜜經作「住」。

〔九〕見鳩摩羅什譯金剛般若波羅蜜經。

是知心目開明，智日普照，光呑萬像，法界洞然，豈更有一纖塵而作障翳乎？如是則空心不動，具足六波羅蜜。何者？若不見一塵，則無所取。若無所取，亦無可與，是布施義，是大捨義。故經云：無可與者，名曰布施〔一〕。如是則慳施同倫，取捨平等，不歸宗鏡，何以裁之？

如一鉢和尚謌云：「慳時捨，捨時慳，不離内外及中間。亦無慳，亦無捨，寂寂寥寥無可把。」〔二〕

又，證道謌云：「默時説，説時默，大施門開無壅塞。有人問我解何宗，報道摩訶般若力。」〔三〕

又，若不見一塵，則無持無犯，故云：若覓戒，三毒瘡痍幾時差〔四〕？辱境如龜毛，忍心不可得。精進心不起，無法可對治。内外心不生，定亂俱無寄。悉入無生忍，皆成般若門。

校注

〔一〕按，此非經文，而是對經義的概括。鳩摩羅什譯金剛般若波羅蜜經：「菩薩於法，應無所住，行於布施，所謂不住色布施，不住聲、香、味、觸、法布施。須菩提，菩薩應如是布施，不住於相。」

〔二〕見一鉢歌，全詩見景德傳燈録卷三〇。一鉢歌，詳見本書卷一注。

〔三〕見永嘉證道歌。彦琪證道歌注：「梵語『摩訶』，此云『大』『多』『勝』，即多含不翻也。梵語『般若』，此云『智慧』，即生善不翻也。言『摩訶般若』者，信解則位齊諸祖，受持則福盖人天，故傳云：故知般若是善惡徑之導師，迷暗室之明炬，生死海之智檝，煩惱病之良醫，破邪山之大風，敵魔軍之猛將，照幽途之赫日，警昏識之迅雷，抉愚盲之金篦，沃渴愛之甘露，截疑網之慧劍，給孤乏之寶珠。若般若不明，萬行虚設，故云『摩訶般若力』也。」

〔四〕一鉢歌：「若覓戒，三毒瘡痍幾時瘥？若覓禪，我自縱横汨碖眠。」

問：本宗大旨，舉意便知，何待敷揚，勞神述作？

答：一切施爲，無非佛事，盡堪悟道，皆是入門。所以普賢佛國以瞪目爲佛事〔一〕，南閻浮提以音聲爲佛事〔二〕。乃至山海亭臺、衣服飲食、語默動静、異相施爲，一一提宗，皆入法界，但隨緣體妙，遇境知心，乃至見色、聞聲，俱能證果；華飛、釧動，盡可栖神。如論云：有國王觀華飛葉動，得辟支佛。釧動者，禪經云：有國王令宫女摩身，爲鐶、釧鬧，令漸漸減釧，乃至唯一，則不復聲。因思此聲從因緣生，悟辟支佛。亦如獼猴見辟支佛坐禪，後於餘處見諸外道種種苦行，乃教外道加趺而坐，手捻其口，令合其眼。諸外道歎云：必有勝法。外道受教，皆證辟支佛〔三〕。

故知但遵教行者，依法不依人，無不證果。唯除不信人，千佛不能救。如華嚴經中説信爲手：「如人有手，至珍寶所，隨意採取。若當無手，空無所獲。如是入佛法者，有信心手，隨意採取道法之寶。若無信心，空無所得。」〔四〕如昔人云：人之無道，猶車之無軸。車無軸不可駕，人無道不可行〔五〕。又云：「君子無親，非道不同。」〔六〕何得一向略虚，不勤求至道？

校注

〔一〕妙法蓮華經卷七普賢菩薩勸發品：「爾時，受持讀誦法華經者，得見我身，甚大歡喜，轉復精進，以見我故，即得三昧及陀羅尼，名爲旋陀羅尼、百千萬億旋陀羅尼、法音方便陀羅尼，得如是等陀羅尼。」此即「以瞪目爲佛事」者。

〔二〕大佛頂如來密因修證了義諸菩薩萬行首楞嚴經卷六：「佛出娑婆界，此方真教體，清浄在音聞，欲取三摩提，實以聞中入。」此即「以音聲爲佛事」者。

〔三〕「如論云」至此，詳見湛然法華玄義釋籤卷一四。按，這裏所引，是對智顗妙法蓮華經玄義卷六下中「華飛釧動」的解釋。

〔四〕見龍樹造、鳩摩羅什譯大智度論卷一。今檢華嚴經諸譯，均未見此説。按，隋吉藏維摩經義疏、唐窺基妙法蓮華經玄贊等引，皆云「大智度論云」。隋慧遠維摩義記等引云「華嚴中説信爲手」云云，文字亦與此同。此處或據慧遠之説轉引。

〔五〕按，大正藏第八五册收真言要決卷一：「人之無道，猶車之無軸。車之無軸，不可以駕。人之無道，不可以行。」典出論語爲政：「人而無信，不知其可也。大車無輗，小車無軏，其何以行之哉？」

〔六〕見真言要決卷一。

此宗鏡録，是珍寶聚〔一〕，能得諸佛無上大菩提法寶，一切不可思議功德故；是清浄聚，無六十二之邪見垢、八萬四千之煩惱濁故，能滿一切衆生願，能浄一切衆生心。如大智度論云：「是般若波羅蜜〔二〕，乃至畢竟空亦不著，不可思議亦不著，是故名清浄聚。爾時，須菩提應作是念：『是般若波羅蜜是珍寶聚，能滿一切衆生願，所謂今世樂、涅槃樂、阿耨多羅三藐三菩提樂。愚癡之人，而復欲破壞是般若波羅蜜清淨聚。如如意寶珠無有瑕穢，如虚空無有塵垢，般若波羅蜜畢竟清淨聚，而人自起邪見因緣，欲作留難破壞。譬如人眼瞖，見妙珍寶，謂爲不淨。』」〔三〕故知空華生病眼，空本無華；邪見起妄心，法本無見。

校注

〔一〕龍樹造、鳩摩羅什譯大智度論卷六七：「般若波羅蜜是珍寶聚。珍寶者，所謂須陀洹果能滅三結惡毒故，乃至阿耨多羅三藐三菩提能滅一切煩惱及習，能滿一切願。是諸果依諸禪乃至一切種智，因果合説，是名珍寶聚。」

〔二〕「是般若波羅蜜」，大智度論卷六七作「是般若波羅蜜清淨聚，色等諸法清淨故。色等法中正行不邪，名爲清淨，無諸過患」。

〔三〕見龍樹造、鳩摩羅什譯大智度論卷六七。

又，若以不信惡心，欲毀壞宗鏡般若正義，但自招謗罪，妙旨何虧？如人以手障矛，但自傷其手，矛無所損。夫般若説則福大，謗亦罪深，若隨情謬解，乃至不信等，皆成謗。如大涅槃經云：我今爲諸聲聞弟子等説毗伽羅論〔一〕，所謂如來常存不變〔二〕。若有説言如來無常〔三〕，云何是人舌不落地？

校注

〔一〕毗伽羅論：梵語文法書，譯作字本論，爲外道六論之一。吉藏法華論疏卷上：「毗伽羅，此云『字本』。毗伽羅論，未見翻譯。河西朗師云：是大權菩薩之所造也。」大般涅槃經疏卷九：「毗伽羅論者，此云字本論。河西云：世間文字之根本，典籍音聲之論，宣通四辯，訶責世法，贊出世法，言詞清雅，義理深邃，雖是外論，而無邪法，將非善權大士之所爲乎？」故以此論喻方等經。

〔二〕見大般涅槃經卷五：「如彼長者教半字已，次爲演説毗伽羅論：我今亦爾，爲諸弟子説於半字九部經已，次爲演説毗伽羅論，所謂如來常存不變。」

〔三〕大般涅槃經卷七：「若有説言：『如來無常，是雜食身，乃至筋骨繫縛之身。法、僧、解脱是滅盡者。』是名顛倒。」

若能正信，圓解無差，偏境偏空，皆同妙證。楞嚴會上，佛告阿難：「十方如來，於十八界一一修行，皆得圓滿無上菩提。於其中間，亦無優劣。但汝下劣，未能於中圓自在慧，故我宣揚，令汝但於一門深入，入一無妄，彼六知根，一時清浄。」〔一〕是以憍陳那因聲悟道〔二〕，優波尼沙陁因色悟道〔三〕，香嚴童子因香悟道〔四〕，乃至虚空藏菩薩因空悟道〔五〕，則知自性徧一切處，皆是入路，豈局一門而專以蚊蚋〔六〕之愚，翻恃鷃鶵〔七〕之量？且法無遲速，見有淺深，遮障之門，各任輕重。是以文殊菩薩頌云：「歸元性無二，方便有多門，聖性無不通，順逆皆方便，初心入三昧，遲速不同倫。」〔八〕

校注

〔一〕見大佛頂如來密因修證了義諸菩薩萬行首楞嚴經卷四。

〔二〕大佛頂如來密因修證了義諸菩薩萬行首楞嚴經卷五：「憍陳那五比丘即從座起，頂禮佛足而白佛言：『我在鹿苑及於雞園，觀見如來最初成道，於佛音聲悟明四諦。佛問比丘，我初稱解，如來印我名阿若多。妙音密圓，我於音聲得阿羅漢。佛問圓通，如我所證，音聲爲上。』」子璿集首楞嚴義疏注經卷一：「憍陳那，姓也，此云『火器』，其先事火，從此命族。五比丘者，初佛棄國，入山修道，浄飯乃命家族三人：一阿濕婆、二跋提、三摩訶男拘利；舅氏二人：一憍陳那、二十力迦葉，敕令隨衛。五人銜命，後各捨去，在鹿園中共修異道。佛得果已，思度何人：『此五於我，先曾營衛。』即往爲彼三轉法輪。問言：『解否？』陳那先答：『已解已知。』」

〔三〕大佛頂如來密因修證了義諸菩薩萬行首楞嚴經卷五：「優波尼沙陀即從座起，頂禮佛足而白佛言：『我亦觀佛最初成道，觀不浄相，生大厭離，悟諸色性，以從不浄，白骨微塵，歸於虚空，空色二無，成無學道，如來印我，名尼沙陀。塵色既盡，妙色密圓，我從色相，得阿羅漢。佛問圓通，如我所證，色因爲上。』」子璿集首楞嚴義疏注經卷一：「優波尼沙陀，『此云『近少』，義翻『塵性』，觀塵性空而得道故。微塵即是色近少分，隣近虚空是色邊際，故名塵性爲近少也」。

〔四〕大佛頂如來密因修證了義諸菩薩萬行首楞嚴經卷五：「香嚴童子即從座起，頂禮佛足而白佛言：我聞如來教我諦觀諸有爲相，我時辭佛，宴晦清齋，見諸比丘燒沈水香，香氣寂然來入鼻中，我觀此氣非木、非空、非煙、非火，去無所著，來無所從，由是意銷，發明無漏，如來印我，得香嚴號。塵氣倏滅，妙香密圓，我從香嚴得阿羅漢。佛問圓通，如我所證，香嚴爲上。」子璿集首楞嚴義疏注經卷一：「觀香悟道，得童真位，名爲童子。初佛總教，觀有爲相，不的言香。如云：一切有爲法，如夢幻泡影，如露亦如電，應作如是觀。」

〔五〕大佛頂如來密因修證了義諸菩薩萬行首楞嚴經卷五：「虛空藏菩薩即從座起，頂禮佛足而白佛言：『我與如來定光佛所，得無邊身。爾時，手執四大寶珠，照明十方微塵佛刹，化成虛空，又於自心現大圓鏡，内放十種微妙寶光，流灌十方，盡虛空際諸幢王刹，來入鏡内，涉入我身，身同虛空，不相妨礙，身能善入微塵國土，廣行佛事，得大隨順。此大神力，由我諦觀，四大無依，妄想生滅，虛空無二，佛國本同，於同發明，得無生忍。佛問圓通，我以觀察虛空無邊入三摩地妙力圓明，斯爲第一。』」

〔六〕蚊蚋：即蚊蟲。慧琳一切經音義卷六二：「蚊蚋，上勿分反，下儒鋭反。顧野王云：小虫好入酒中者也。説文：秦謂之蚋。又云：齧人飛虫也。俱從虫，文、芮皆聲也。」

〔七〕鷦鷯：慧琳一切經音義卷六二：「鷦鷯，上音焦，下音遼。廣雅：鷦鷯，食桃虫也。説文作『鷦鷚』，音訛聲轉也。俗呼爲巧婦鳥，能以萩花絮爲囊作巢，故號爲巧婦鳥。鷚，音彌消反。巢於葦枝，食葦中蟲也。」

〔八〕見大佛頂如來密因修證了義諸菩薩萬行首楞嚴經卷六。

此宗鏡録中，並是十方諸佛大威德不思議法門，猶赫赫日輪，豈嬰孩之所視？高高法座，非矬陋之能昇。唯文殊大人、普賢長子，上上根器，方堪能爾。

如華嚴論云：「大光王入菩薩大慈爲首三昧，顯所行慈心業用饒益自在，令後學者倣之，以明無依之智，入一切衆生心，與之同體，無有別性，有情無情，皆悉同體。入此三昧所感業故，令一切衆生及以樹林涌泉，悉皆歸流，悉皆低枝，悉皆稽首。夜叉、羅刹，悉皆息惡。以明智隨一切衆生，皆與同其業用一性無二。如世間帝王，有慈悲於人，龍神順伏，鳳集麟翔，何況人焉而不歸仰！況此大光王智徹真原，行齊法界，慈心爲首，神會含靈，與衆物而同光，爲萬有之根本〔一〕。如摩尼寶，與物同色而本色不違；如聖智無心，以物心爲心而物無違也。明同體大慈悲心，與物同用，對現色身而令發明。故山原及諸草樹，無不迴轉，向王禮敬；陂池泉井及以河海，悉皆騰溢，注王前者。以智境大慈，法合如此。若衆生情識所變之境，即衆生不能爲之，如蓮華藏世界中境界，盡作佛事。以是智境，非情所爲，故聖者以智歸情，令有情衆生報得無情草木、山泉、河海，悉皆隨智迴轉，以末爲本故，如世間有志孝於心，冰池涌魚〔二〕、冬竹抽筍〔三〕，尚自如斯，況真智從慈者歟？」〔四〕

故知得法界之妙用，用何有盡？從真性中緣起，起無不妙，則理無不事，佛法即世法，豈可揀是除非耶？事無不理，世法即佛法，寧須斥俗崇真耶？但是未入宗鏡，境智未亡，興夢念而異法現前，發燄想〔五〕而殊途交應，致兹取捨，違背圓常。所以不能喧静同觀，善惡俱化者，未聞宗鏡故耳。

校注

〔一〕「本」，原作「末」，據諸校本及新華嚴經論改。

〔二〕干寶搜神記卷一一：「王祥，字休征，琅邪人，性至孝，早喪親，繼母朱氏不慈，數譖之，由是失愛于父，每使掃除牛下。父母有疾，衣不解帶。母常欲生魚，時天寒冰凍，祥解衣將剖冰求之，冰忽自解，雙鯉躍出，持之而歸。母又思黄雀炙，復有黄雀數十入其幙，復以供母。鄉里驚歎，以爲孝感所致。」

〔三〕三國志吴志三嗣主傳裴松之注引楚國先賢傳：「（孟）宗母嗜筍，冬節將至，時筍尚未生。宗入竹林哀歎，而筍爲之出，得以供母，皆以爲至孝之所感。」

〔四〕見李通玄撰新華嚴經論卷三六。

〔五〕燄想：遠見陽燄，想之爲水。燄，即陽燄。慧琳一切經音義卷七：「陽焰，熱時遥望，地上、屋上陽氣也，似焰非焰，故名陽焰，如幻如化。」實叉難陀譯大方廣佛華嚴經卷五九：「如有見陽焰，想之以爲水，馳逐不得飲，展轉更增渴。」

問：何不依自禪宗，躡玄學正路，但一切處無著，放曠任緣，無作無修，自然合道？何必拘懷局志，徇義迷文！可謂棄静求喧，猒同好異。

答：近代相承，不看古教，唯專己見，不合圓詮。或稱悟而意解情傳，設得定而守愚闇證，所以後學訛謬，不禀師承，先聖教中，已一一推破。如云「一切處無著」者，是以阿難懸知末法皆墮此愚，於楞嚴會中，示疑起執，無上覺王以親訶破。首楞嚴經云：「阿難白佛言：『世尊，我昔見佛與大目連、須菩提、富樓那、舍利弗四大弟子共轉法輪，常言覺知、分別、心性，既不在内，亦不在外，不在中間，俱無所在，一切無著，名之爲心。則我無著，名爲心不？』佛告阿難：『汝言覺知、分別、心性俱無在者，世間、虚空、水陸飛行諸所物像，名爲一切，汝不著者，爲在爲無？無則同於龜毛、兔角，云何不著？有不著者，不可名無，無相則無，非無則相，相有則在，云何無著？是故應知一切無著，名覺知心，無有是處。』」〔一〕

又，所言「放曠任緣」者，於圓覺中猶是四病之數。圓覺經云：「善男子，彼善知識所證妙法，應離四病。云何四病？一者、作病。若復有人作如是言：『我於本心作種種行，欲求圓覺。』彼圓覺性，非作得故，説名爲病。二者、任病。若復有人作如是言：『我等今者不斷生死、不求涅槃，涅槃、生死無起滅念，任彼一切隨諸法性，欲求圓覺。』彼圓覺性，非任有故，説名爲病。三者、止病。若復有人作如是言：『我今自心永息諸念，得一切性，寂然平等，欲求圓覺。』彼圓覺性，非止合故，説名爲病。四者、滅病。若復有人作如是言：『我今永斷一切煩惱，身心畢竟，空無所有，何況根塵虚妄境界！一切永寂，欲求圓覺。』彼圓覺性，非寂相故，説名爲病。離四病者，則知清浄。作是觀者，名爲正觀。若他觀者，名爲邪觀。」

校注

〔一〕見大佛頂如來密因修證了義諸菩薩萬行首楞嚴經卷一。

如上所説，不唯作無著、任緣之解墮於邪觀，乃至起寂然冥合之心皆存意地。如有學人問忠國師〔一〕云：「不作意時，得寂然不？」答：「若見寂然，即是作意。」所以意根難出，動静皆落法塵。故知並是執見修禪，説病爲法，如蒸砂作飯，緣木求魚，費力勞功，枉經塵劫。且經中佛語幽玄，則義語非文，不同衆生情見麁浮，乃文語非義。

校注

〔一〕忠國師：釋慧忠。傳見宋高僧傳卷九唐均州武當山慧忠傳。

又，若執任緣無著之事，盡落邪觀；得悉檀方便之門，皆成正教。是以藥病難辯，取捨俱非，但且直悟自心，自然言思道斷，境智齊泯，人法俱空。向衆生三業之中，開佛知見；就生死五陰之内，顯大菩提。則了義金文，可爲繩墨；實地知識，堪作真歸。故得智炬增輝，照耀十方之際；心華發艷，榮敷法界之中。又，若深達此宗，不收不攝，即想念而成智，當語默而冥真，出入之定難親，忻猒之懷莫及，故云「忻寂不當，放逸還非」〔一〕。

校注

〔一〕出李通玄撰新華嚴經論卷五。

如華嚴論云：「普眼等諸菩薩以出入三昧，不得見普賢三業及座境界故，舉幻術文字中種種幻相無所住處喻，明幻術文字之體，了無處所，如何所求？不可將出入三昧處所求之，去彼沉寂生滅，卻令想念，明想念動用，體自徧周，用而常寂，非更滅也。以是，『普賢以金剛慧普入法界，於一切世界無所行、無所住，知一切衆生身皆非身，無去無來，得無斷盡、無差別自在神通』〔一〕。此明任物自真，稱之爲神；不爲、不思、不定、不亂、不來、不去，任智徧周，利生自在，知根應現，名之爲通。萬法如是無出入定亂，方稱普賢所行三業作用及座，如十地菩薩座體，但言滿三千大千世界之量。此普賢座量，量等虛空一切法界大蓮華藏故。明知十地菩薩智量猶隔，以此來昇此位，如許乖宜入出，如許不可説三昧之門，猶有寂用有限障，未得十地果位。後普賢菩薩大自在故，故三求普賢，三重昇進，卻生想念，方

始現身。及説十三昧境界之事〔二〕，意責彼十地猶有求於出世間生死境界，未得等於十方

任用自在。以此如來教令卻生想念，去彼十地中染習出世淨心故，此明十地緣真俗出世餘

習氣惑故。

「已上意明：治十地菩薩緣真俗二習未亡、寂亂二習未盡，於諸三昧有出入習故，未得

常入生死，猶如虛空，無作者而常普徧，非限量所收，一切衆生及以境界以之爲體。普賢之

智，猶如虛空，一切衆生以爲生體。有諸衆生自迷智者，名爲無明。普賢菩薩隨彼迷事，十

方世界對現色身。以智無體，猶如虛空，非造作性，無有去來，非生非滅，但以等虛空之智

海，於一切衆生處啓迷，智無體相，能隨等法界、虛空界之大用故。豈將十地之位諸菩薩，

以出入三昧，有所推求，云何得見？是故如來爲諸菩薩説幻術文字，求其體相，有可得不？

求幻之心尚不可得，如何有彼幻相可求？是故將出入三昧及以求心，而求普賢大用無依善

巧智身，了無可得。是故教諸菩薩卻生想念，殷勤三禮，普賢菩薩方以神通力，如應現身。

明智身不可以三昧處所求，爲智體無所住、無所依故。若想念願樂，即如應、現、化，無有處

所依止故，猶如谷響，但有應物之音。若有求〔三〕，即無有處所可得。佛言『普賢菩薩今現

在此道場衆會，親近我住，初無動移』〔四〕者，明以根本智，性自無依，名爲現在此道場故，爲

能治有所得諸見蘊故。以無礙總别、同異普光明智，與十方一切諸佛大用體同，名爲衆會

故。無邊差別智海，一時等用，不移根本智體無依住智，名爲『親近我住』，初無移故。」〔五〕

校注

〔一〕見實叉難陀譯大方廣佛華嚴經卷四〇。

〔二〕實叉難陀譯大方廣佛華嚴經卷四〇：「諸菩薩摩訶薩説此十大三昧故，令過去菩薩已得出離，現在菩薩今得出離，未來菩薩當得出離。何者爲十？一者、普光大三昧，二者、妙光大三昧，三者、次第遍往諸佛國土大三昧，四者、清浄深心行大三昧，五者、知過去莊嚴藏大三昧，六者、智光明藏大三昧，七者、了知一切世界佛莊嚴大三昧，八者、衆生差別身大三昧，九者、法界自在大三昧，十者、無礙輪大三昧。此十大三昧，諸大菩薩乃能善入，去、來、現在一切諸佛已説、當説、現説。若諸菩薩愛樂尊重，修習不懈，則得成就如是之人，則名爲佛，則名如來，亦則名爲得十力人，亦名導師，亦名大導師，亦名一切智，亦名一切見，亦名住無礙，亦名達諸境，亦名一切法自在。」

〔三〕「求」，新華嚴經論作「所求」。

〔四〕出實叉難陀譯大方廣佛華嚴經卷四〇。

〔五〕見李通玄撰新華嚴經論卷三〇。

音義

刳，苦姑反，剖破。　懵，莫孔反，心亂皃也。　齩，丑巧反。　嚥，於甸反，吞也。　膏，古勞反。　誚，才笑反，責。　隙，綺戟反，壁孔也。　冕，亡辯反，冠冕。　旒，力求反。旒，旈也。　痾，烏何反，病皃。　餚，胡茅反。　廉，力鹽反，儉也。　鏬，呼訝反，孔鏬也。　裨，府移反，助也。　驟，鋤祐反，奔也。迅，私閏反，疾也。　駒，舉朱反，馬駒也。　爍，書藥反。　戮，力竹反。　膜，慕各反，肉膜。　湍，他端反，急瀨也。　阜，扶九反，陵阜也。　裁，昨哉反，裁衣。　瞪，丈證反，直視皃。　捻，奴協反，指捻也。　矛，莫浮反。　蚋，而税反，蚊蚋也。　鷦，即消反。　鷯，落蕭反。　矬，昨禾反。矬，短也。　倣，分兩反，學也。　麟，力珍反。　躡，尼輒反，蹈也。　訛，五禾反，訛[一]謬也。　謬，靡幼反。

丁未歲分司大藏都監開板

校注

[一]「訛」，原作「化」，據文意改。

宗鏡録卷第四十四

慧日永明寺主智覺禪師延壽集

夫若談心佛，唯唱性宗者，則舉一攝諸，不論餘義。今何背己，述教迷宗？

答：夫論至教，皆爲未了之人，從上禀承，無不指示。如忠國師臨終之時，學人乞師一言，師云：「教有明文，依而行之，即無累矣，吾何言哉？」[一]如斯殷勤真實付屬，豈局己見，生上慢心？終不妄斥如來無上甘露，不可思議大悲所熏，金口所宣難思聖教。如云「依而行之」者，且依何旨趣？不可是依文字語句而行，不可是依義路道理而行，直須親悟其宗，不可輒生孟浪。若決定信入者，了了自知，何須他説？聞甚深法，如清風届耳。今只爲昧性徇文之者，假以言詮，方便開示，直指出六根現用常住，無生滅性，與佛無異，親證現知，分明無惑，免隨言語之所轉，不逐境界之所流。今於六根之中，且指見、聞二性，最爲顯現，可驗初心，疾入圓通，同歸宗鏡。

校　注

〔一〕忠國師：慧忠。宋高僧傳卷九唐均州武當山慧忠傳：「釋慧忠，俗姓冉氏，越州諸暨人也。（中略）忽疾將亟，國毉罔效，自知去辰，衆問後事，乃曰：『佛有明教，依而行之，則無累矣，吾何言哉？』」

且見性者，當見之時，即是自性，以性徧一切處故，不可以性更見於性。分明顯露，絲毫不隱。古教云：「摩尼殿有四角，一角常露。」〔一〕祖師云：「眼門放光，照破山河大地。」〔二〕又謌云：「應眼時，若千日，萬像不能逃影質。凡夫只是未曾觀，何得自輕而退屈？」〔三〕是知顔貌雖童耄，見性未曾虧〔四〕，明暗自去來，靈光終不昧〔五〕。則是現今生滅中，指出不生滅性，方知窮子衣中寶〔六〕，乃輪王髻裏珠〔七〕；貧女室中金〔八〕，是如來藏中物〔九〕。何假高推極聖，自鄙下凡？一向外求，不能内省，枉功多劫，違背己靈，空滯行門，失本真性。

所以首楞嚴經云：「佛告阿難：若汝見時，是汝非我。見性周徧，非汝而誰？云何自疑汝之真性，性汝不真，取我求實。」〔一〇〕

校　注

〔一〕按，此説祖堂集卷一〇隆壽和尚引云「古人道」。摩尼殿，即四十九重如意殿，兜率天上用如意寶珠所造的四十九重寶殿。觀彌勒菩薩上生兜率天經：「爾時，此宫有一大神，名牢度跋提，即從座起，遍禮十方佛，發弘誓願：『若我福德應爲彌勒菩薩造善法堂，令我額上自然出珠。』既發願已，額上自然出五百億寶珠，瑠璃、頗梨一切衆色無不具足，如紫紺摩尼，表裏映徹。此摩尼珠迴旋空中，化爲四十九重微妙寶宫，一一欄楯，萬億梵摩尼寶所共合成。」

〔二〕按，據祖堂集卷一七、景德傳燈録卷九，此説出大安禪師。大安，俗姓陳，洪州百丈懷海禪師法嗣。傳見宋高僧傳卷一二唐福州怡山院大安傳、祖堂集卷一七福州西院和尚。

〔三〕見高城和尚歌。全詩見祖堂集卷一四高城和尚、禪門諸祖師偈頌卷上等。

〔四〕按，此即釋迦牟尼示波斯匿王觀河以悟諸法體性虚幻、本無生滅之事。詳見後文引首楞嚴經。

〔五〕大佛頂如來密因修證了義諸菩薩萬行首楞嚴經卷二：「阿難，若無明時名不見者，應不見暗。若必見暗，此但無明，云何無見？阿難，若在暗時，不見明故，名爲不見，今在明時，不見暗相，還名不見。如是二相，俱名不見。若復二相自相陵奪，非汝見性於中暫無，如是則知二俱名見，云何不見？是故，阿難，汝今當知，見明之時，見非是明；見暗之時，見非是暗；見空之時，見非是空；見塞之時，見非是塞，四義成就。」祖堂集卷一六南泉和尚：「明暗自去來，虚空不動摇。萬像自去來，明鏡何曾鑒？」

〔六〕詳見妙法蓮華經卷四五百弟子受記，參卷三注。此爲法華七喻之一。喻二乘之人，昔於大通佛所曾下大乘之種，因無明所覆，不能覺了，後因如來方便開示，遂乃得證大乘之果，利樂無窮，故以衣珠爲喻也。

〔七〕輪王髻裏珠：最爲珍貴、無有垢穢的寶珠。此爲法華七喻之一。妙法蓮華經卷五安樂行品：「（轉輪聖王）見兵衆戰有功者，即大歡喜，隨功賞賜，或與田宅、聚落、城邑；或與衣服、嚴身之具；或與種種珍寶：金、銀、琉璃、車渠、馬腦、珊瑚、虎珀，象馬車乘，奴婢人民。唯髻中明珠，不以與之。所以者何？獨王頂上有此一珠，若以與之，王諸眷屬必大驚怪。」輪王喻如來，髻喻二乘權教，珠喻一乘實理。珠在髻裏，猶實理爲權所隱也。

〔八〕詳見大般涅槃經卷七，本書卷二〇引。貧女者，一切衆生。室中金者，佛性也。

〔九〕如來藏：衆生煩惱身中隱藏的本來清淨（即自性清淨）的如來法身。真如在煩惱中，謂之如來藏。真如出煩惱，謂之法身。吉藏勝鬘寶窟卷下本：「言如來者，體如而來，故名如來。依佛性論，藏有三種：一、所攝藏，二、隱覆藏，三、能攝藏。所攝藏者，約自性佛性，說一切衆生無有出如如境者，並爲如如之所攝，故名藏也，則衆生爲如來所藏也。隱覆藏者，如來性住在道前，爲煩惱隱覆，衆生不見，故名爲藏。前是如來藏衆生，後是衆生藏如來也。能攝藏者，謂果地一切過恒沙功德，住應得性時，攝之以盡，故能攝爲藏也。」

〔一〇〕見大佛頂如來密因修證了義諸菩薩萬行首楞嚴經卷二。

故知明暗差別，是可還之法；真如妙性，乃不還之門。若隨物觀，局大小之所在；若約性見，絶器量之方圓。見性即成如來，於一毛端建十方之寶刹；徇物即爲凡庶，向真空裏現六趣之狴牢。變易在人，一性無異；迷悟由己，萬法不遷。

如經云：「波斯匿王起立白佛：『我昔未承諸佛誨敕，見迦旃延、毗羅胝子咸言「此身死後斷滅，名爲涅槃」，我雖值佛，今猶狐疑。云何發揮，證知此心不生滅地？今此大衆諸有漏者，咸皆願聞。』佛告大王：『汝身現存，今復問汝：汝此肉身，爲同金剛常住不朽？爲復變壞？』『世尊，我今此身，終從變滅。』佛言：『大王，汝未曾滅，云何知滅？』『世尊，我此無常變壞之身，雖未曾滅，我觀現前念念遷謝，新新不住，如火成灰，漸漸消殞，殞亡不息，決知此身當從滅盡。』

「佛言：『如是，大王，汝今生齡，已從衰老，顔貌何如童子之時？』『世尊，我昔孩孺，膚腠潤澤，年至長成，血氣充滿。而今頽齡，迫於衰耄，形色枯悴，精神昏昧，髮白面皺，逮將不久，如何見比充盛之時？』佛言：『大王，汝之形容，應不頓朽。』王言：『世尊，變化密移，我誠不覺。寒暑遷流，漸至於此。何以故？我年二十，雖号年少，顔貌已老初十年時。三十之年，又衰二十。于今六十又過于二，觀五十時，宛然强壯。世尊，我見密移，雖此殂落，其間流易，且限十年。若復令我微細思惟，其變寧唯一紀、二紀？實爲年變。豈唯年變？亦兼月化。何直月化？兼又日遷。沉思諦觀，刹那刹那，念念之間，不得停住！故知我身終從變滅。』佛言：『大王，汝見變化遷改不停，悟知汝滅。亦於滅時，知汝身中有不滅耶？』

「波斯匿王合掌白佛：『我實不知。』佛言：『我今示汝不生滅性。大王，汝年幾時見恒河水？』王言：『我生三歲，慈母携我謁耆婆天，經過此流。爾時，即知是恒河水。』佛言：『大王，如汝所説，二十之時，衰於十歲。乃至六十，日、月、歲、時，念念遷變。則汝三歲見此河時，至年十三，其水云何？』王言：『如三歲時，宛然無異。乃至于今年六十二，亦無有異。』佛言：『汝今自傷髮白面皺，其面必定皺於童年，則汝今時觀此恒河，與昔童時觀河之見，有童耄不？』王言：『不也，世尊。』佛言：『大王，汝面雖皺，而此見精性未曾皺。皺者爲變，不皺非變。變者受滅，彼不變者，元無生滅。云何於中受汝生死，而猶引彼末伽梨等〔一〕，都言此身死後全滅？』王聞是言，信知身後捨生趣生，與諸大衆踊躍歡喜，得未曾有。』〔二〕

又如衆生八識之中，前眼、耳、鼻、舌、身等五根及第八識俱緣現量，得諸法之自性，不帶一切名言，又無二種計度分別、隨念分別〔三〕，即現前不生滅。若六、七二識，落在比、非二量及具計度、隨念分別，即念念常生滅，亦是於生滅中有不生滅性。

校注

〔一〕末伽梨：末伽梨拘舍梨之略，六師外道之一。慧琳一切經音義卷二六：「末伽梨是姓也，拘舍梨是母名也。此計苦樂不由因，是自然外道也。」楞嚴經集注卷二：「具云末伽梨拘賒梨子，上是名，拘賒梨是母。此説衆生雖有苦樂，無有因緣，自然而然也。等者，等取旃延、胝子二人。」

〔二〕見大佛頂如來密因修證了義諸菩薩萬行首楞嚴經卷二。

〔三〕計度分别：謂於所緣之境計量推度，分别思維。　隨念分别：憶念過往之境事而起各種追念分别。玄奘譯阿毗達磨俱舍論卷二：「散，謂非定。意識相應散慧，名爲計度分别。若定若散意識相應諸念，名爲隨念分别。」大乘阿毗達磨雜集論卷二：「三分别者，謂自性分别、隨念分别、計度分别。自性分别者，謂於現在所受諸行自相行分别；隨念分别者，謂於昔曾所受諸行追念行分别；計度分别者，謂於去來今不現見事思構行分别。」

已上經文，此是因匿王〔一〕示疑，寄破外道斷見，有此方便，分别生滅、不生滅二性。若不執斷常見性之人，則八識心王同一真性，皆是實相，無有生滅。如大智度論云：「當知色生時，但是空生；色滅時，但是空滅。」〔二〕中觀論偈云：「無物從緣起，無物從緣滅，起唯諸緣起，滅唯諸緣滅。」〔三〕故知萬法既不從緣生，亦不非緣生。

校注

〔一〕「匿王」，原作「闍王」，據清藏本改。匿王即前引首楞嚴經中之波斯匿王，佛陀時代中印度憍薩羅國國王，意譯勝軍王等。

〔二〕見龍樹造、鳩摩羅什譯大智度論卷一八。

〔三〕波羅頗蜜多羅譯般若燈論釋卷四觀五陰品引云「楞嚴經偈曰」。

又，不空亦不生，空亦不生。何者？若一切法是不空者，即無有生，以無自性空故，方能隨緣成諸幻有；若一切法是空者，亦無有生，以無自體故，無有生相。既無有生，亦無有滅。如論偈云：「果不空不生，果不空不滅，以果不空故，不生亦不滅。果空故不生，果空故不滅，以果是空故，不生亦不滅。」〔一〕但隨心現，畢竟無生。如首楞嚴經云：「佛言：善男子，我常説言：色心諸緣及心所使諸所緣法，唯心所現。汝身汝心，皆是妙明真精妙心中所現物。云何汝等遺失本妙圓妙明心、寶明妙性？認悟中迷晦昧爲空，空晦昧中結暗爲色，色雜妄想，想相爲身，聚緣内摇，趣外奔逸，昏擾擾相，以爲心性，一迷爲心，決定惑爲色身之内，不知色身外洎山河、虚空、大地，咸是妙明真心中物。譬如澄清百千大海棄之，唯認一浮漚體，目爲全潮，窮盡瀛渤。汝等即是迷中倍人，如我垂手，等無差別，如來説爲可憐愍者。」〔二〕

校注

〔一〕見龍樹造、鳩摩羅什譯中論卷三觀因果品。

〔二〕見大佛頂如來密因修證了義諸菩薩萬行首楞嚴經卷二。

如上所説，見性周遍湛然，似鏡常明，如空不動。萬像自分出没，一性未曾往還，但隨生滅之緣，遺此妙明之性。是以一切祖教，皆指見性識心，不從生因之所生，唯從了因之所了。相麄易辯，性密難明，隨轉處而莫知，在照時而方了。如今不見者，皆被三惑心牽，六塵境换，不知境元是我，翻成主被客迷。但能隨流得性之時，自然無惑。

復有云「般若唯以心神契會，以心傳心，方成密付，不可以言迹事相而求」〔一〕者，此是爲未入人顯宗破執，恐取相背心，情求意解，故有是説。若融會而論，則隨緣體妙，即相恒真。且如正見相時，是誰見相？以六塵鈍故，名不自立，相不自施；以六根利故，强自建立而爲緣對。若能了境本寂，識自無生，則入平等真空，方稱究竟見性耳，故云「見性周徧，非汝而誰」。

校注

〔一〕元康肇論疏卷上：「『可以神會，難以事求』者，可以般若神心契會，不可以言迹事相而求也。」

聞性者，即今聞性，具三真實〔二〕。文殊簡出，現證可知；觀音入門，圓通立驗。非從行得，不墮有爲。豈假功成？本來如是。首楞嚴經偈云：「譬如人静居，十方俱擊鼓，十處一時聞，此則圓真實。目非觀障外，口鼻亦復然，身以合方知，心念紛無緒。隔垣聽音響，遐邇俱可聞，五根所不齊，是則通真實。音聲性動靜，聞中爲有無，無聲号無聞，非實聞無性。聲無既無滅，聲有亦非生，生滅二圓離，是則常真實。」〔二〕

釋曰：此是直説如今一切衆生日用現行，聞性三真實之理：一、圓真實，二、通真實，三、常真實。

一、圓真實者，以聞性徧一切處，十方聲塵應時無有前後，以同時周徧，一一皆不出自性，如水起波，波不離水。以聲處全聞，聞外無法，即是本聞，自具圓通之性，非待證聖，方有斯事。故法華經偈云：「父母所生耳，清浄無瑕穢，以此常耳聞，三千世界聲。」〔三〕又云：「持是法華者，雖未得天耳，但用所生耳，功德已如是。」

二、通真實者，且眼根見性，雖即洞然，能觀前而不觀後；鼻、舌、身等三〔四〕根，皆以合中知，因能所而生起；若意知根，所緣不定，念念遷移故。「五根所不齊」，唯耳根圓通無礙。聽響之際，任隔礙而遠近俱聞；妙應之時，無揀擇而大小咸備。故高城和尚歌云：「應耳時，若幽谷，大小音聲無不足。十方鐘鼓一時鳴，靈光運運常相續。」〔五〕則處凡身而不減，居聖體而非增。常現常通，塵勞不能匿其神彩；非間非斷，天魔不能挫其威光。不壞緣生之耳根，圓具一靈之妙性。

三、常真實者，「音聲性動靜」者，動靜是音聲之體，性於聞中似有似無。若無聲時号無聞，非實聞無性，以聞性常在。若聞性隨聲塵滅，則前聲滅時，後聲不合更聞。故知聲塵自無，聞性非滅；聲塵自有，聞性非生。又，非唯聞性無生，返觀聲塵亦無生滅，以從緣而起，自體全無。

校注

〔一〕三真實：觀音菩薩耳根圓通而具有的三種真實。於楞嚴會上，大小二十五聖衆各自宣説所證圓通方便，其中觀音以耳根圓通，被文殊譽爲最上、最殊勝，並舉出三種真實而稱讚其耳根之圓通：一、通真實，謂眼、鼻、舌、身、意等諸根皆不如耳根，蓋眼不見障外，乃至意亂而不定，而耳根能隔垣聽音響，遠近俱可聞；二、圓真實，謂十方擊鼓，可同時聞聲；三、常真實，謂聲有止息，然不失聞性，有聲則有聞，無聲則不聞，聞性湛然常住而了無生滅。參見後文。

〔二〕見大佛頂如來密因修證了義諸菩薩萬行首楞嚴經卷六。

〔三〕見妙法蓮華經卷六法師功德品。下一處引文同。

〔四〕「三」，磧砂藏、嘉興藏本作「五」。按，經云「五根所不齊，是則通真實」。五根者，眼根、鼻根、舌根、身根和意根。眼根前已説，意根在後説，此處説鼻、舌和身三根，故當作「三」是。

〔五〕見高城和尚歌。全詩見祖堂集卷一四高城和尚、禪門諸祖師偈頌卷上等。祖堂集卷一四高城和尚：「高城和尚，嗣馬大師，師諱法藏。未睹行録，不決化緣終始。師有歌行一首。」後即録高城和尚歌。

如華嚴論云：一切諸法，猶如谷響〔一〕。楞嚴疏鈔〔二〕云：如谷中無聲，無聲即無響。法界中皆無聲，一切聲皆是妄心。妄心不動時，皆無妄想，以有差别心執受，即有聲四大，如枯木，即本無聲，皆緣執故，諸大菩薩不以音聲聽法。是知聲塵本無，皆因執有。情消執喪，萬法本虚。有無既虚，生滅何有？則知我性與如來性無異，一切世間法即是佛法。故經云：「是法住法位，世間相常住。」〔三〕

校注

〔一〕李通玄新華嚴經論卷三〇：「若想念願樂，即如應、現、化，無有處所依止故，猶如谷響，但有應物之音。」

〔二〕按，錢謙益鈔楞嚴經疏解蒙鈔卷首古今疏解品目：「（延壽）撰宗鏡録一百卷，折衷法門，會歸心要，多取證於楞嚴。所引古釋，即慤、振、沇三家之説也。」慤，指唐崇福寺惟慤法師疏；振，指唐魏北館陶沙門慧振科判；沇，指唐蜀資中弘沇法師疏。此楞嚴疏鈔，不知何指。

〔三〕見妙法蓮華經卷一方便品。

如憍陳那因聲悟道，妙音密圓〔一〕。古釋云：若有能、所，未得名密。悟四諦理，推能聞及所聞，皆是自心，心即是本覺光明，圓照法界，始覺智心亦圓照法界，即是因聲得悟。

一切衆生，依此觀亦得解脱。若聞聲可意、不可意生憎愛，便被聲縛。但觀心海中是聲出處，以心海元無有相，心雖含聲，聲亦無相，無相即於一切聲中而得解脱。故知無法不心，無心不法。如是明達，則於一切諸法不合不散，無縛無脱矣。

故「佛告阿難：『汝學多聞，未盡諸漏，心中徒知顛倒所因，真倒現前，實未能識。恐汝誠心由未信伏，吾今試將塵俗諸事，當除汝疑。』即時，如來敕羅睺羅擊鐘一聲，問阿難言：『汝今聞不？』阿難、大衆俱言：『我聞。』鐘歇無聲，佛又問言：『汝今聞不？』阿難、大衆俱言：『不聞。』時羅睺羅又擊一聲，佛又問言：『汝今聞不？』阿難、大衆又言：『俱聞。』佛問阿難：『汝云何聞？云何不聞？』阿難、大衆俱白佛言：『鐘聲若擊，則我得聞。擊久聲消，音響雙絶，則名無聞。』如來又敕羅睺羅擊鐘，問阿難言：『尔今聲不？』阿難言：『聲。』少選聲消，佛又問言：『汝今聲不？』阿難、大衆答言：『無聲。』又頃，羅睺羅更來撞鐘，佛又問言：『尔今聲不？』阿難、大衆俱言：『有聲。』佛問阿難：『汝云何聲？云何無聲？』阿難、大衆俱白佛言：『鐘聲若擊，則名有聲。擊久聲消，音響雙絶，則名無聲。』佛語阿難及諸大衆：『汝今云何自語矯亂？』

「大衆、阿難俱時問佛：『我今云何名爲矯亂？』佛言：『我問汝聞，汝則言聞。又問汝聲，汝則言聲。唯聞與聲，報答無定，如是云何不名矯亂？阿難，聲消無響，汝説無聞。

若實無聞，聞性已滅，同于枯木，鐘聲更擊，汝云何知？知有知無，自是聲塵或無或有，豈彼聞性爲汝有無？聞實云無，誰知無者？是故，阿難，聲於聞中，自有生滅，非爲汝聞聲生、聲滅令汝聞性爲有、爲無。汝尚顛倒，或〔二〕聲爲聞，何怪昏迷，以常爲斷！終不應言離諸動静、閉塞、開通説聞無性。如重睡人，眠熟牀枕，其家有人於彼睡時，擣練舂米，其人夢中聞舂擣聲，别作他物，或爲擊鼓，或復撞鐘，即於夢時，自怪其鐘爲石木響。於時忽寤，遄知杵音，自告家人：「我正夢時，惑此舂音，將爲鼓響。」阿難，是人夢中，豈憶静摇、開閉、通塞？其形雖寐，聞性不昏，縱汝形消，命光遷謝，此性云何爲汝消滅』」〔三〕。

楞嚴疏〔四〕云：擊鐘以辯真妄者，即聞性而可真，舉聲塵而辯妄。若因聲有聞，此聞不離聲；若離聲有聞，此是真聞。汝今但執隨聲之聞，此聞不離於聲，只合是聲，不合是聞。若真聞性，如水；不滅聲塵，如風。鼓水成波，故有聞相。聲塵不起，聞相即無而聞性不滅。以性不滅，聲塵若來，還有聞相，如水不滅，若風動時，即有波相。如色真性，徧十方界，隨心感現，則有色相。此之聞性，亦復如是。故知不認自體恒常之聞性，卻徇聲塵生滅之聞相，遂乃聞讚而生喜，聞毁而起瞋，以迷本聞故，隨聲流轉故。文殊云：「衆生迷本聞，循聲故流轉。阿難縱强記，不免落邪思。豈非隨所淪，旋流獲無妄。」〔五〕又云：「旋汝倒聞機，返聞聞自性，性成無上道，圓通實如是。」

如今以聲爲聞，背心循境，豈不是倒聞之機？若能旋聲塵之有流，復本聞之無妄，則是返聞自性，得本歸原。内滅翳根，外消塵境，能、所既脱，本覺道成，寂照圓通，真實如是。所以佛告阿難：「以諸衆生從無始來，循諸色聲，逐念流轉，曾不開悟性浄妙常，不循所常，逐諸生滅，由是生生雜染流轉。若棄生滅，守於真常，常光現前，根塵識心應時消落，想相爲塵，識情爲垢，二俱遠離，則汝法眼應時清明，云何不成無上知覺？」

校注

〔一〕大佛頂如來密因修證了義諸菩薩萬行首楞嚴經卷五：「憍陳那五比丘即從座起，頂禮佛足而白佛言：『我在鹿苑及於雞園，觀見如來最初成道，於佛音聲悟明四諦。佛問比丘，我初稱解，如來印我名阿若多。妙音密圓，我於音聲得阿羅漢。佛問圓通，如我所證，音聲爲上。』」詳見卷四三注。

〔二〕「或」，嘉興藏本及大佛頂如來密因修證了義諸菩薩萬行首楞嚴經作「惑」。按，「或」與「惑」通。

〔三〕見大佛頂如來密因修證了義諸菩薩萬行首楞嚴經卷四。

〔四〕按，錢謙益鈔楞嚴經疏解蒙鈔卷首古今疏解品目：「（延壽）撰宗鏡録一百卷，折衷法門，會歸心要，多取證於楞嚴。所引古釋，即慤、振、沇三家之説也。」慤，指唐崇福寺惟慤法師疏；振，指唐魏北館陶沙門慧振科判；沇，指唐蜀資中弘沇法師疏。此楞嚴疏，不知何指。

〔五〕見大佛頂如來密因修證了義諸菩薩萬行首楞嚴經卷六。下兩處引文同。

是以若了聞性，即成正覺，於是心境雙融，動静俱泯。如觀音言：「彼佛教我從聞、思、修入三摩地。初於聞中，入流亡所，所入既寂，動、静二相了然不生，如是漸增，聞、所聞盡。盡聞不住，覺、所覺空。空覺極圓，空、所空滅。生滅既滅，寂滅現前，忽然超越世、出世間，十方圓明，獲二殊勝：一者、上合十方諸佛本妙覺心，與佛如來同一慈力；二者、下合十方一切六道衆生，與諸衆生同一悲仰。」〔一〕

是以初從聞性入時，先亡動静、聲塵之境，次亡能聞、所聞之心，既心、境俱亡，又不住無心境及能覺、所覺之智，則覺智俱空。此空亦空，方成圓覺，故云「空覺極圓，空、所空滅」。始盡生滅之原，到寂滅本妙覺心之地。如起信論云：「一切諸法，皆由妄念而有差別，若離妄念，則無境界差別之相。」〔二〕故知妄念空而根境謝，識想消而塵垢沉，則法眼應時清明，常光了然頓現。

校注

〔一〕見大佛頂如來密因修證了義諸菩薩萬行首楞嚴經卷六。

〔二〕見實叉難陀譯大乘起信論卷上。

見、聞本性既尔，諸根所現亦然。故經云：「六自在王常清浄故。」〔一〕

又，首楞嚴經偈云：「一根既返原，六根成解脱。見聞如幻翳，三界若空華，聞復翳根除，塵消覺圓浄。浄極光通達，寂照含虚空。卻來觀世間，猶如夢中事。」〔二〕但以未覺悟前，於染浄中有一毫見聞取捨之處，皆在三界無明長夜生死夢中。纔得見性，便同覺後，自覺、覺他，故名爲佛。

校注

〔一〕見摩訶般若波羅蜜經卷五廣乘品。

〔二〕見大佛頂如來密因修證了義諸菩薩萬行首楞嚴經卷六。

又，此自心之性，徧一切處，隨處得入，非獨見聞。或意消香界而入圓通〔一〕，或心開塵境而證法忍〔二〕，或入水觀而達性〔三〕，或審風力而悟宗〔四〕，或刺足疼痛而純覺遺身〔五〕，或了心無際而入佛知見〔六〕，或觀煖觸而成火光三昧〔七〕，或演法音而降伏魔怨〔八〕。當此大悟之時，終不見有一境可生、一言可執。今只爲迷性徇文、背心求道者假以言説，指歸自心，從此一向内觀，捨詮究理，斯則豈不是因言悟道，藉教明宗？爲此之人，不無利益，遂使初心學者信有所歸，便能息外馳求，迴光反照，頓見自己，了了明心。如正飲醍醐，親開寶藏，方悟隨言之失，深慙背己之愆。故阿難等因世尊開示自性之後，發自慶言：「消我億劫顛倒想，不歷僧祇獲法身。」〔九〕故能不動塵勞，現身成佛。祖佛言教，有如是不可思議之力，爲是廣大無邊法利故，所以具引全文佛語爲證，云何反有背己之言、論文之誚乎？

校注

〔一〕大佛頂如來密因修證了義諸菩薩萬行首楞嚴經卷五：「香嚴童子即從座起，頂禮佛足而白佛言：我聞如來教我諦觀諸有爲相。我時辭佛宴晦清齋，見諸比丘燒沈水香，香氣寂然來入鼻中，我觀此氣非木、非空、非煙、非火，去無所著，來無所從，由是意銷，發明無漏，如來印我，得香嚴號。塵氣倏滅，妙香密圓，我從香嚴，得阿羅漢。」

〔二〕「心開塵境而證法忍」者，如優波尼沙陀觀色得阿羅漢、藥王藥上因味覺明位登菩薩、跋陀婆羅因觸得無學、摩訶迦葉因觀法空而成羅漢等。詳見大佛頂如來密因修證了義諸菩薩萬行首楞嚴經卷五。

〔三〕大佛頂如來密因修證了義諸菩薩萬行首楞嚴經卷五：「月光童子即從座起，頂禮佛足而白佛言：我憶往昔恒河沙劫，有佛出世，名爲水天，教諸菩薩修習水觀，入三摩地，觀於身中水性無奪，初從涕唾，如是窮盡津液、精血、大小便利，身中漩液，水性一同，見水身中與世界外浮幢王刹諸香水海等無差別。我於是時，初成此觀，但見其水，未得無身，當爲比丘室中安禪。我有弟子，窺窗觀室，唯見清水遍在屋中，了無所見，童稚無知，取一瓦礫，投於水內，激水作聲，顧盻而去。我出定後，頓覺心痛，如舍利弗遭違害鬼。我自思惟：『今我已得阿羅漢道，久離病緣，云何今日忽生心痛，將無退失？』爾時，童子捷來我前，説如上事，我則告言：『汝更見水，可即開門入此水中，除去瓦礫。』童子奉教，後入定時，還復見水，瓦礫宛然，開門除出，我後出定，身質如初，逢無量佛，如是至於山海自在通王如來，方得亡身，與十方界諸香水海，性合真空，無二無别。今於如來得童真名，預菩薩會。」

〔四〕大佛頂如來密因修證了義諸菩薩萬行首楞嚴經卷五：「瑠璃光法王子即從座起，頂禮佛足而白佛言：我憶往昔經恒沙劫，有佛出世，名無量聲，開示菩薩本覺妙明，觀此世界及衆生身，皆是妄緣風力所轉。我於爾時，觀界安立、觀世動時、觀身動止、觀心動念，諸動無二，等無差别，我時了覺此群動性，來無所從，去無所至，十方微塵顛倒衆生同一虚妄，如是乃至三千大千，一世界内所有衆生，如一器中貯百蚊蚋，啾啾亂鳴，於分寸中鼓發狂鬧。逢佛未幾，得無生忍，爾時心開，乃見東方不動佛國，爲法王子事十方佛，身心發光，洞徹無礙。」

〔五〕大佛頂如來密因修證了義諸菩薩萬行首楞嚴經卷五：「畢陵伽婆蹉即從座起，頂禮佛足而白佛言：我初發心，從佛入道，數聞如來説諸世間不可樂事，乞食城中，心思法門，不覺路中毒刺傷足，舉身疼痛，我念有知，知此深痛雖覺覺痛，覺清浄心無痛痛覺，我又思惟如是一身，寧有雙覺？攝念未久，身心忽空，三七日中，諸漏虚盡，成阿羅漢，得親印記，發明無學。」

〔六〕大佛頂如來密因修證了義諸菩薩萬行首楞嚴經卷五：「舍利弗即從座起，頂禮佛足而白佛言：我曠劫來，心見清浄，如是受生如恒河沙，世、出世間種種變化，一見則通獲無障礙，我於路中逢迦葉波，兄弟相逐，宣説因緣，悟心無際，從佛出家，見覺明圓得大無畏，成阿羅漢。」

〔七〕大佛頂如來密因修證了義諸菩薩萬行首楞嚴經卷五：「烏芻瑟摩於如來前，合掌頂禮佛之雙足而白佛言：我常先憶久遠劫前性多貪欲，有佛出世，名曰空王，説多婬人成猛火聚，教我遍觀百骸四躰，諸冷暖氣神光内凝，化多婬心，成智慧火，從是諸佛皆呼召我名爲火頭，我以火光三昧力故成阿羅漢。」

〔八〕大佛頂如來密因修證了義諸菩薩萬行首楞嚴經卷五：「富樓那彌多羅尼子即從座起，頂禮佛足而白佛言：我曠劫來，辯才無礙，宣説苦空，深達實相，如是乃至恒沙如來祕密法門，我於衆中微妙開示得無所畏。世尊知我有大辯才，以音聲輪教我發揚，我於佛前助佛轉輪，因師子吼成阿羅漢，世尊印我説法無上。」

〔九〕見大佛頂如來密因修證了義諸菩薩萬行首楞嚴經卷三。

若不觀心内證，法、律、禪師等，各有十種過患。如像法決疑經〔一〕云：三師破壞佛法，略各有十過：一〔二〕、法師十過者：一、但外求文解，而不内觀修心。釋論云：有論〔三〕而無慧，所説不應受。二、不融經息諍趣道，但執己非他，我慢自高，不識見心苦集。三、不遵遺囑，不依念處修道，不依木叉〔四〕住，非佛弟子。四、經云：非禪不慧〔五〕，偏慧不禪，一翅一輪，豈能遠運？五、法本無説，説破貪求，名利弘宣，寧會聖旨？六、貴耳入口出，何利於己？經云：「如人數他寶，自無半錢分。」〔六〕七〔七〕、無行而宣，何利於他？八、又多加水乳無道之教，教誤後生。九、四衆失真法利，轉就澆漓。十、非但不能光顯佛法，亦乃破於佛法也。

禪師十過者，一、經云：假名阿練若，納衣在空閑，自謂〔八〕行真道，好説我等過〔九〕。二者、恃行陵他，不識戒取苦集煩惱。三、無慧修定，盲禪無目，寧出生死也？四、不遵遺囑，不依念處修道，不依木叉而住，非佛弟子。五、無慧之禪，多發鬼定〔一〇〕，生破壞佛法，死墮鬼道。六、名利坐禪，如扇提羅〔一一〕，死墮地獄。七、設證得禪，即墮長壽天難。八、加〔一二〕水乳禪教授學徒，紹三塗種子。九、四衆不霑真法之潤，轉就澆漓。十、非止不能光顯三寶，亦乃破佛法也。

律師十過者，一、但執外律，不識内戒，故被浄名訶。二、執律名相，諍計是非，不識見心苦集。三、然〔一三〕戒、定、慧相資，方能進道，但律不慧不禪，何能進道？四、弘在名譽，志不存道，果在三塗。五、不遵遺囑，不依念處修道，不依木叉而住。六、執律方便，小教以爲正理，而障大道。七、師師執律不同，弘則多加水乳。八、不依聖教傳授，誤累後生。九、四衆不霑真法，轉就澆漓。十、非止不能光顯三寶，亦乃破佛法也〔一四〕。

校注

〔一〕按，開元釋教録卷一八别録中僞妄亂真録第七著録像法決疑經一卷、新像法決疑經一卷。今大正藏卷八五收像法決疑經一卷，然未見後引諸説，參後注。

〔二〕「一」，磧砂藏、嘉興藏本無。按，後「禪師十過」「律師十過」前皆無序號。

〔三〕「論」，觀心論疏作「聞文」。據大正藏本觀心論疏校勘記，明曆四年刊宗教大學藏本作「文」。

〔四〕木叉：即「波羅提木叉」，意譯「別解脱」、「處處解脱」等，戒律之名。

〔五〕智顗説四念處卷一：「有人弘經，云非禪不慧，從五停禪生四念處，發聞慧也。若非慧不禪者，此從四念處生四如意足也。私謂此禪又慧共修證，共修念處應便也。」

〔六〕見實叉難陀譯大方廣佛華嚴經卷一三。

〔七〕「七」，原無，據磧砂藏、嘉興藏本及冥樞會要補。

〔八〕「謂」，諸校本作「爲」。

〔九〕妙法蓮華經卷四勸持品：「或有阿練若，納衣在空閑，自謂行真道，輕賤人間者。」按，觀心論疏引作「假名阿練若，納衣在空閑，自謂人間寶，道説我等過」。阿練若，意譯寂静處、空閑處，指佛寺。納衣，又稱糞掃衣，用破布片縫製而成的衣服。穿著納衣，是比丘十二頭陀行之一。

〔一〇〕鬼定：爲役使鬼神而修之禪定，是外道所修悖於正理之邪禪。

〔一一〕扇提羅：意譯「石女」，無男女根者。詳見本書卷三〇注。

〔一二〕「加」，諸校本作「如」。按，觀心論疏、冥樞會要作「加」。「加水乳」者，給真乳加入水。真乳，喻指涅槃之法。大般涅槃經卷九：「如牧牛女，爲欲賣乳，貪多利故，加二分水，轉賣與餘牧牛女人。彼女得已，復加二分，轉復賣與近城女人。女人得已，復加二分，轉復賣與城中女人。彼女得已，復加二分，詣市賣之。時有一人，爲子納婦，當須好乳以贍賓客，至市欲買。是賣乳者，多索價數，是人答言：『汝乳多水，不直爾許。正值我今贍待賓客，是故當取。』取已還家，煮用作糜，都無乳味，雖復無味，於苦味中千倍爲勝。」

〔一三〕「然」，嘉興藏本作「兼」。按，觀心論疏、冥樞會要作「然」。

〔一四〕「如像法決疑經云」至此，見灌頂觀心論疏卷一。像法決疑經：「諸惡比丘於此義中不能解了，誹謗不信，隨相取義，歷劫受殃。是諸比丘亦復自稱我是法師、我是律師、我是禪師，此三種學人，能滅我法，更非餘人。此三種人，迭相説過，迭相毀呰。此三種人，入於地獄，猶如箭射。」

是知若不觀心，具如上之大失。如大智度論云：「菩薩摩訶薩若欲不空食國中之施者，當學般若波羅蜜。」〔一〕

又，寶梁經云：若學大乘佛法者，受施主摶食，如須弥山。受施主衣，可敷大地。如不學者，若未墮僧數，十方無唾地處〔二〕。

維摩經亦云：敬學如師〔三〕。

纔起學心，便有爲人天之分。或聞宗鏡一句，定成佛無疑。故法華經云：「若有聞是法，無一不成佛。」〔四〕唯除未聞者，盲冥不信人。若已聞者，皆是曩因，既受衣珠，曾親佛會，不可放逸，須志披尋。忽遇緣差，空無所得。

所以瑜伽論云：不緩加行〔五〕中，「又能如是勇猛精進，謂我今定當趣證，所應證得，不應慢緩。何以故？我有多種横死因緣，所謂身中或風、或熱、或痰發動；或所飲食不正消化，住在身中；或宿食病，或爲於外虵、蠍、蚰蜒、百足等類諸惡毒蟲之所蛆螫；或復爲人、非人類等之所驚恐，因斯夭没。於如是等諸横死處，恒常思惟，修無常想，住不放逸，由住如是不放逸故，恒自思惟：我之壽命，儻得更經七日、六日、五日、四日、三日、二日、一日、一時、半時、須臾，或經食頃，或從入息至於出息，或從出息至於入息〔六〕，乃至存活經尔所時，於佛聖教精勤作意，修習瑜伽。劑尔所時，於佛聖教，我當決定多有所作，如是名爲不緩加行」〔七〕。

校注

〔一〕見龍樹造、鳩摩羅什譯大智度論卷七七。

〔二〕寶梁經：二卷，北涼道龔譯，「今編入寶積，當第四十四會」（開元釋教録卷四），即今大寶積經卷一一三、一一四寶梁聚會。此處所引，或爲此經文之意述。大寶積經卷一一三沙門品：「若有非沙門自言我是沙門、非梵行自言我有梵行，於此大地乃至無有涕唾分處，況舉足下足、去來屈伸。何以故？過去大王持此大地施與持戒有行德者，令於中行道。迦葉，是破戒比丘舉足下足處，一切信施不及此人，況僧坊及招提僧舍經行之處。若有房舍床敷園林，所有衣鉢、卧具、醫藥一切信施，所不應受。迦葉，我今當説。若有非沙門自言我是沙門、非梵行自言我有梵行，不能必報信施如一毛端。何以故？聖衆福田，猶如大海，最妙最勝，於中若有施主淨心信故，以施種子種福田中，如此施主起無量施想。迦葉，若有破戒比丘，如分一毛以爲百分，若惡比丘受信施如一毛分，隨所受毛分即損失施主爾所大海福報之分，不能畢報。迦葉，是故應浄其心受他信施。迦葉，應如是學。」

〔三〕維摩詰所説經卷下菩薩行品：「不輕未學，敬學如佛。」

〔四〕見妙法蓮華經卷一方便品。

〔五〕加行：針對正位的準備，加一段力而修行。成唯識論述記卷九：「舊言『方便道』，今言『加行』，顯與佛果善巧差別，因中行未圓足，所行必須加功求後勝果。果上萬行既滿，所行唯是方便，利益有情，顯此二別，此名加行。」加行共有九種。不緩加行者，謂修習勤行而未敢緩慢。

〔六〕「息」，原作「想」，據諸校本及瑜伽師地論改。

〔七〕見玄奘譯瑜伽師地論卷三一。

問：義學多樂聽讀，禪宗唯精内觀，然教、觀二門，闕一不可。若但觀心而不尋教，墮闇證上慢之愚；若但尋教而不觀心，受執指數寶之誚〔一〕。有不達者，遞相是非。今宗鏡廣搜，祖教意足，請爲微細開析，以決深疑。

答：教觀難明，須分四句。如云：「一、教門非理門，教是能通，理是所通，能、所異故；二、理門非教門，吾聞解脱之中，無有言説故；三、教門即理門，文字即解脱故；四、理門即教門，解脱即文字故。」〔二〕

又，以門對教，四句分別：「一、得教不得門，文字法師是；二、得門不得教，觀慧禪師是；三、得門復得教，聞慧法師是〔三〕；四、門教俱不得，假名阿練若是。」

校注

〔一〕實叉難陀譯大方廣佛華嚴經卷一三：「如人數他寶，自無半錢分，於法不修行，多聞亦如是。」

〔二〕見智顗説、湛然略維摩經略疏卷九。下一處引文同。

〔三〕文字法師，指專習教相而不修禪行者；觀慧禪師，這裏指執著於修習禪定而不知教相文理的禪徒，所謂暗證禪師；聞慧禪師，這裏指熟知教理又有禪修者。智顗説妙法蓮華經玄義卷一〇上：「教門爲信行人，又成聞義。觀門爲法行人，又成慧義。聞慧具足，如人有目，日光明照，見種種色。」

又，或隨方便之詮，則執權害實；若達圓頓之教，則了實開權。執權則教、觀兩分，了實則人、法一旨。人法一旨，則境智俱冥；教觀兩分，則信法雙現。信法雙現，則有觀有聞；境智俱冥，則無内無外。斯乃隨根利鈍，有此開遮，若能就旨圓融，自無取捨，則塵塵合道，信行同法行之機；念念歸宗，教門等觀門之旨。如是則無一心可照，誰執觀門？無一法可聞，孰論教道？方入宗鏡，與此相應。未達斯門，終成隔礙。

且教中具述，有二種修行人：一是信行，二是法行。薩婆多明此二人，位在見道。因聞入者，是爲信行；因思入者，是爲法行。曇無德云：位在方便，自見法少，憑聞力多，後時要須聞法得悟，名爲信行；憑聞力少，自見法多，後時要須思惟得悟，名爲法行〔一〕。止觀云：「若論利鈍者，法行利，内自觀法故；信行鈍，藉他聞故。又，信行利，一聞即悟故；法行鈍，歷法觀察故。或俱利，或俱鈍。信行人聞慧利，修慧鈍；法行人修慧利，聞慧鈍。」〔二〕

校注

〔一〕「薩婆多明此二人」至此，見智顗説、灌頂記摩訶止觀卷五上。

〔二〕見智顗説、灌頂記摩訶止觀卷五上。

已上且約三師所説，自然不可偏執觀心與教道、定據聽學與坐禪。今若得一心，萬邪滅矣，則何心而非教？若一聞千悟，獲大總持，則何教而非心？何教而非心，則心外無法；何心而非教，則法外無心。

更約智者大師對法行二人，以止觀安心，隨四悉檀意，以逗機宜，俱令入道。「師即問言：『汝於定慧，爲志何等？』其人若言：『我聞佛説：善知識者，如月形光，漸漸圓著，又如梯隥，漸漸增高，巧説轉人〔一〕心，得道大因緣。志欣渴飲，如犢逐母。』當知是則信行人也。若言：『我聞佛説：明鏡若不動，色像自分明，浄水無波，魚石自現，欣捨惡覺，如棄重擔。』當知是則法行人也。既知根性，於一人所，八番安心。

「咄！善男子！無量劫來，飲狂散毒，馳逐五塵，昇沉三界，猶如猛風吹兜羅毦〔二〕，大熱沸鑊煮豆昇沉，從苦至惱，從惱至苦，何不息心達本，以一其意？意若一者，何事不辦？苦集得一則不輪迴，無明得一不至於行，乃至不至老死，摧折大樹畢故不造新。六弊〔三〕得一則度彼岸，唯此爲快。善巧方便，種種因緣，種種譬喻，廣讚於止，發悦其情，是名隨樂欲以止安心也。

「又，善男子，如天亢旱，河池悉乾，萬卉燋枯，百穀零落。娑伽羅王七日構雲，四方霔雨，大地霑洽，一切種子皆萌芽，一切根株皆開發，一切枝葉皆鬱茂，一切華果皆敷榮。人亦如是，以散逸故，應生善不復生，已生善還退失，禪定河乾，道品樹滅，萬善燋枯，百福殘悴，因華道果不復成熟。若能閑林一意，内不出，外不入，静雲興也，發諸禪定，即是降雨也，功德叢林、煖頂方便、眼智明覺，信忍、順忍、無生寂滅忍乃至無上菩提，悉皆剋獲。善巧方便，種種緣喻，廣讚於止，生其善根，是名隨便宜以止安心也。

「又，善男子，夫散心者，惡中之惡，如無鈎醉象蹋壞華池〔四〕，穴鼻駱駝〔五〕翻倒負馱，疾於掣電，毒逾虵舌，重沓五翳，埃藹曜靈，睫近霄遠，俱皆不見。若能修定，如密室中燈，能破巨闇〔六〕；金鎞抉膜，空色朗然，一指、二指、三指皆了〔七〕。大雨能淹囂塵，大定能静狂逸，止能破散，虚妄滅矣。善巧方便，種種緣喻，廣讚於止，破其睡散，是名對治以止安心也。

「又，善男子，心若在定，能知世間生滅法相，亦知出世不生不滅法相。如來成道，猶尚樂定，況諸凡夫〔八〕？有禪定者，如夜見電光，即得見道〔九〕，破無數億洞然之惡，乃至得成一切種智。善巧方便，種種緣喻，廣讚於止，即會真如，是名隨第一義以止安心也。

「其人若言我聞寂滅，都不入懷，若聞分別，聽受無猒，即應爲説三惡燒然，駞驢重楚，餓鬼飢渴，不名爲苦，癡闇無聞，不識方隅，乃是大苦。多聞分別樂，見法法喜樂，以善攻惡樂，無著阿羅漢，是名爲最樂。從多聞人，聞甘露樂，如教觀察知道，遠離坑埳，直去不迴。善巧方便，種種緣喻，廣讚於觀，發悦其情，是名隨樂欲以觀安心。

「又，善男子，月開蓮華，日興作務，賫應隨主，彩畫須膠。坏〔一〇〕不遇火，無須臾用；盲不得導，一步不前。行無觀智，亦復如是。一切種智，以觀爲根本，無量功德之所莊嚴。善巧方便，種種緣喻，廣讚於觀，生其功德，是名隨便宜以觀安心。

「又，善男子，智者識怨，怨不能害。武將有謀，能破强敵。非風何以卷雲？非雲何以遮熱？非水何以滅火？非火何以除闇？析薪之斧，解縛之刀，豈過智慧？善巧方便，種種緣喻，廣讚於觀，使其破惡，是名對治以觀安心。

「又，善男子，井中七寳，闇室瓶盆，要待日明〔一一〕，日既出已，皆得明了。須智慧眼觀知諸法實，一切諸法中，皆以等觀入〔一二〕。般若波羅蜜最爲照明。善巧方便，種種緣喻，廣讚於觀，令得悟解，是名第一義以觀安心。如是八番爲信行人説安心也。

「其人若云：『我樂息心，默以復默，損之又損之，遂至於無爲，不樂分别，坐馳無益。』此則法行根性，當爲説止：汝勿外尋，但内守一。攀覺流動，皆從妄生。如旋火輪，輟手則息；洪波鼓怒，風静則澄。浄名經云：『何謂攀緣？謂有三界。何謂息攀緣？謂心無所得。』〔一三〕瑞應經云：『其得一心者，則萬邪滅矣。』〔一四〕龍樹云：『實法不顛倒，念想觀已除，言語法皆滅。無量衆罪除，清浄心常一。如是尊妙人，則能見般若。』〔一五〕

「夫山中幽寂，神仙所讚，況涅槃澄静，賢聖尊崇。佛話經〔一六〕云：比丘在聚，身口精勤，諸佛咸憂；比丘在山，息事安卧，諸佛皆喜。況復結跏束手、緘脣結舌？思惟寂相，心原一止。法界洞寂，豈非要道？唯此爲貴，餘不能及。善巧方便，種種因緣，種種譬喻，廣讚於止，發悦其心，是名隨樂欲以止安心。

「其人若云：『我觀法相，只增紛動，善法不明。』當爲説止：止是法界平正良田，何法不備？止捨攀緣即是檀，止體非惡即是戒，止體不動即是忍，止無間雜即是精進，止則決定即是禪，止法亦無、止者亦無即是慧，因止會非止、非不止即是方便，一止一切止即是願，止止愛、止止見即是力，此止如佛止無二無别即是智，止具一切法即是秘藏。但安於止，何用别修諸法？善巧方便，種種緣喻，令生善根，即是隨便宜以止安心也。

「若言『我觀法相，散睡不除』者，當爲説止，大有功能：止是壁定，八風〔一七〕惡覺不能入；止是浄水，蕩於貪婬，八倒〔一八〕猶如朝露，見陽則晞；止是大慈，怨親俱愍，能破恚怒；止是大明呪，癡疑皆遣；止即是佛，破除障道。如阿伽陁藥〔一九〕，徧治一切；如妙良醫，呪枯起死。善巧方便，種種緣喻，令其破惡，是名對治以止安心。

「其人若言：『我觀察時，不得開悟。』當爲説止：止即體真，照而常寂；止即隨緣，寂而常照；止即不止，止雙遮雙照。止即佛母，止即佛父，亦即父即母，止即佛師、佛身、佛眼、佛之相好、佛藏、佛住處，何所不具？何所不除？善巧方便，種種緣喻，廣讚於止，是爲第一義以止安心。

「彼人言：『止狀沉寂，非我悦樂。』當爲説觀：推尋道理，七覺中有擇覺支〔二〇〕，八正中有正見〔二一〕，六度中有般若〔二二〕，於法門中爲主爲導，乃至成佛，正覺、大覺、徧覺，皆是觀慧異名，當知觀慧最爲尊妙。如是廣讚，是爲隨樂欲以觀安心。

「若勤修觀，能生信、戒、定、慧、解脱、解脱知見，知病識藥，化道大行，衆善普會，莫復過觀，是爲隨便宜以觀安心。

「觀能破闇、能照道、能除怨、能得寶，傾邪山、竭愛海，皆觀之力，是爲隨對治以觀安心。

「若觀法時，不得能所，心慮虚豁，朦朧欲開，但當勤觀，開示悟入，是爲用第一義以觀安心。是爲八番爲法行人説安心也。

「復次，人根不定，或時迴轉。薩婆多明轉鈍爲利，成論明數習則利。此乃始終論利鈍，不得一時辯也。今明衆生心行不定，或須臾而鈍，須臾而利，任運自尔，非關根轉，亦不數習。或作觀不徹，因聽即悟；或久聽不解，暫思即決。

「是故更論轉根安心。若法行轉爲信行，逐其根轉，用八番悉檀而授安心。若信行轉成法行，亦逐根轉，用八番悉檀而授安心。得此意廣略自在説之，轉、不轉合有三十二安心也。自行安心者，當察此心欲何所樂：若欲息妄，令念相寂然，是樂法行；若樂聽聞，徹無明底，是樂信行。樂寂者，知妄從心出，息心則衆妄皆静。若欲照知，須知心原。心原不二，則一切諸法皆同虚空，是爲隨樂欲自行安心。其心雖廣分别心及諸法，而信念精進，毫善不生，即當凝停莫動。諸善、功德因静而生，若凝停時，彌見沉寂，都無進忍，當計校籌量，策之令起。若念念不住，如汗馬奔逸，即當以止對治馳蕩。若静默然無記，與睡相應，即當修觀，破諸昏塞。修止既久，不能開發，即應修觀，觀一切法無礙無異，怗怗明利，漸覺如空。修觀若久，闇障不除，宜更修止。止諸緣念，無能無所，所我皆寂，空慧將生，是爲自修法行，八番善巧布歷，令得心安、信行。

「安心者，或欲聞寂，定如須彌，不畏八動，即應聽止；欲聞利觀，破諸煩惱，如日除闇，即應聽觀；聽觀多，如日燋芽，即應聽止，潤以定水；或聽定淹久，如芽爛不生，即應聽觀，令風日發動，使善法現前；或時馳覺，一念叵住，即應聽止，以治散心；或沉昏濛濛坐霧，即當聽觀，破此睡熟；或聽止豁豁，即專聽止；或聞觀朗朗，即專聽觀。是爲自修信行，八番巧安心也。若法行心轉爲信行，信行心轉爲法行，皆隨其所宜，巧鑽研之，自行有三十二，化他亦三十二，合爲六十四安心也。

「復次，信法不孤立，須聞、思相資。如法行者，隨聞一句，體寂湛然，夢妄皆遣，還坐思惟，心生歡喜。又聞止已，還更思惟，即生禪定。又聞於止，還即思惟，妄念皆破。又聞止已，還更思惟，朗然欲悟。又聞觀已，還更思惟，心大歡喜。又聞觀已，還更思惟，生善破惡欲悟等。准前可知，此乃聽少思多，名爲法行，非都不聽法也。信行端坐，思惟寂滅，欣踊未生，起已聞止。歡喜甘樂，端坐念善，善不能發，起已聞止。信戒精進，倍更增多，端坐治惡，惡不能遣，起已聞止。散動破滅，端坐即真，真道不啓，起已聞止。豁如悟寂，是爲信行，坐少聞多，非都不思惟。前作一向根性，今作相資根性。就相資中，復論轉、不轉，亦有三十二安心。化他相資，亦有三十二安心，合六十四，合前爲一百二十八安心也。

「夫心地難安，違苦順樂，今隨其所願，逐而安之。譬如養生，或飲或食，適身立命。養法身亦爾，以止爲飲，以觀爲食。藥法亦兩，或丸或散，以除冷熱，治無明病。以止爲丸，以觀爲散。如陰陽法，陽則風日，陰則雲雨，雨多則爛，日多則燋。陰如定，陽如慧，定、慧偏者，皆不見佛性。八番調和，貴在得意。一種禪師，不許作觀，唯專用止，引偈云：『思思徒自思，思思徒自苦，息思即是道，有思終不覩。』又一師不許作止，專在於觀，引偈云：『止止徒自止，昏闇無所以，止止即是道，觀觀得會理。』兩師各從一門入，以己益教他，學者不見意，一向服乳〔二三〕，漿猶難得，況復醍醐！若一向作解者，佛何故種種説耶？天不常晴，醫不專散，食不恒飯。世間尚尔，況出世耶？今隨根隨病迴轉，自行化他，有六十四。若就三番止觀，即三百八十四。又，一心止觀，復有六十四，合五百一十二。

「三悉檀是世間安心，世醫所治差已，復生一悉檀，是出世安心，如來所治，畢竟不發。世、出世法，互相成顯。若離三諦，無安心處。若離止觀，無安心法。若心安於諦，一句即足。如其不安，巧用方便，令心得安。一目之羅，不能得鳥。得鳥者，羅之一目耳〔二四〕。衆生心行，各各不同，或多人同一心行，或一人多種心行。如爲一人，衆多亦然；如爲多人，一人亦然。須廣施法網之目，捕心行之鳥耳。」〔二五〕

如是委細，種種安心，利鈍齊收，自他兼利，若有聞者，頂戴修行。

校注

〔一〕「人」，原作「令」，據諸校本及摩訶止觀改。

〔二〕大威德陀羅尼經卷一三：「譬如駛風吹兜羅毦。」兜羅毦：毛毳（細毛），或謂楊華（柳絮）。法華經三大部補注卷一三：「兜羅毦，兜羅，乃是梵音，北土翻爲楊華，良以彼方細綿，如此間楊華故也。毦，正作『毦』。毦者，乃是此方之言，毦，而吏切，毛毳也。」

〔三〕六弊：一、慳貪，二、毁禁，三、瞋恚，四、懈怠，五、散亂，六、愚癡。注維摩詰經卷二引僧肇曰：「現行六度者，爲攝六弊耳。」大乘義章卷六八萬四千煩惱義：「翻對六度，即爲六弊。」

〔四〕大般涅槃經卷二五：「譬如醉象，狂騃暴惡，多欲殺害。有調象師，以大鐵鉤，鉤斲其頂，即時調順，惡心都盡。」

〔五〕穴鼻：缺鼻。龍樹造、鳩摩羅什譯大智度論卷一七：「掉散之人，如無鉤醉象，決鼻駱駝，不可禁制。」「決鼻」，或作「穴鼻」。決鼻，即截掉鼻子。大智度論卷三〇：「若無智慧，隨人東西，如牛、駱駝，穿鼻隨人。」没有鼻子，則不能穿鼻，無法控制。

〔六〕大般涅槃經卷二一：「如闇室中井，種種七寶，人亦知有，闇故不見。有智之人，善知方便，然大明燈，持往照了，悉得見之。」大智度論卷三〇：「如燈在密室，其明得用。」

〔七〕大般涅槃經卷八：「如百盲人，爲治目故，造詣良醫。是時良醫即以金錍決其眼膜。以一指示，問言：『見不？』盲人答言：『我猶未見。』復以二指、三指示之，乃言：『少見。』」

〔八〕大般涅槃經卷三〇：「爲欲呵責放逸弟子故，如來常寂，猶尚樂定，況汝等輩煩惱未盡而生放逸？」

〔九〕佛垂般涅槃略説教誡經：「若有初入法者，聞佛所説，即皆得度，譬如夜見電光，即得見道。」

〔一〇〕「坏」，摩訶止觀作「坯」。按，説文土部：「坏，（中略）一曰瓦未燒。從土，不聲。」後起字作「坯」。詳參張涌泉先生漢語俗字研究（增訂本，商務印書館，二〇一六）附録一字海雜俎説坏。

〔一一〕大般涅槃經卷九：「譬如闇夜，諸所營作一切皆息，若未訖者，要待日明。」

〔一二〕龍樹造、鳩摩羅什譯大智度論卷一三：「自以智慧眼，觀知諸法實，種種法門中，皆以等觀入。」等觀：平等觀念一切事理。湛然述止觀輔行傳弘決卷五之四：「等觀入者，至第一義，故名爲入。知諸法實及等觀入般若爲最，故須用觀入第一義。」

〔一三〕見維摩詰所説經卷中文殊師利問疾品。

〔一四〕見太子瑞應本起經卷上。

〔一五〕見龍樹造、鳩摩羅什譯大智度論卷一八。

〔一六〕佛話經：諸經録中皆未見著録。金剛仙論卷一：「如來在鐵圍山外不至餘世界二界中間，無量諸佛共集於彼，説佛話經訖，欲結集大乘法藏，復召集徒衆。」「金剛仙論十卷，開元釋教録卷一二云：「尋閲文理，乃是元魏三藏菩提留支所撰，釋天親論。」智顗説妙法蓮華經文句卷一上：「佛話經明文殊結集，先唱題、次稱如是我聞，時衆悲號。」僧詳撰法華傳記卷一隱顯時異第二：「若佛話經，文殊在座先唱題目，阿難昇高復述而集。」智度論據之而言：文殊結集諸大乘經。」

〔一七〕八風：即世間八法，能扇動人心，故名八風。窺基妙法蓮華經玄贊卷二末：「八風者，一、利，二、衰，

三、毁，四、譽，五、稱，六、譏，七、苦，八、樂。」思益梵天所問經卷一分别品：「利衰及毁譽，稱譏與苦樂，如此之八法，常率於世間。」

〔一八〕八倒：有爲四倒、無爲四倒，合爲八種顛倒妄見。於生死之無常、無樂、無我、無浄，執常、樂、我、浄，爲有爲四倒；於涅槃之常、樂、我、浄，執無常、無樂、無我、無浄，爲無爲四倒。

〔一九〕阿伽陁藥：或作「阿竭陀藥」，意譯「普去」「無價」「無病」「不死藥」等。慧苑新譯大方廣佛華嚴經音義卷上：「阿伽陀藥，此云『無病藥』也，謂有藥處，必無有病也。」慧琳一切經音義卷二五：「阿竭陀藥，『阿』云『普』，『竭陀』云『去』，言般此藥，普去衆疾。又，『阿』言者『無』，『竭陀』云『價』，謂此藥功高，價直無量。」

〔二〇〕七覺：即七覺支，又稱七覺分，謂擇法覺支、精進覺支、喜覺支、除覺支、捨覺支、定覺支、念覺支。詳見前注。擇覺支，即擇法覺支，以智慧明辨、揀擇各種法。

〔二一〕八正：即八正道，謂正見、正思惟、正語、正業、正命、正精進、正念、正定。正見指正確的知見，即能解知世間、出世間因果，如實審慮諸法性相之有漏、無漏的智慧。

〔二二〕六度：六種到達涅槃彼岸的修行方法，即布施、持戒、忍辱、精進、禪定、般若（智慧）。

〔二三〕「一向服乳」者，大般涅槃經卷二：「譬如國王，闇鈍少智，有一醫師，性復頑嚚，而王不别，厚賜俸禄。療治衆病，純以乳藥，亦復不知病起根原，雖知乳藥，復不善解，或有風病、冷病、熱病、一切諸病，悉教服乳。」

〔二四〕申鑒時事：「得鳥者，一目也。今爲一目之羅，無時得鳥矣。」文子上德：「有鳥將來，張羅而待之，得鳥者，羅之一目。今爲一目之羅，則無時得鳥。」

〔二五〕見智顗説、灌頂記摩訶止觀卷五下。

音　義

屆，古拜反，至也，舍也。　耄，莫報反，老耄也。　虧，去爲反，缺也。　鄙，方美反，陋也，耻也。　狴，邊兮反，牢也。　匿，女力反，藏也。　胝，丁尼反，皮厚也。　殞，于敏反，没也。　齡，郎丁反，年也。　孺〔一〕，而遇反，小也。　腠，倉奏反，膚腠也。　頹，杜回反。　悴，秦醉反，憔悴也。　皺，側救反，面皺也。　殂，昨胡反，死也。　洎，其冀反，閏也。　瀛，以盈反，大海也。　渤，蒲没反。　垣，胡官反，垣，墻也。　邇，兒氏反，近也。　選，思兗反，又思絹反。　撞，直降反。　撞，打也。　矯，居夭反，詐也。　舂，書容反。　遄，市緣反。　杵，昌与反。　澆，古堯反。　漓，吕之反。　曩，奴朗反，久也。　痰，徒甘反，胸上水病也。　蠍，許蝎反。　蚰，以周反。　蜒，以然反。　蛆，七余反，虫在肉中也。　螫，施隻反，虫螫毒。　隥，都鄧反，梯也。　咄，當没反，呵也。　毦，仍吏反，氅毦也。　鬱，紆物反。　茂，莫候反。　駱，盧各反。　駞，徒何反，駱駞。馱，唐佐反，負也。沓，徒合反，重也。藹，於蓋反。鎞，邊奚反，釵鎞。抉，於決反，抉出也。瞙〔二〕，慕各反，目不明也。攻，古紅反，擊也。埳，苦感反。埳，陷。坏，芳杯反。輟，陟劣反，止也，已也。晞，香衣反，日氣乾。朦，莫紅反。朧，盧紅反，朦朧。濛，莫紅反，涳濛細雨。捕，薄故反，捉也。

丁未歲分司大藏都監開板

校注

〔一〕「獁」，文中作「獳」，異體。

〔二〕「瞙」，文中作「膜」。

宗鏡録卷第四十五

慧日永明寺主智覺禪師延壽集

夫已上是引台教明定、慧二法安心，次依華嚴宗釋。

華嚴經云：「於眼根中入正定，於色塵中從定出，示現色性不思議，一切天人莫能知。於色塵中入正定，於眼起定心不亂，説眼無生無有起，性空寂滅無所作。」〔一〕

疏釋云：「定、慧雖多，不出二種：一、事，二、理。制之一處，無事不辦，事定門也；能觀心性，契理不動，理定門也〔二〕。明達法相，事觀也；善了無生，理觀也。諸經論中，或單説事定，或但明理定。二觀亦然，或敵體事理，止觀相對。或以事觀，對於理定。如起信論云：止一切相，乃至心不可得爲止，而觀因緣生滅爲觀〔三〕。或以理觀，對於事定，此經云『一心不動入諸禪，了境無生名般若』〔四〕是也；或俱通二，此經云『禪定持心常一緣，智慧了境同三昧』〔五〕是也；或二俱泯，非定非散。或即觀之定，但名爲定，如觀心性名上定是也。或即定之觀，但名爲觀，如以無分別智觀名般若是也。或説雙運，謂即寂之照是也。

所以局見之者，隨矚一文，互相非撥。偏修之者，隨入一門，皆有剋證，然非圓暢。

「今此經文，巧顯無礙，略分五對：第一對，根、境無礙，謂觀根入定，應從根出，而從境出者，爲顯根、境唯是一心，緣起無二，理性融通，是故根入境出耳。境入根出亦然。

「第二對，理、事二定無礙，謂分別事相，應入事定而入理定；欲觀性空，應入理定而入事定。以契即事之理而不動故，入理即是入事；制心即理之事而一緣故，入事即是入理。而經文但云『入正定』，不言事理，及乎出觀，境中即云分別色相，斯事觀也；根中即云性空寂者，理觀也。亦合將根事對於境理，以辯無礙。

「第三對，事、理二觀無礙，謂欲分別事相，應從事觀起，而反從理觀起，以所觀之境既真俗雙融、法界不二故，分別事智即是無生之智，二觀唯是一心故。亦應將境事理對根事理，以辯無礙。

「第四，出、入無礙，以起定即是入定故，起定而心不亂。若以事理相望，應成四句，謂事入事起、事入理起、理入理起、理入事起。若以根境相望，又成四句，謂根事入、境事起等，一一思之，皆有所由。」〔六〕

又，「或以理觀對於事止，謂契理妄息也；或事觀對於理寂，謂無念知境也；或事觀對於事寂，謂觀於一境，心不動搖也；或理觀對於理寂，亡心照極也」〔七〕。如百門義海云：

明「出入定者，謂見塵性空，十〔八〕方一切真實之理，名爲入定也。然此見〔九〕塵無性空理空時，乃是十方之空也。何以故？由十方之心，見於一塵，是故全以十方爲塵，定亦不礙，事相宛然，是故起與定俱，等虚空界。但以一多融通，同異無礙，是故一入多起，多入一起；差別入一際起，一際入差別起；皆悉同時一際成立，無有別異。當知定即起，起即定，一與一切同時成立，出入無礙也」〔一〇〕。

「第五對，二利、體用無礙〔一一〕，謂於眼〔一二〕根起定心不亂，是體也，自利也；而不礙現〔一三〕於廣境，是用也，人天不能知，利他也。良以體、用無二故，自利即是利他。

「此上十義，同爲一聚法界緣起，相即自在，菩薩善達，作用無礙。又，經且約根境相對，亦應境境相對，謂色塵入正受，聲香三昧起。復應根根相對，謂眼根入正受，耳根三昧起等。云色性難思等者，即色等總持，是色陁羅尼自在佛等。亦應云分別眼性難思，有眼陁羅尼自在佛等。又，眼中云性空寂滅，即眼之度門，眼等本淨。亦應云色等度門，色等本淨。不唯取相爲染，無心爲淨而已也。又，以智論三觀束之，分別色相等，是假名觀也；性空寂滅，是空觀也；此二不二，色性難思，中道觀也。三無前後，皆是一心。」〔一四〕

校注

〔一〕見實叉難陀譯大方廣佛華嚴經卷一五。

〔二〕隋慧遠大乘義章卷一〇五分法身義四門分別：「定有二種：一者、事定，謂世八禪，事中安心，息除事亂，故名事定；二者、理定，三三昧等，理中安心，息除性亂，故名理定。取性違理，名爲性亂。」

〔三〕真諦譯大乘起信論：「所言止者，謂止一切境界相，隨順奢摩他觀義故。所言觀者，謂分別因緣生滅相，隨順毗鉢舍那觀義故。」

〔四〕實叉難陀譯大方廣佛華嚴經卷三七：「於道不動即修禪，忍受無生名般若。」

〔五〕見實叉難陀譯大方廣佛華嚴經卷三三。

〔六〕見澄觀撰大方廣佛華嚴經疏卷一六。

〔七〕見澄觀述大方廣佛華嚴經隨疏演義鈔卷一九。

〔八〕「十」，華嚴經義海百門作「即是十」。

〔九〕「此見」，華嚴經義海百門作「見此」。

〔一〇〕見法藏述華嚴經義海百門差別顯現門第六。「成立，出入無礙也」，華嚴經義海百門作「三昧起，一切塵中入正受，一毛端頭三昧起」。

〔一一〕澄觀述大方廣佛華嚴經隨疏演義鈔卷三六：「此有兩重無礙，一、體用無礙，二、二利無礙。」二利者，自利、利他。

〔一二〕「眼」，原作「深」，據大方廣佛華嚴經疏改。

〔一三〕「現」，原作「理舒」，據大方廣佛華嚴經疏改。大方廣佛華嚴經隨疏演義鈔卷三六：「『而言不礙現於廣境』者，即取前『示現色性不思議，諸天世人莫能知』爲廣境，亦全用此二句爲利他。」

〔四〕見澄觀撰大方廣佛華嚴經疏卷一六。

上來無礙，深妙難思，始學之流，如何趣入？今當總結，但能知事、理無礙，根、境一如，念慮不生，自當趣入。是以事中即理，何曾有礙？心外無境，念自不生。如是則入宗鏡之一心，成止觀之雙運，方能究竟定慧莊嚴，自利、利他，圓無盡行。

又，若心不安，人在三界内，未入止觀門，非習學之者。情牽萬境，意起百思，投五欲旋火之輪，未曾略暇；陷五濁狴牢之處，何省暫離？塵網千重，密密而常籠意地；愛繩萬結，條條而盡繫情田。聳高阜於慢山，横遮法界；洶長波於貪海，吞盡欲流。若蟻聚蜂攢，攀緣役役；如鼠偷狗竊，結構營營。八苦之燄長燒，二死之河恒没，輪迴生滅，苦惱縈纏，皆是不能自安心耳。

今爲於生死長夜、無明塵勞、三界大夢之中獨覺悟人，割開愛網，欲透苦原，將求如來大寂滅樂者，如前所述安心之門，直下相應，無先定慧。定是自心之體，慧是自心之用。定即慧故，體不離用；慧即定故，用不離體。雙遮則俱泯，雙照則俱存。體、用相成，遮、照無礙。此定、慧二法，修行之要，祖佛大旨，經論同詮。所以法華經云：「以禪定智慧力得法國土。」〔一〕又云：「定慧力莊嚴，以此度衆生。」〔二〕

華嚴經頌云：「衆生惑見恒隨縛，無始稠林未除翦，與志共俱心並生，常相羈繫不斷絶。但唯妄想非實物，不離於心無處所，禪定境排仍退轉，金剛道滅方畢竟。」〔三〕大涅槃經云：「定慧等學，明見佛性。」〔四〕又云：「先以定動，後以智拔。」〔五〕大智度論云：禪定爲父，智慧爲母，能生一切導師〔六〕。又云：以業力故入生死，以定力故出生死〔七〕。故云：「禪非智無以窮其寂，智非禪無以發其照。」〔八〕何者？謂禪無智，但是事定。若得智慧觀於心性，即爲上定。若智不得禪，乃爲散善分別。慧若有定，如密室燈，寂而能照，離動分別，成實慧故〔九〕。若定、慧雙運，動、寂融通，則念念入三昧之門，寂寂運無涯之照。

校　注

〔一〕見妙法蓮華經卷五安樂行品。

〔二〕見妙法蓮華經卷一方便品。

〔三〕見實叉難陀譯大方廣佛華嚴經卷三八。

〔四〕見大般涅槃經卷三〇，南本見卷二八。

〔五〕見大般涅槃經卷三一，南本見卷二九。

〔六〕龍樹造、鳩摩羅什譯大智度論卷三四：「般若波羅蜜是諸佛母，父母之中母功最重，是故佛以般若爲母，般舟三昧爲父。」

〔七〕龍樹造、鳩摩羅什譯大智度論卷三四：「度衆生方便者，所謂二力：業力、定力。求其業因緣、生處，人以業因緣故，受身、縛著世間；禪定因緣故，得解脱。」

〔八〕出慧遠廬山出修行方便禪經統序，見出三藏記集卷九。

〔九〕「謂禪無智」至此，見澄觀述大方廣佛華嚴經隨疏演義鈔卷一六。

如上種種開示、種種證明，如是調停、如是剖析，削繁簡要、去僞存真，以無數萬億諸方便門，皆令一切含生盡入此宗鏡。如囊中有寶，不探示之，誰有知者？猶室中金藏，未遇智人，何由發掘？若珠蔽内衣裏，弗因親友所示，争致富饒？似窮子之家珍，非長者之誘引，曷能承紹？設或明了，信入無疑，更在當人剋己成辦，鍊磨餘習，直取相應，一切時中，不得忘照，自量生熟，各逐便宜，此是修定時，此是修慧時。若掉散心，須行三昧；若惛沉意，宜啓慧門。若處見修位中，此是行時，非是證時；若居究竟即内，此是證時，非是行時。不可如二乘，怱怱取證，沉實際之海，溺解脱之坑。又不可傚無聞比丘，妄指無生，求昇反墜；似苦行外道，唯投見網，期悟遭迷。

斯定慧門，是真修路，照宗門之皎日，泛覺海之迅航，駕大白牛車〔一〕之二輪，昇第一義天〔三〕之兩翼。等學而明見佛性，莊嚴而可度衆生。爲法國土之王，因兹二力；出生死海之底，全假雙修。散妄亂而似風吹雲，破愚闇而如日照世。動邪見之深刺，拔無明之厚根。爲大覺海之陰陽，作寶華王之父母，備一乘之基地，竪萬行之垣牆。以此相應，能入宗鏡。

校注

〔一〕大白牛車：喻指佛乘。佛説一乘之法，令衆生依之修行，出離生死苦海，到達涅槃彼岸，故喻以七寶大車而導之以大白牛也。妙法蓮華經卷二譬喻品：「有大白牛，肥壯多力，形體姝好，以駕寶車。」

〔三〕第一義天：喻指涅槃。大般涅槃經卷一八：「我曾聞有第一義天，謂諸佛、菩薩常不變易，以常住故，不生、不老、不病、不死，我爲衆生精勤求於第一義天。何以故？第一義天能令衆生除斷煩惱，猶如意樹。若我有信乃至有慧，則能得是第一義天，當爲衆生廣分别説第一義天。」卷二三：「義天者，十住菩薩摩訶薩等。以何義故，十住菩薩名爲義天？以能善解諸法義故。云何爲義？見一切法是空義故。」大乘義章卷一二六念義五門分别：「天有三種：一者、生天，謂四天王乃至非想；二者、淨天，所謂一切三乘賢聖；三、第一義天，謂佛果德。是三種中，菩薩但念第一義天，以是究竟所求果故。」

前據台教，明五百番安心法門，皆爲逗機，對病施藥。今依祖教，更有一門，最爲省要，所爲無心。何者？若有心則不安，無心則自樂。故先德偈云：莫與心爲伴，無心心自安。若將心作伴，動即被心謾〔一〕。

法華經云：「破有法王，出現世間。」〔二〕淨名經云：「除去所有，唯置一牀。」〔三〕即是除妄心之有，外境本空，以心有法有，心空境空。故起信論云：「是故當知一切世間境界之相，皆依衆生無明妄念而得建立。如鏡中像，無體可得，唯從虚妄分別心轉，心生則種種法生，心滅則種種法滅故。」〔四〕是以但得無心，境自不現。既無對待，逆順何生？以逆境故，生瞋惱强賊干懷；以順境故，牽愛情華箭入體。能令心動，故稱不安。今若無心，坦然無事，則萬機頓赴而不撓其神，千難殊對而不干其慮。所以阿難執有而無據，七處茫然〔五〕；二祖體無而自安，言下成道〔六〕。若不直了無心之旨，雖然對治折伏，其不安之相，常現在前；若了無心，觸途無滯，絶一塵而作對，何勞遣蕩之功？無一念而生情，不假忘緣之力。

校注

〔一〕按，此偈從容録卷三第四十三則羅山起滅中引徑云「智覺道」，即以爲延壽所説。

〔二〕見妙法蓮華經卷三藥草喻品。

〔三〕見維摩詰所説經卷中文殊師利問疾品。

〔四〕見實叉難陀譯大乘起信論卷上。

〔五〕七處：佛於楞嚴會上徵詰阿難心目所在之處，謂在内、在外、潛根、在闇内、隨所合處、在中間、無著。詳見大佛頂如來密因修證了義諸菩薩萬行首楞嚴經卷三。

〔六〕二祖：指慧可。景德傳燈録卷三第二十八祖菩提達磨：「別記云：師初居少林寺九年，爲二祖説法，秖教曰：『外息諸緣，內心無喘，心如牆壁，可以入道。』慧可種種説心性，理道未契，師秖遮其非，不爲説無念心體。慧可曰：『我已息諸緣。』師曰：『莫不成斷滅去否？』可曰：『不成斷滅。』師曰：『何以驗之，云不斷滅？』可曰：『了了常知，故言之不可及。』師曰：『此是諸佛所傳心體，更勿疑也。』」

又，無心，約教有二：一者、澄湛令無，二者、當體是無。澄湛令無者，則是攝念安禪，蠲消覺觀，虛襟靜慮，漸至微細；當體是無者，則直了無生，以一念起處不可得故。經云：一念初起，無有初相，是真護念〔一〕。

寶藏論云：「夫離者無身，微者無心。無身故大身，無心故大心。大心故，則智周萬物；大身故，則應備無窮。是以執身爲身者，則失其大應；執心爲心者，則失其大智。故千經萬論，莫不説離身心，破於〔二〕執著，乃入真實。譬如金師銷鑛取金，方爲器用。若有身者，則有身礙，有身礙故，則法身隱於形殼之中；若有心者，則有心礙，有心礙故，則真智隱於念慮之中。故大道不通，妙理沉隱，六神內亂，六境外緣，晝夜惶惶，無有止息矣。夫不觀其心者，而不見其微；不觀其身者，而不見其離。若不見其離微者，則失其道要。故經云：『佛説非身，是名大身。』〔三〕心亦如是，此謂破權歸實，會假歸真。譬如金師銷鑛取金，方爲器用〔四〕，滅相混融，以通大治。大冶者，謂大道。此大道治中，造化無窮，流出萬宗，若成若壞，體無增減。故經云：『有佛無佛，性相常住。』〔五〕所言混融相者，但爲愚夫著相畏無相也；所以説相者，爲彼外道著於無相畏有相；所以説中道者，欲令有相無相不二也。此皆破執除疑，言非盡理。若復有人了相無相，平等不二，無取無捨，無彼無此，亦無中間，則不假聖人言説，理自通也。」〔六〕

校注

〔一〕按，「經云」者，出處俟考。真諦譯大乘起信論：「心起者，無有初相可知。而言知初相者，即謂無念。」

〔二〕「於」，寶藏論作「彼」。

〔三〕見鳩摩羅什譯金剛般若波羅蜜經。

〔四〕「銷鑛取金，方爲器用」，寶藏論作「銷金爲器」。

〔五〕見大般涅槃經卷二一。

〔六〕見寶藏論離微體淨品。

如上所述，皆爲有心成障。若乃無心，自然合道，即是離其妄心，真心不動。如釋摩訶衍論云：「離心緣相者，心量有十：一者、眼識心，二者、耳識心，三者、鼻識心，四者、舌識心，五者、身識心，六者、意識心，七者、末那識心，八者、阿賴耶識心，九者、多一識心，十者、一一識心。如是十中，初九種心不緣真理，後一種心得緣真理而爲境界。今據前九，作如是説：離心緣相。本有契經〔一〕中，作如是説：甚深真體，非餘境界，唯自所依緣爲境界故。」〔二〕

校注

〔一〕本有契經：當即三身本有經。筏提摩多譯釋摩訶衍論卷一：「摩訶衍論別所依經，總有一百。（中略）五十二者，三身本有經。」

〔二〕見筏提摩多譯釋摩訶衍論卷二。

楞伽經云「非心之心量，我説爲心量」〔一〕者，謂以非心量爲遣心量。若以非心量爲是，斯即心量。今謂非心量即不思議之心量者，不礙心量故。如華嚴經云「菩薩住是不思議」〔二〕，即非心量；「於中思議不可盡」，即之心量。以二相即奪故，「思與非思俱寂滅」。又云「於非心處示生於心」〔三〕者，人多誤解情作非情，非情作情。若執「於非心處示生於心」是非情爲情者，既言示生，非真無情爲有情矣〔四〕。

校注

〔一〕見楞伽阿跋多羅寶經卷三。

〔二〕見實叉難陀譯大方廣佛華嚴經卷三〇。下兩處引文同。

〔三〕見實叉難陀譯大方廣佛華嚴經卷三一。

〔四〕「楞伽經云非心之心量」至此，詳見澄觀述大方廣佛華嚴經隨疏演義鈔卷五一。

大寶積經云：「佛言：『文殊，汝入不思議三昧耶？』文殊師利言：『不也，世尊，我即不思議，不見有心能思議者，云何而言入不思議三昧？我初發心，欲入是定，而今思惟，實無心相而入三昧。如人學射，久習則巧，後雖無心，以久習故，箭發皆中。我亦如是，初學不思議三昧，繫心一緣，若久習成就，更無心想，恒與定俱。』」〔一〕

校注

〔一〕見大寶積經卷一一六。

又先德云：一念妄心纔動，即具世間諸苦。如人在荆棘林，不動即刺不傷。妄心不起，恒處寂滅之樂。一念妄心纔動，即被諸有刺傷。故經云：有心皆苦，無心乃樂〔一〕。當知妄心不起，始合法身寂滅樂也。

校注

〔一〕按，此非經文原文，當爲「先德」意述。又，「先德云」者，俟考。

問：本自無心，妄依何起？

答：爲不了本自無心名妄。若知本自無心，即妄無所起，真無所得。

問：何故有心即妄，無心即無妄？

答：以法界性空寂無主宰故，有心即有主宰，有主宰即有分劑；無心即無主宰，無主宰即無分劑，無分劑即無生死。

問：無心者，爲當離心是無心？即心得無心？

答：即心得無心。

問：即心是有心，云何得無心？

答：不壞心相而無分別。

問：豈不辯知也？

答：即辯知無能所〔二〕是無心也，豈渾無用始是無心？譬如明鏡照物，豈有心耶？當知一切衆生，恒自無心，心體本來常寂，寂而常用，用而常寂，隨境鑒辯，皆是實性自爾，非是有心方始用也。只謂衆生不了自心常寂，妄計有心，心便成境。以即心無心故，心恒是理；即理無理故，理恒是心。理恒是心故，不動心相；心恒是理故，不得心相。不得心相故，即是衆生不生；不動心相故，即是佛亦不生。以生、佛俱不生故，即凡、聖常自平等法界性也，純一道清淨，更無異法。

校　注

〔一〕吉藏撰中觀論疏卷三末：「以能所是因緣，因緣即寂滅，故知無能所也。」

當知但有心分別作解之處，俱是虚妄，猶如夢中，若未全覺，所見纖毫亦猶是夢中事。但得無心，即同覺後絶諸境界。但有一微塵可作修證不思議解處，俱不離三界夢中所見。經云：無有少法可得，佛即授記〔一〕。無生義〔二〕云：不退轉天子言：此佛土未曾思惟、分別於我見與不見，我亦不思惟佛土見與不見〔三〕。故知諸見從有心而生，佛土無心故不見天子，天子有心而不生念，故言不見佛土，便成不異，故知有心無心俱空。

校　注

〔一〕真諦譯金剛般若波羅蜜經：「於然燈佛所，無有一法如來所得，名阿耨多羅三藐三菩提。」黃檗斷際禪師宛陵録：「菩提無所得，爾今但發無所得心，決定不得一法，即菩提心。菩提無住處，是故無有得者。故云：我於然燈佛所，無有少法可得，佛即與我授記。」

〔二〕無生義：據智證大師將來目録，二卷（傳教大師將來越州録中著録爲一卷），注云佛窟撰。佛窟，即釋遺則，或作惟則，牛頭慧忠法嗣。傳見宋高僧傳卷一〇唐天台山佛窟巖遺則傳。詳見本書卷四注。

〔三〕參見思益梵天所問經卷四等行品。

融大師〔一〕云：鏡像本無心，説鏡像無心，從無心中説無心；人説〔二〕有心，説人無心，從有心中説無心。有心中説無心，是末觀；無心中説無心，是本觀。衆生計有身心，説鏡像破身心；衆生著鏡像，説畢竟空破鏡像。若知鏡像畢竟空，即身心畢竟空。假名畢竟空，亦無畢竟空。若身心本無，佛道亦本無，一切法亦本無，本無亦本無。若知本無亦假名，假名佛道。佛道非天生，亦不從地出，直是空心性，照世間如日〔三〕。

校　注

〔一〕融大師：即法融。

〔二〕「説」，疑當作「本」。印順中國禪宗史引云「『説』應是衍字」（見中國禪宗史第一一九頁）。按，前云「鏡像本無心，説鏡像無心，從無心中説無心」，與之相對，當作「人本有心，説人無心，從有心中説無心」。

〔三〕按，本書卷二九：「融大師頌云：亦不從天生，亦不從地出，但是空心性，照世間如日。」

智論「問曰：若知心不可見，佛何以故説『如實知不可見心』〔一〕？「答曰：有坐禪人，憶想分別，見是心如清淨珠中縷；觀白骨人中，見心次第相續生；或時見心在身，或見在緣，如無邊識處，但見識無量無邊。破如是等虚妄故，佛言：『如實知衆生心，衆生心自相空故無相相。』復次，佛以五眼觀此心不可得，肉眼、天眼緣色故不見；慧眼緣涅槃故不見；初學法眼分別知諸法善不善、有漏無漏等，是法眼入實相中則無所分別，如先説一切法無知者、無見者，是故不應見；佛眼觀寂滅相故不應見，乃至〔二〕不如凡夫人憶想分別見。復次，五眼因緣和合生，皆是作相，虚誑不實，佛不信不用，是故言不以五眼見」〔三〕。

校注

〔一〕見摩訶般若波羅蜜經卷一四佛母品。

〔二〕乃至：表示引文中間有删略。

〔三〕見龍樹造、鳩摩羅什譯大智度論卷六九。

又，「問曰：舍利弗知心相常淨，何以故問？

「答曰：以菩薩發阿耨多羅三藐三菩提心，深入深著故。雖聞心畢竟空、常清淨，猶憶想分别，取是無心相，以是故問：『是無心相心，爲有爲無？若有，云何言無心相？若無，何以讚歎是無等等心當成佛道？』須菩提答：『是無心相中畢竟清淨，有、無不可得，不應難。』舍利弗復問：『何等是無心相？』須菩提答：『畢竟空，一切諸法無分别，是名無心相』」〔一〕。

此無心相，是即心無心，非待斷滅。如經云：「若有衆生能觀一切妄念無相，則爲證得如來智慧。」〔二〕

又，且無心者，不得作有無情見之解。若將心作無，此即成有。若一切處無心，如土木瓦礫，此成斷滅，皆屬意根强知妄識邊事。是以稱不思議定者，以有無情見不及故。

校　注

〔一〕見龍樹造、鳩摩羅什譯大智度論卷四一。

〔二〕見實叉難陀譯大乘起信論卷上。

又，澄湛是事，當體是理。事有顯理之功，亦有覆理之義；理有成事之力，亦有奪事之能。各取則兩傷，並觀則俱是。何謂顯理？若妙性未發，須假事行助顯莊嚴，如水澄清，魚石自現。何謂成事？若功行未圓，必仗理觀引發開導。何謂覆理？若一向執事坐禪，反迷己眼，未識玄旨，徒勞念静。何謂奪事？若天真頓朗，如日消冰，何須調心收攝伏捺。故經偈云：「若學諸三昧，是動非是禪，心隨境界流，云何名爲定？」〔一〕

校注

〔一〕見敦煌本法句經普光問如來慈偈答品。

是以不可執一執二、定是定非，但臨時隨用，圓融得力，自諳深淺。若也歸宗順旨，則理、事雙消，心、境俱亡，定、慧齊泯。如永嘉集云：「以奢摩他〔一〕故，雖寂而常照。以毗婆舍那〔二〕故，雖照而常寂。以優畢叉〔三〕故，非照而非寂。照而常寂故，説俗而即真。寂而常照故，説真而即俗。非寂而非照故，杜口於毗耶。」〔四〕

斯則不唯言語道斷，亦乃心行處滅。所以圓覺經云：「有作思惟，從有心起，皆是六塵，妄想緣氣，非實心體，已如空華。用此思惟辯於佛境，猶如空華，復結空果，展轉妄想，無有是處。」

校注

〔一〕奢摩他：意譯「止」「定」。慧苑新譯大方廣佛華嚴經音義卷上：「奢摩他，此云『止息』，亦曰『寂静』，謂正定離沉掉也。」慧琳一切經音義卷二六：「奢摩他，亦云『三摩地』，亦云『三昧』，此云『定』也，『止』

也。定有多名，此總稱也。或名「三摩鉢底」也。」參後注。

〔二〕毗婆舍那：亦云「毗鉢舍那」，意譯「觀」「慧」等。慧苑新譯大方廣佛華嚴經音義卷上：「毗鉢舍那，此云『種種觀察』，謂正惠決擇也。」慧琳一切經音義卷二六：「毗婆舍那，亦云『闍那』，亦云『若那』，此云『惠』也，『觀』也，或云『見』也。」參後注。

〔三〕優畢叉：又作「憂畢叉」，意譯「捨」。隋慧遠大乘義章卷一〇止觀捨義八門分別：「止者，外國名『奢摩他』，此翻名『止』。守心住緣，離於散動，故名爲止。止心不亂，故復名定。觀者，外國名『毗婆舍那』，此翻名『觀』。於法推求簡擇名觀，觀達稱慧。捨者，外國名『憂畢叉』，此翻名『捨』。行心平等，捨離偏習，故名爲捨。」大般涅槃經卷三〇：「奢摩他者，名爲能滅，能滅一切煩惱結故；又奢摩他者，名曰能調，能調諸根惡不善故；又奢摩他者，名曰寂静，能令三業成寂静故；又奢摩他者，名曰遠離，能令衆生離五欲故；又奢摩他者，名曰能清，能清貪欲、瞋恚、愚癡三濁法故。以是義故，故名定相。毗婆舍那，名爲正見，亦名了見，名爲能見，名曰遍見，名次第見，名別相見，是名爲慧。憂畢叉者，名曰平等，亦名不諍，又名不觀，亦名不行，是名爲捨。」

〔四〕見玄覺撰禪宗永嘉集優畢叉頌。又，毗耶：即毗耶離。維摩詰所説經卷上弟子品：「爾時，毗耶離大城中有長者，名維摩詰。」元康撰肇論疏卷下：「净名杜口於毗耶，杜，閉塞義。净名在毗耶離城，問諸菩薩不二法門，各各説已，次問文殊，言如我意，一切諸法無言無説，是爲入不二法門。於是文殊師利問净名言：『何等是入於不二法門？』時維摩詰默然無言。文殊讚云：『是真入不二法門也，乃至無言無説。』故云『杜口』也。」

問：既不得作有無之解，如何是正了無心？

答：石虎山前鬬，蘆華水底沉。

問：前標宗不言法相，云何已下更用廣説諸識種現、熏習差別義理，瑜伽、唯識、百法五位事相法門？

答：祖佛大意，唯説二空證會一心真如本性。所以百法論云：如世尊言：一切法無我。云何一切法？所謂心法。云何二無我？所謂人無我、法無我〔一〕。若一切衆生但得人法俱空，知一切法即心自性，復更有何異法而敷演乎？

如瑜伽論，是無著菩薩請彌勒所説論，云「無著菩薩位登初地，證法光定〔二〕，得大神通，事大慈尊，請説此論。理無不窮，事無不盡，文無不釋，義無不詮，疑無不遣，執無不破，行無不修，果無不證，正爲菩薩，令於諸乘境、行、果等皆得善巧，勤修大行，證大菩提，廣爲有情，常無倒説。乃至〔三〕瑜伽中行，觀無少法，欲令證得及欲現觀，或説究竟清淨真如，名爲瑜伽，理中最極，一切功德共相應故」〔四〕。

校　注

〔一〕天親造、玄奘譯大乘百法明門論：「如世尊言：一切法無我。何等一切法？云何爲無我？一切法者，略有五種：一者、心法，二者、心所有法，三者、色法，四者、心不相應行法，五者、無爲法。」「言無我者，略有二種：一、補特伽羅無我，二、法無我。」按，「補特伽羅」，舊譯爲「人」，或爲「衆生」，新譯爲「數取趣」。數者，取五趣而輪迴之義。

〔二〕唐寶達集金剛映卷上：「證法光定者，無性釋云：謂於此中證希有定，能發智光，照了法故。或云：日光明定等，從喻爲名也。」

〔三〕乃至：表示引文中間有删略。

〔四〕見玄奘譯瑜伽師地論釋。

是以智者大師於淨名疏中問云：「今依龍樹之學，何意用天親之義？答：龍樹、天親，豈不同入不二法門乎？今本爲佛教隨義有所開而用釋，何得取捨定執也？若分別界外結惑生死及諸行名義，當細尋天親所作。若觀門遺蕩，安心入道，何過龍樹？若不取地論、攝大乘論相映望者，他或謂於非義理多端强説也。」〔一〕

校注

〔一〕見智顗撰維摩經文疏卷一九。

故知菩薩製作，一一關於聖典，故非出自胸襟，廣引證明，令生聞慧。宗鏡纂集，大意亦同。若不先明識論、天親、護法等剖析根塵微細生死，又焉得依龍樹觀門遺蕩？如無差別，無可圓融。若不先診〔一〕候察其病原，何以依方施其妙藥？只如淨名居士位臨等覺，尚有原品無明〔二〕，實因疾未盡；現受後有生死〔三〕，實果疾猶存。

校注

〔一〕「診」，原作「胗」（據本卷後音義，或作「軫」，冥樞會要亦作「軫」），據磧砂藏、嘉興藏本改。祖庭事苑卷一雲門録上：「軫候，上當作『診』，止忍切，視也。軫，車後橫木，非義。」

〔二〕原品無明：即餘習，是既斷煩惱後殘餘之習氣，此餘習唯佛能斷之。龍樹造、鳩摩羅什譯大智度論卷二：「阿羅漢、辟支佛雖破三毒，氣分不盡，譬如香在器中，香雖去，餘氣故在。又如草木薪，火煙燒出，炭灰不盡，火力薄故。佛三毒永盡無餘，譬如劫盡，火燒須彌山，一切地都盡，無煙無炭。」智圓述維摩經略疏垂裕記卷二：「猶有習在者，此以元品無明名餘習，即等覺後心所斷。」

〔三〕後有生死：即最後身，也即生死界中的最後身，是阿羅漢及等覺菩薩之身。勝鬘寶窟卷中末：「菩薩之人，於最後生未成佛前名最後。」

如淨名疏問：「實報無〔一〕障礙土何得猶有煩惱四分〔二〕之因疾？答：開菩薩自體法界緣集，即有四分。所以然者，取自體一實諦，即是貪愛；捨二邊生死，即是瞋斷；迷一實諦，無明未盡，故猶有癡也；三分等取，即是等分，此即是根本之三毒。故請觀音經云：『淨於三毒根，成佛道無疑。』」〔三〕何況業繫凡夫分段生死之病？

校注

〔一〕「無」，諸校本作「業」。按，維摩經文疏作「無」。「實報無障礙土」者，四種浄土（凡聖同居土、方便有餘土、實報無障礙土、常寂光土）之一。維摩經略疏卷一：「果報土者，即因陀羅網，是華藏世界純諸法身菩薩所居。以其觀一實諦，破無明，顯法性，得真實果報，而無明未盡，潤無漏業，受法性報身。報身所居，依報浄國，名果報國也。以觀實相，發真無漏所得果報，故名爲實。修因無定，色心無礙，亦名實報無障礙土。言無障礙者，謂一世界攝一切世界，一切世界亦如是。此名世界海，亦名世界無盡藏。」澄觀述大方廣佛華嚴經隨疏演義鈔卷八：「一、凡聖同居土，即法相中變化土也；二、方便有餘土；三、實報無障礙土，即是法相中報土，通自、他受用；四、常寂光土，即法性土。」

〔二〕煩惱四分：即貪、瞋、癡、掉悔（邪心動念爲掉，掉已思惟，心中憂惱爲悔）。掉悔爲貪、瞋、癡三分等取。

〔三〕見智顗撰維摩經文疏卷一九。「請觀音經云」者，見請觀世音菩薩消伏毒害陀羅尼呪經。

然今時多不就己子細推尋，及廣披聖典，教觀俱昧，理行全虧。唯尚隨語依通，一時遣蕩，拂迹而迹不泯，歸空而空不亡，以不出法塵，全爲影事。殊不識心王、心所種現根隨，微細根塵，生滅起處，心心流注，念念現行，如醉如癡，懵無知者。智燈既闇，定水全枯，未審何門能得清浄？但學成現高茆〔一〕之語，名標衆聖之前；都無正念修行之門，跡陷群邪之後。今普使知病識藥，令得服行，浄三毒之根，見一心之性。

且如馬鳴、龍樹，皆是西天傳佛心印祖師。馬鳴製大乘起信論，廣説阿賴耶等三細識〔二〕、六麁相〔三〕，一心真如、生滅二門。龍樹製摩訶衍論，引一百本大乘經，證説八識心王性相微細等義。云何末學不紹先賢？可謂綆短而不勾深泉〔四〕，翅弱而弗能高逝。

校注

〔一〕高茆：迂闊。説見王長林禪籍「茅廣」「高茅」的詞義及其理據，語言研究，二〇一八年第一期。

〔二〕三細識：業識、轉識、現識。詳見本書卷五六。

〔三〕六麁相：智相（謂於前現識所現相上，不了自心現故，始起慧數，分別染浄，執有定性）、相續相（謂依前分別，愛境起樂覺受，不愛境起苦受，數數起念，相續現前）、執取相（謂於前苦、樂等境，不了虚無，深起取著）、計名字相（依前顛倒所執相上更立名言，是分別故）、起業相（謂著相計名，依此麁惑，發動身口造一切業）、業繫苦相（業用已成，招果必然，循環諸道，生死長縛）。詳見本書卷五六。

〔四〕莊子至樂：「褚小者不可以懷大，綆短者不可以汲深。」

又，若不先論其事相之表，何以辯其體性之原？如世間法，未見其海，爭識其波？未見其山，寧諳其土？

今欲總別雙辯，理事具陳，不達事而理非圓，不了理而事奚立？故云理隨事現，一多緣起之無邊；事得理融，千差涉入而無礙〔一〕。又，從總出別，因別成總，不得別而何成總？不因總而豈稱別？則理事總別，一際無差。只爲今時但唯執總滯理，見解不圓，法眼將明而不明，疑心欲斷而非斷，皆是理事成礙，總別不通，故四弘誓願〔二〕云：法門無邊誓願學，佛道無上誓願成。何乃虛擲寸陰，頓違本願，守愚空坐，辜負四恩〔三〕？若愚癡人，不分菽麥；似牛羊眼，罔辯方隅。現今對境，尚不圓明，臨終遇緣，焉能甄别？直〔四〕須達事通理，徹果窮因，無一法而不明，無一塵而不照，則見聞莫能惑，境界不能拘。

校　注

〔一〕澄觀撰大方廣佛華嚴經疏序：「理隨事變，則一多緣起之無邊；事得理融，則千差涉入而無礙。」

〔二〕智顗説釋禪波羅蜜次第法門卷一之上修禪波羅蜜大意第一：「四弘誓願者，一、未度者令度，亦云衆生無邊誓願度；二、未解者令解，亦云煩惱無數誓願斷；三、未安者令安，亦云法門無盡誓願知；四、未得涅槃令得涅槃，亦云無上佛道誓願成。」

〔三〕四恩：四種恩德，或説爲父母恩、衆生恩、國王恩、三寶恩（大乘本生心地觀經卷二），或説爲父母恩、師長恩、國王恩、施主恩（釋氏要覽卷中「恩」條）。

〔四〕「直」，原作「真」，據磧砂藏、嘉興藏本改。

故法華經云：「佛所成就第一希有難解之法，唯佛與佛乃能究盡諸法實相，所謂諸法如是相、如是性、如是體、如是力、如是作、如是因、如是緣、如是果、如是報、如是本末究竟等。」〔一〕故知一心實相，悉是諸法。諸法所生，皆從現行善惡熏習，第八識含藏種子爲因，發起染浄差別報應爲果。若不微細剖析，問答決疑，則何由到一心總別之原，徹八識性相之際？

古德云：「提綱意在張網，不可去網存綱〔二〕；舉領意在著衣，不可棄衣取領。若秖集而不叙，如無綱之網；若秖叙而不集，如無網之綱。」〔三〕故知理、事雙明，方通圓旨；教、觀齊運，始達一乘。且如等覺菩薩，妙果將圓，卻入幻網門，倒學凡夫事，習世間三昧，具工巧神通。今之所宗，且明大旨，須先立後破，以洗情塵，然即破立同時而無所破，不同權教定執教相之有門，寧比小乘唯證析法之空理？

校注

〔一〕見妙法蓮華經卷一方便品。

〔二〕「綱」，原作「網」，據諸校本及禪源諸詮集都序改。

〔三〕見宗密禪源諸詮集都序卷下之二。

今則以別成總，將偏顯圓，別成總而一際無差，偏顯圓而萬法齊旨，開合自在，隱顯無方。若執之，成萬有之瘡疣；若定之，爲四魔之根蔕。此百法明門，大乘菩薩初地方了，乃至十方諸佛，本、後二智俱證俱緣。若不證唯識之性，不成根本智，無成佛之期；若不了唯識之相，百法明門，不成後得智，闕化他之行。此唯識百法者，乃是有爲、無爲、真俗一切法之性相根本。所以經云：若不證真如，焉能了諸行〔一〕？若不證唯識真如之性，焉能了唯識百法之行相？故云根本智證百法性，後得智緣百法相。大乘起信論云：「信成就發心，略説有三：一、發正直心，如理正念真如法故；二、發深重心，樂集一切諸善行故；三、發大悲心，願拔一切衆生苦故。」〔二〕

校注

〔一〕玄奘譯成唯識論卷八：「非不見真如，而能了諸行，皆如幻事等，雖有而非真。」

〔二〕見實叉難陀譯大乘起信論卷下。真諦譯大乘起信論：「信成就發心者，發何等心？略説有三種。云何爲三？一者、直心，正念真如法故。二者、深心，樂集一切諸善行故。三者、大悲心，欲拔一切衆生苦故。」

問：一切衆生、一切諸法，皆同一法界，無有二相，據理但應正念真如，何假復修一切善行，救一切衆生？

答：不然。如摩尼寶，本性明潔，在礦穢中，假使有人勤加憶念而不作方便，不施功力，欲求清浄，終不可得。真如之法，亦復如是，體雖明潔，具足功德，而被無邊客塵所染，假使有人勤加憶念而不作方便，不修諸行，欲求清浄，終無得理。是故要當集一切善行，救一切衆生，離彼無邊客塵垢染，顯現真法。起信疏云：「一、直心，正念真如法者，即心平等，更無別歧，何有迴曲？即是二行之根本。二、深心者，是窮原義。若一善不備，無由歸原，歸原之來，必具萬行，故言『樂集諸善行故』，即是自利之行本也。大悲心者，是普濟義，故言『欲拔衆生苦故』，即是利他之行本也。」〔一〕

校注

〔一〕見元曉起信論疏卷下。其中「一、直心，正念真如法者，即心平等，更無別歧，何有迴曲？即是二行之根本」，元曉起信論疏卷下作：「言直心者，是不曲義。若念真如，則心平等，更無別歧，何有迴曲？故言『正念真如法故』，即是二行之根本也。」又，此疏所據大乘起信論爲真諦譯本。

又，此初一直心，唯正念真如之法是宗是本，因此起深重心、大悲心是行。

又，開此直心爲十心：一、廣大心，謂誓願觀一切法，悉如如故；二、甚深心，謂誓願觀真如，要盡原底故；三、方便心，謂推求簡擇，趣真方便故；四、堅固心，謂設逢極苦樂受，此觀心不捨離故；五、無間心，謂觀此真理，盡未來際不覺其久故；六、折伏心，謂若失念，煩惱暫起，即便覺察，折伏令盡，使觀心相續故；七、善巧心，謂觀真理，不礙隨事，巧修萬行故；八、不二心，謂隨事萬行，與一味真理融無二故；九、無礙心，謂理事既全，融通不二，還令全理之事而相即入故；十、圓明心，謂頓觀法界，全一全多，同時顯現，無障無礙故〔一〕。即此十心，理行具足。且無理不能導行，無行不能成理，可謂即真如之理，成真如之行，無有一法能出唯識之性相矣。

校　注

〔一〕「開此直心爲十心」至此，見法藏華嚴發菩提心章。

是知一心爲萬法之性，萬法是一心之相。相即性之相，是一中之多；性即相之性，是多中之一。若不了性，亦不了相，其相即妄；若不識相，亦不識性，其性即孤。應須性、相俱通，方得自、他兼利。如首楞嚴經云：「幻妄稱相，其性真爲妙覺明體。」〔一〕是以若偏執相而成妄，定據性而沉空。

校　注

〔一〕見大佛頂如來密因修證了義諸菩薩萬行首楞嚴經卷二。

今則性、相融通，真、妄交徹，不墮斷常之見，能成無盡之宗。故知若欲深達法原、妙窮佛旨者，非上智而莫及，豈下機而能通？所以法華經偈云：「如是大果報，種種性相義，我及十方佛，乃能知是事。」〔一〕

校注

〔一〕見妙法蓮華經卷一方便品。

又，見解圓明是目，行解相應是足，目、足更資，理、行扶助，可趣涅槃之域，能到清涼之池。若定、慧未熏，如摩尼之匿礦；性、相不辯，猶古鏡之未磨。欲望雨寶鑒容，無有是處。若意珠既淨，心鏡纔明，更以萬行熏修，轉加光潔。

如華嚴經云：「佛子，譬如金師，善巧鍊金，數數入火，轉轉明淨，調柔成就，隨意堪用。菩薩亦復如是，供養諸佛，教化衆生，皆爲修行清淨地法，所有善根，悉以迴向一切智地，轉轉明淨，調柔成就，隨意堪用。」〔一〕

校注

〔一〕見實叉難陀譯大方廣佛華嚴經卷三四。

然雖萬行磨練，皆是自法所行。如先德云：一切佛事無邊化門，皆依自法融轉而行，即自心中有真如體大，今日體解，引出法身；由心中有真如相大，今日了達，引出報身；由心〔一〕中有真如用大，今日修行，引出化身〔二〕。乃至十波羅蜜〔三〕。一切塵沙萬行，但是自心中引出，未曾心外得一法，行一行。若言更有從外新得者，即是魔王外道説。

校注

〔一〕「心」，原作「身」，據本書卷二五及嘉興藏本、萬善同歸集改。然冥樞會要卷二已作「身」，此誤由來久矣。

〔二〕按，此説延壽萬善同歸集卷上及明袁宏道西方合論卷八引皆云「賢首國師曰」。賢首國師，即法藏。故此「先德」，當即法藏。

〔三〕「乃至十波羅蜜」，本書卷二五、萬善同歸集卷上作：「由心中有真如法性，自無慳貪，今日修行，順法性無慳，引出檀波羅蜜等。」

問：信入此法，還有退者否？

答：信有二種：一、若正信堅固，諦了無疑，理觀分明，乘戒兼急，如此則一生可辦，誰論退耶？二、若依通之信，觀力麁浮，習重境强，遇緣即退。

如華嚴論云："如涅槃經：聞『常住』二字，尚七世不墮地獄〔一〕。如華嚴經云：設聞如來名及所説法，不生信解，亦能成種，必得解脱，至成佛故〔二〕。何故經〔三〕言第六住心及從凡夫信位，猶言有退，此意若爲和會？解云：十信之中，勝解未成，未得謂得，便生憍慢，不近善友，不敬賢良，爲慢怠故，久處人天，惡業便起，能成就大地獄業。若一信不慢，常求勝友，即無此失。若權教第六住心，可有退位。實教中爲稽滯者，責令進修。如舍利弗，是示現聲聞，非實聲聞，所作方便，皆度衆生，使令進策。如權教中第六住心，可説實退。何以故？地前三賢摠未見道，所修作業，皆是有爲，所有無明，皆是折伏，功不强者，便生退還。若折伏有力，亦不退失。如蛇有毒，爲呪力故，毒不能起。但於佛法中，種於信心，謙下無慢，敬順賢良，於諸惡人，心常慈忍；於諸勝己者，諮受未聞。所聞勝法，奉行無妄〔四〕。所有虚妄，依教蠲除。於三菩提道，常勤不息。夫爲人生之法，法合如然，但不長惡而生，何須慮退？"〔五〕

華嚴疏云："深心信解常清浄者，信煩惱即菩提，方爲常浄。由稱本性而發菩提心，本來是佛，更無所進。如在虚空，退至何所？"〔六〕

校注

〔一〕大般涅槃經卷七："或聞『常住』二字音聲，若一經耳，即生天上。"

〔二〕參見實叉難陀譯大方廣佛華嚴經卷五二。

〔三〕「經」，新華嚴經論作「今」。

〔四〕「妄」，嘉興藏本、新華嚴經論作「忘」。

〔五〕見李通玄撰新華嚴經論卷四。

〔六〕見澄觀撰大方廣佛華嚴經疏卷一六。又，「問：『信入此法，還有退者否』」至此，亦見本書卷二八。

音義

聳，息拱反，高也。　蜂，敷容反。　攢，在丸反，木叢也。　羈，居宜反，馬絆也。　誘，与久反，引也，教也。　迅，私閏反，疾也。　航，胡郎反，船也。　鑛，古猛反，金璞也。　觳，苦角反，鳥卵。　捺，奴曷反，手按也。　諳，烏含反，記也，憶也。　軫，之忍反。　綆，古杏反，井索。　翅，施智反，鳥翼。　奚，胡雞反，何也。　疣，羽求反，結病也。　蔕，都計反，草木綴實。

丁未歲分司大藏都監開板

宗鏡録卷第四十六

慧日永明寺主智覺禪師延壽集

夫欲顯正宗，先除邪執者。約外道、小乘、諸古師等謬解唯識正理，凡有幾種？

答：不達唯識真性，邪執蓋多，宗鏡所明，正爲於此。如唯識論云：「復有迷謬唯識理者，或執外境如識非無，或執內識如境非有，或執諸識用別體同，或執離心無別心所。」〔一〕

古釋〔一〕云：「『或執外境如識非無』者，此即有宗依十二處教，執心境俱有是第一義〔二〕。論云『或執內識如境非有』〔三〕者，釋曰：此破清辯依密意空教，撥識亦無。論云『或執識用別體同』〔四〕者，釋曰：即大乘一類菩薩，言八識體唯是一也，如一水鏡，多波像生。論云『或執離心無別心所』者，釋曰：此即經部、覺天〔五〕所計，以經言士夫六界，染淨由心，無心

校注

〔一〕見玄奘譯成唯識論卷一。

所故，雖於藴中亦有心所，但於識上分位假立，無別實有。」〔六〕

校注

〔一〕「釋」，諸校本作「德」。

〔二〕宗密撰圓覺經大疏釋義鈔卷第六之上：「十二處教，即所依也，依此執心境有故。有宗，即一切有部。十二處教，謂佛説内有六根，外有六塵，是生識之處。既以佛語爲定量，即根境皆是有也。云心境者，意根及六識皆是心也。」窺基撰成唯識論述記卷一：「此第一計。薩婆多等依説十二處密意言教，諸部同執離心之境，如識非無。彼立量云：其我所説離心之境，決定實有。許除畢竟無心、境二法，隨一攝故，如心、心所。此皆依經説有色等。」

〔三〕窺基撰成唯識論述記卷一：「此第二計。即學中、百、清辨等師，依密意教，説諸法空，便亦撥心體非實有。彼立量云：汝之内識，如境非有，許所知故，如汝心外境。清辨俗諦外境許有。今就中道無自違失。又，掌珍中依勝義諦，説有爲、無爲並是空等，皆如彼説。」

〔四〕窺基撰成唯識論述記卷一：「此第三計。即大乘中一類菩薩，依相似教，説識體一。攝論第四説一意識菩薩計，一、依遠行及獨行教，遊歷諸境，故説遠行；復言獨行，無第二故。二、依五根所行境界，意各能受教。三、依六識身皆名意處教。四、又解深密、瑜伽等説如依一鏡，上有多影像教。五、如依一水，中有多波喻教。此恐違至教，故説有一識。有云：一意識，但説前六識爲一意識。理必不然，此説八識體是一故。」

〔五〕經部：俱稱經量部，小乘十八部之一。佛滅後至第四百年初，從説一切有部復出。窺基記異部宗輪論述記：「此師唯依經爲正量，不依律及對法。凡所援據，以經爲證，即經部師。從所立以名經量部。」覺天：爲説一切有部論師。普光述俱舍論記卷二〇：「能覺悟天，故名覺天，梵云勃陀提婆，『勃陀』名覺，『提婆』名天。舊云佛陀提婆，訛也。」成唯識論述記卷一：「論：或執離心無別心所。述曰：此第四計，即是經部、覺天等執。經部師説，佛説五藴，故離心外，唯有三心所：一、受，二、想，三、思，更不説餘心所名藴，故離三外，更無餘所。覺天所執，亦依經故。經説三法和合名觸，乃至廣説。又説士夫六界，染淨由心，故無心所。彼説唯有受及想、行、信、思等心，更無餘法。隨心功用，立心所名。亦恐違至教，故説無心所。」

〔六〕見澄觀述大方廣佛華嚴經隨疏演義鈔卷六五。

慈恩大師釋護法菩薩唯識論中，略有四種：一、清辯、順世〔一〕，有境無心；二、中道大乘，有心無境；三、小乘多部，有境有心；四、邪見一説，都無心境。又四句分别：一、有見無相，謂正量師〔二〕，不作相分而緣境也；二、有相無見，謂清辯師；三、相見俱有，餘部及大乘等；四、相見俱無，即安慧等〔三〕。

校注

〔一〕順世：外道名。慧琳撰一切經音義卷一五：「路迦耶經，梵語，此名『惡論議』，正梵音云『路迦耶底迦』，此則『順世外道』。隨順世間凡情所説，執計之法是常是有等。」翻譯名義集卷五半滿書籍篇：「路伽耶，應法師譯云「順世」，本外道「縛摩路迦」也。天台曰：此云「善論」，亦名「師破弟子」。慈恩云：此翻惡對答。是順世者，以其計執隨于世間之情計也。劉虬云：如此土禮義名教。」

〔二〕正量師：正量部之論師。正量部，小乘十八部之一。佛滅後三百年，自犢子部流出四部，此爲其中之第三部。異部宗輪論疏記：「正量部者，權衡刊定名之爲量，量無邪謬故言正也。此部所立甚深法義，刊定無邪，目稱正量，從所立法以彰部名。」

〔三〕詳見窺基撰成唯識論述記卷一。

大乘起信論云：「對治邪執者，一切邪執，皆依我見，若離於我，則無邪執。是我見有二種。云何爲二？一者、人我見〔一〕，二者、法我見〔二〕。

「人我見者，依諸凡夫説有五種。云何爲五？一者、聞脩多羅説：如來法身，畢竟寂寞，猶如虚空。以不知爲破著故，即謂虚空是如來性。云何對治？明虚空相是其妄法，體無不實。以對色故有，是可見相，令心生滅。以一切色法，本來是心，實無外色。若無色者，則無虚空之相。所謂一切境界，唯心妄起故有。若心離於妄動，則一切境界滅，唯一真心無所不徧。此謂如來廣大性智究竟之義，非如虚空相故。

「二者、聞脩多羅説：世間諸法畢竟體空，乃至涅槃真如之法亦畢竟空，從本已來自空，離一切相。以不知爲破著故，即謂真如涅槃之性，唯是其空。云何對治？明真如法身自體不空，具足無量性功德故。

「三者、聞脩多羅說：如來〔三〕之藏無有增減，體備一切功德之法。以不解故，即謂如來之藏有色心法自相差別。云何對治？以唯依真如義説故，因生滅故染義示現説差別故。

「四者、聞脩多羅說：一切世間生死染法，皆依如來藏而有，一切諸法不離真如。以不解故，謂如來藏自體具有一切世間生死等法。云何對治？以如來藏從本已來，唯有過恒沙等諸浄功德，不離不斷，不異真如義故。以過恒沙等煩惱染法，唯是妄有，性自本無，從無始世來未曾與如來藏相應故。若如來藏體有妄法，而使證會永息妄者，則無是處故。

「五者、聞脩多羅說：依如來藏故有生死，依如來藏故得涅槃。以不解故，謂衆生有始。以見始故，復謂〔四〕如來所得涅槃有其終盡，還作衆生。云何對治？以如來藏無前後際故，無明之相亦無有始。若説三界外更有衆生始起者，即是外道經説。又，如來藏無有後際，諸佛所得涅槃與之相應，則無後際故。

「法我見者，依二乘鈍根故，如來但爲説人無我。以説不究竟，見有五陰生滅之法，怖畏生死，妄取涅槃。云何對治？以五陰法自性不生，則無有滅，本來涅槃故。

「復次，究竟離妄執者，當知染法、浄法皆悉相待，無有自相可說。是故一切法從本已來，非色、非心，非智、非識，非有、非無，畢竟不可說相。而有言說者，當知如來善巧方便，

假以言説引導衆生。得其旨趣者，皆爲離念歸於真如。以念一切法令心生滅，不入實智故。」〔五〕

校注

〔一〕人我見：即我執。佛教認爲，人身由五藴（色、聲、香、味、觸）和合而成，没有恒常自在的主體，世俗之人執以爲實有，稱之「人我見」，又稱「人我執」。

〔二〕法我見：即法執。佛教認爲，一切法由種種因緣和合而生，没有恒常堅實的主體，世俗之人，執以爲實有，稱之「法我見」，又稱「法我執」。

〔三〕「説如來」，原無，據大乘起信論補。

〔四〕「謂」，原作「爲」，據磧沙藏、嘉興藏本及大乘起信論改。

〔五〕見真諦譯大乘起信論。

但是不了正因緣，皆成外道，所執有四：一、不知有情業緣，執之爲道，或執自然；二、不知共業所感空劫，執爲渾沌之氣；三、不知空後成劫，執爲清濁兩分；四、不知上界有情下生，執爲天地變化。故知見綱難出，邪解易生。

如止觀細推：「觀諸見境者，非一曰諸，邪解稱見。又，解知是見義，推理不當而偏見分明，作決定解，名之爲見。夫聽學人誦得名相，齊文作解，心眼不開，全無理觀，據文者生，無證者死。夫習禪人唯尚理觀，觸處心融，闇於名相，一句不識。誦文者守株，情通者妙悟，兩家互闕，論評皆失。

「大約邪見有三：一、佛法外外道者，本原有三：一、迦毗羅外道，此翻『黄頭』，計因中有果〔一〕；二、漚樓僧佉，此翻『休睺』〔二〕，計因中無果〔三〕；三、勒沙婆，此翻『苦行』，計因中亦有果亦無果〔四〕。又，入大乘論，迦羅所説有計一過，作者與作一、相與相者一、分與有分一，如是等名爲計一。優樓佉計異，迦羅鳩馱計一異，若提子計非一非異，一切外道及摩迦羅等計異，皆不離此四〔五〕。從三四外道，派出枝流，至佛出時，有六大師：所謂富蘭那，迦葉姓也，計不生不滅〔六〕；末伽梨拘賒梨子，計衆生苦樂無有因緣，自然而爾〔七〕；删闍夜毗羅胝子，計衆生時熟得道，八万劫苦盡自解脱，如縷丸，綿盡自止〔八〕；阿耆多翅舍欽婆羅，欽婆羅，麁衣也，計罪報之苦，以投巖、拔髮代之〔九〕；迦羅鳩馱迦旃延，計亦有亦無〔一〇〕；尼犍陁若提子，計業所作，定不可改〔一一〕。

「二、附佛法外道者，起自犢子、方廣〔一二〕，自以聰明，讀佛經書而生一見，附佛法起，故得此名。犢子讀舍利弗毗曇，自制別義，言我在四句外第五不可説藏中〔一三〕。云何四句？外道計色即是我，離色有我，色中有我，我中有色，四陰亦如是，合二十身見。大論云：破二十身見，成須陁洹。即此義也。今犢子計我，異於六師，復非佛法，諸論〔一四〕皆推不受，便是附佛法邪人法也。或云：三世及無爲法爲四句也。又，方廣道人自以聰明讀佛十喻[一五]，自作義云：不生不滅，如幻如化，空幻爲宗[一六]。龍樹斥云：非佛法理，方廣所作，亦是邪人法也[一七]。

「三、學佛法成外道，執佛教門而生煩惱，不得入理。大論云：『若不得般若方便，入阿毗曇即墮有中，入空即墮無中，入昆勒[一八]墮亦有亦無中。』[一九]中論云：執非有非無，名愚癡論[二〇]。倒執正法，還成邪人法也。若學摩訶衍四門，既失般若意，爲邪見火所燒，四[二一]成邪人法。

「乃至[二二]若於觀支忽解，無明轉即變爲明，明具一切法。或謂無明不可得變爲明，明何可得？此不可得，亦具一切法。或謂法性之明，亦可得亦不可得，非可得非不可得，一門即三門，三門即一門。此解明利，所破無不壞，所存無不立，無能踰勝，亦復自謂是無生忍，如此解者，是圓教四門見發也。

「又，大乘四門皆成見者，實語是虛妄，生語見故；涅槃是生死，起貪著故。多服甘露，傷命早夭，失方便門，墮於邪執，故稱内邪見也。

「又，此土振旦[二三]亦有其義。周弘正釋三玄[二四]云：易判八卦陰陽吉凶，此約有明玄；老子虛融，此約無明玄；莊子自然，約有無明玄。自外枝派，祖原出此。今且約此，以明得失。如莊子云貴賤、苦樂、是非、得失，皆其自然。若言自然，是不破果。不辯先業，即是破因。禮制仁義，衛身安國，若不行用，滅族亡家。但現世立德，不招後世報，是爲破果不破因。若言慶流後世并前，則是亦有果亦無果也。

「約一計即有三行，一、謂計有行善，二、計有行惡，三、計有行無記。如云〔二五〕理分應爾，富貴不可企求，貧賤不可怨避，生無足欣，死何勞畏？將此虛心，令居貴莫憍，處窮不悶，貪恚心息，安一懷抱，以自然訓物，作入理咔胤〔二六〕，此其德也。德有多種，若言常無欲〔二七〕觀其妙，無何等欲？忽玉璧、棄公相，洗耳還牛〔二八〕，自守高志，此乃棄欲界之欲，攀上勝出之妙，即以初禪等爲妙。何以得知？莊子云：皇帝〔二九〕問道觀神氣，見身内衆物，以此爲道〔三〇〕。似如通明觀〔三一〕中，發得初禪之妙。若言諸苦所因，貪欲爲本。若離貪欲，即得涅槃。此無三界之欲，此得滅止妙離之妙。

「又，法名無染，若染於法，是染涅槃。無此染欲，得一道微妙。妙此諸欲，欲妙皆無，汝得何等？尚不識欲界欲、初禪妙，況後欲妙耶？若與權論，乃是逗機漸引，覆相論欲、妙，不得彰言了義而説。但息誇企之欲，觀自然之妙，諭誠之行既除，仁讓之風斯在，此皆計有自然而行善也。

「又，計自然，任運恣氣，亦不運御從善，亦不動役作惡，若傷神和，不會自然。雖無取捨，而是行無記，行業未盡，受報何疑？若計自然作惡者，謂萬物自然，恣意造惡，終歸自然，斯乃背無欲而恣欲，違於妙而就麁，如莊周斥仁義雖防小盗，不意大盗揭仁義以謀其國〔三二〕。本以自然息欲，乃揭自然而爲惡，此義可知也。

「已上外道及内道執見，有二並決真僞者：一、就所起法並決，二、就所依法並決。一、今通從外外道〔三三〕四句乃至圓四門外道見，通韋陁乃至圓門三念處、三解脱，名數是同，所起見罪繫縛無異，譬如金、鐵二鏁〔三四〕。又從外道四句乃至圓門四見，名雖清美，所起煩惱，體是汙穢，譬如玉、鼠二璞〔三五〕。又從外道四句乃至圓門四見，雖同研鍊，有成、不成，譬如牛、驢二乳〔三六〕。又從外道四句乃至圓門四見，有害、不害，譬如迦羅、鎮頭二果〔三七〕。所計神我，乃是縛法，非自在我。各執己是，餘爲妄語，互相是非，何關如實？自謂真道，翻開有路，望得涅槃，方沉生死。自言諦當，終成邪僻，愛處生愛，瞋處生瞋。雖起慈悲，愛見悲耳。雖安塗割，乃生滅强忍。雖一切智，世情推度。雖得神通根本變化〔三八〕，有漏變化。所讀韋陀〔三九〕，世智所説，非陀羅尼力，非法界流。雖斷鈍使，如屈步蟲〔四〇〕，世醫所治，差已更發。八十八使集海浩然，三界生死苦輪無際，沉著有漏，永無出期，皆是諸見幻僞，豈可爲真實之道也！

「二、約所依法異者，一切諸見，各依其法，三外外道〔四一〕是有漏人，發有漏法，以有漏心，著於著法，著法著心，體是諍競，非但因時捉頭拔髮〔四二〕，發諸見已，謂是涅槃，執成見猛毒增鬬盛。所依之法非真，所發之見亦僞也。此雖邪法，若密得意，以邪相入正相，如華飛葉動，藉少因緣尚證支佛，何況世間舊法？然支佛雖正，華葉終非正教，外外密悟，而其法門但通諸見，非正法也，皆由著心於著法，因果俱鬬，斷奠〔四三〕是邪法生邪見也。若三藏四門，是出世聖人得出世法，體是清浄滅煩惱處，非唯佛經是正法，五百所申亦能得道。妙勝定〔四四〕云：佛去世後一百年，十萬人出家，九萬人得道。二百年時，十萬人出家，一萬人得道。當知以無著心，不著無著法，發心真正，覺悟無常，念念生滅，朝不保夕，志求出要，不封門生染而起戲論。譬如有人，欲速見王受賜拜職，從四門入，何暇盤停，諍計好醜？知門是通途，不須諍計，如藥爲治病，不應分別。速出火宅，盡諸苦際，真明發時，證究竟道，畢竟無諍。無諍則無業，無業則無生死，但有道滅，心地坦然，因果俱無，鬬諍俱滅，唯有正見，無邪見也。

「復次，四門雖是正法，若以著心著此四門，則生邪見，見四門異，於修因時，多起鬬諍。譬如有人，久住城門〔四五〕，分別瓦木，評薄精麁，謂南是北非〔四六〕、東巧西拙，自作稽留，不肯前進，非門過也。著者亦爾，分別名相，廣知煩惱，多謂道品，要名聚衆，媒衒求達，打自大鼓，豎我慢幢〔四七〕，誇耀於他，互生鬬諍，捉頭拔髮，八十八使瞋愛浩然，皆由著心，於正法門而生邪見，所起煩惱，與外外道更無有異。論所計法，天地懸殊。方等云：種種問橋，智者所訶〔四八〕。人亦如是，爲學道故，修此四門，三十餘年分别一門，尚未明了，功夫纔著，年已老矣。無三種味〔四九〕，空生空死，唐棄一期，如彼問橋，有何利益？此由著心，著無著法而起邪見。

「次通教四門，體是正法，近通化城，前曲此直，巧拙雖殊，通處無别。如天門直華，餘門曲陋，不住二門，俱得通進〔五〇〕。若數瓦木，二俱遲壅。若不稽留法門，若因若果，俱無諍著，是名無著心，不著無著法，不生邪見也。

「復次，以著心著此直門，亦生邪見，或爲名、爲衆、爲勝、爲利分别門相，瞋愛慢結，因此得生。譬如以毒内良藥中，安得不死？以見著毒入正法中，增長苦集，非如來咎。利根外道，以邪相入正相，令著無著，成佛弟子；鈍根内道，以正相入邪相，令無著有著，成邪弟子，豈不悲哉！

「别、圓四門，巧拙利鈍，俱通究竟涅槃，因不住著，果無鬬諍。若封門起見，則生煩惱，與漚樓佉〔五一〕等。以此而觀，如明眼人臨於涇渭，豈容迷名而不識清濁也！」〔五二〕

校注

〔一〕智顗説妙法蓮華經文句卷九上：「迦毗羅，此翻『黄頭』，亦云『龜種』，造論名僧佉。僧佉，此云無頂，因人名論，故言迦毗羅，説二十五諦。」

〔二〕「睺」，清藏本作「留」。按，摩訶止觀作「睺」。「休睺」，即「休留」，又作「鵂鶹」，梟鴟之類的鳥。「休睺」「休留」等，皆此鳥鳴叫的擬聲。慧琳一切經音義卷七二：「鵂鶹，上音依，下音留，即晝伏夜飛，以鳴聲爲名也。或曰鶹鵂，怪鳥也。並形聲字。」希麟集續一切經音義卷九：「鵂鶹，上朽尤反，下音留。考聲云：怪鳥也。集訓云：鵂鶹，即鶹鶹，惡鳥也。爾雅云：鵅，鵋䳢。郭注云：今江東呼鵂鶹爲鵋䳢也。鵅，音格。鵋，音忌。䳢，音欺。案，此鳥晝伏夜飛。鵂鶹、鶹鶹，皆取所鳴爲名也。形如角鷹，蒼黑色，好食虵鼠也。」

〔三〕湛然述止觀輔行傳弘決卷一〇之一：「優樓僧佉，此云『休留仙』，其人晝藏山谷以造經書，夜則遊行説法教化，猶如彼鳥，故得此名。亦云『眼足』，足有三眼，其共自在天論議，彼天面有三目，以足比之，故得其名。其人在佛前八百年出世，亦得五通，説論亦有十萬偈，名衛世師，此云無勝，以六諦爲宗。」吉藏中觀論疏卷二本：「或可謂因中有果故假生，或是因中無果故假生，故今明假名，因果相生，不得有無。若如僧佉計因中有果故生，即是常義。如百論云：『種種果生時，種種因不失。』不失者，常是有，不可失滅，故名爲常。衛世師執因中無果，故名爲斷。以因中無果，因滅於前，果生於後，故名爲斷。佛法内薩婆多明三世有，即是本果性在未來，從未來至現在，從現在謝過去，三世常有，故名爲常。僧祇部二世無義，以本無今有，已有還無，故是斷滅。今明因緣因果，不可定有，不可定無，故是不斷不常，名爲中道。」

〔四〕湛然述止觀輔行傳弘決卷一〇之一：「勒沙婆，此云『苦行』，未知出時節，以算數爲聖法，造經亦有十萬偈，名尼乾子。此人斷結，用六障、四濁爲法，計因中亦有果亦無果，亦一亦異爲宗。大論中具四計，三如前，更加若提子，未知出世時節及所造經多少，計因中非有果非無果，非一非異爲宗。尼乾子云六障者，如方便心論云：一、不見障，二、愚癡障，三、受苦障，四、命盡障，五、性障，六、名言障。言四濁者，謂瞋、慢、貪、諂。」

〔五〕詳見入大乘論卷上。又，「迦羅所説有計一過」，入大乘論作「僧佉所説有計一過」。僧佉即迦羅所造論。參前注。

〔六〕翻譯名義集卷二六師篇：「富蘭那迦葉，什曰：『迦葉，母姓也。富蘭那，字也。其人起邪見，謂一切法無所有，如虚空，不生滅也。』肇曰：『其人起邪見，謂一切法斷滅性空，無君臣父子忠孝之道也。』事鈔云：『色空外道，以外道用色破欲有，以空破色有，謂空至極。』」

〔七〕翻譯名義集卷二六師篇：「末迦黎拘賒黎，『末伽黎』，此云『不見道』。什曰：『末伽黎，字也。拘賒黎，是其母也。』肇曰：『其人起見，謂衆生苦樂不因行得，皆自然耳。』浄覺謂計自然者，亦是斷滅自然。然，是也。自，如是也。婆沙云：『法應爾，不可改易，不可徵詰，是法爾義。』自然與法爾同。」

〔八〕翻譯名義集卷二六師篇：「删闍夜毗羅胝，『删闍夜』，此云『正勝』。『毗羅胝』，此云『不作』。什曰：『删闍夜，字也。毗羅胝，母名也。其人起見，謂要久逕生死，彌歷劫數，然後自盡苦際也。』肇曰：『其人謂道不須求，逕生死劫數，苦盡自得，如轉縷圓於高山，縷盡自止，何假求也？』疏又云：『八萬劫滿，自然得道。』」

〔九〕翻譯名義集卷二六師篇：「阿耆多翅舍欽婆羅，什曰：『阿耆多翅舍，字也。欽婆羅，麁衣也。其人起計，非因計因，著麁皮衣及拔髮、煙熏鼻等，以諸苦行爲道也。』肇曰：『翅舍欽婆羅，麁弊衣名也。其人著弊衣，自拔髮，五熱炙身，以苦行爲道。謂今身併受苦，後身常樂。』」

〔一〇〕翻譯名義集卷二六師篇：「迦羅鳩馱迦旃延，『迦羅鳩馱』，此云『牛領』。『迦旃延』，此云『翦髮』。肇曰：『姓迦旃延，字迦羅鳩馱。其人謂諸法亦有相，亦無相。』」

〔一一〕翻譯名義集卷二六師篇：「尼犍陀若提子等，『尼犍』，此翻『離繫』。肇曰：『尼犍陀，其出家總名也，如佛法出家名沙門。若提，母名也。其人謂罪福苦樂，本自有定因，要當必受，非行道所能斷也。』」

〔一二〕犢子：即犢子外道，後出家入佛。成唯識論述記卷一：「筏蹉氏外道，名犢子外道，男聲中呼，歸佛出家，名犢子部。皤雌子部，女聲中呼，即是一也。上古有仙，居山寂處，貪心不已，遂染母牛，因遂生男，流諸苗裔，此後種類皆言犢子，即婆羅門之一姓也。涅槃經説犢子外道歸佛出家，此後門徒相傳不絶。今時此部，是彼苗裔，遠襲爲名，名犢子部。」方廣：即方廣道人，爲附佛法之外道。

〔一三〕龍樹造、鳩摩羅什譯大智度論卷一：「犢子阿毗曇中説：五衆不離人，人不離五衆，不可説五衆是人、離五衆是人，人是第五不可説法藏中所攝。」

〔一四〕「諸論」，原作「論諸」，據嘉興藏本及摩訶止觀改。

〔一五〕十喻：如幻、如焰、如水中月、如虚空、如響、如乾達婆城、如夢、如影、如鏡中像、如化。

〔一六〕龍樹造、鳩摩羅什譯大智度論卷一：「更有佛法中方廣道人言：一切法不生不滅，空無所有，譬如兔角龜毛常無。」吉藏三論玄義：「學大乘者，名方廣道人，執於邪空，不知假有，故失世諦。既執邪空，迷於正空，亦喪真矣。」

〔一七〕詳見龍樹造、鳩摩羅什譯大智度論卷一。參見吉藏撰中觀論疏卷二本。

〔一八〕「昆」，大智度論作「蜫」。按，「昆勒」，或作「蜫勒」，意譯「篋藏」。大智度論卷一八：「蜫勒有三百二十萬言，佛在世時，大迦栴延之所造。佛滅度後，人壽轉減，憶識力少，不能廣誦，諸得道人撰爲三十八萬四千言。若人入蜫勒門，論議則無窮，其中有隨相門、對治門等種種諸門。」

〔一九〕見龍樹造、鳩摩羅什譯大智度論卷一八。

〔二〇〕參見龍樹造、鳩摩羅什譯中論卷三觀法品。又，大智度論卷一五：「若諸法非有常、非無常，是爲愚癡論。」

〔二一〕「四」，摩訶止觀作「還」。按，「四」指「學摩訶衍四門」，亦通。

〔二二〕乃至：表示引文中間有删略。

〔二三〕「振」，嘉興藏本作「震」，摩訶止觀作「真」。梵語音譯，皆可。玄應一切經音義卷一八：「振旦，或作『震旦』，或言『真丹』，皆一也，舊譯云『漢國』，經中亦作『脂那』，今作『支那』。此無正翻，直神州之揔名也。」

〔二四〕陳書卷二四周弘正傳：「(周)所著周易講疏十六卷，論語疏十一卷，莊子疏八卷，老子疏五卷，孝經疏兩卷，集二十卷，行於世。」三玄，指周易、老子和莊子。

〔二五〕「云」，原作「玄」，據摩訶止觀改。

〔二六〕「吽胤」，磧砂藏、嘉興藏本及摩訶止觀作「弄引」。按，「吽胤」，即「弄引」，引發、作鋪墊之意。「吽」，音弄，正作「哢」；「胤」，爲「引」之同音借字。湛然述法華文句記卷一上：「言『哢引』者，以譬顯也。講哷家之引，故名哷引。亦可正哷亦得名引，如歌引舞，序義可知。故正説如哷、二序如引，故引亦歌也。謂譚述也，亦引發義。古人章疏，以『胤』音之，便作『胤』釋，又迷章草，以『哷』爲『呼』，以『胤』爲『徹』，魚魯之謬，自古有之，『徹』字則成兩重之誤。」從義撰法華經三大部補注卷二：「言『哷引』者，『引』字『胤』音，人見借音而作『胤』字，便作子胤而釋義者，甚爲可笑！引是發曲之端，亦可作『吲』，當知皆是方便者也。又，正曲之弄，名爲曲哷，曲即音曲也，調弦即正曲之序耳。」知禮述觀音玄義記卷三：「弄引者，引，去聲，謂曲弄之前，必有引起。」

〔二七〕按，後云「無何等欲」，故此處「常無欲」連讀。老子第一章：「無名天地之始，有名萬物之母。故常無，欲以觀其妙；常有，欲以觀其徼。」本身有不同理解，斷句亦不同。

〔二八〕湛然述止觀輔行傳弘決卷九之三：「『還牛』等者，堯聘許由爲九州長，由聞之，詣河洗耳。巢父因飲牛而見之，問曰：『夫人洗者，先洗於面，子何洗耳？』答曰：『堯聘我爲九州長，惡聞其聲，故洗之也。』巢父曰：『吾聞豫章之木，生於深山之巔，上無通車之路，下無涉險之逕，工匠雖巧而不能得。子欲避世，何不深藏，而浮遊人間，苟求名利？吾欲飲牛，污吾牛口。』乃牽牛上流而飲之。」水經注卷二二潁水：「山下有牽牛墟，側潁水有犢泉，是巢父還牛處也，石上犢跡存焉。」

〔二九〕皇帝：即黄帝。

〔三〇〕此即「黄帝問道廣成子」，詳見莊子在宥。

〔三一〕智顗釋禪波羅蜜次第法門卷八：「所言通者，謂從初修習即通觀三事，若觀息時，即通照色、心；若觀色乃至心，亦如是。此法明净，能開心眼，無諸暗蔽，既觀一達三，徹見無閡，故名通明。」智圓述請觀音經疏闡義鈔卷四：「通明觀者，謂從初修習通觀息、色、心三，徹見無礙，故名通明。」

〔三二〕詳見莊子胠篋。

〔三三〕外外道：佛法之外的外道。

〔三四〕詳見本卷後引湛然述止觀輔行傳弘決卷一〇之二釋。

〔三五〕詳見本卷後引湛然述止觀輔行傳弘決卷一〇之二釋。

〔三六〕詳見本卷後引湛然述止觀輔行傳弘決卷一〇之二釋。

〔三七〕詳見本卷後引湛然述止觀輔行傳弘決卷一〇之二釋。

〔三八〕湛然述止觀輔行傳弘決卷一〇之二：「根本變化者，依於根本十四變化，所謂初禪初禪化、初禪欲界化、二禪三變化、三禪四變化、四禪五變化，上能兼下，通成十四變化。」智顗説釋禪波羅蜜次第法門卷一〇：「十四變化，能生神通，亦因神通，能有變化。云何名十四變化？一者、欲界初禪，成就二變化：一、初禪初禪化，二、初禪欲界化。二者、二禪成就三變化：一、二禪二禪化，二、二禪初禪化，三、二禪欲界化。三者、三禪成就四變化：一、三禪三禪化，二、三禪二禪化，三、三禪初禪化，四、三禪欲界化。四者、四禪成就五變化：一、四禪四禪化，二、四禪三禪化，三、四禪二禪化，四、四禪初禪化，五、四禪欲界化。是爲十四變化。若人成就此變化，即具十八變化，一切神通力，觀行功德無量無邊。」

〔三九〕韋陀：外典。湛然述止觀輔行傳弘決卷一〇之一：「言韋陀者，即是外人一切典籍。」

〔四〇〕屈步蟲：即尺蠖。知禮述金光明經文句記卷四下：「屈步蟲者，要因前脚得移後足，方於假名伏惑，又於實法起見，如彼蟲也。」屈步，大般涅槃經等作「步屈」。慧琳一切經音義卷二五：「步屈，纂文云：吴人以步屈名桑闔。方言：蠖，又名步屈也。闔，古合字，户合反。今詳此蟲，即槐蟲之類是也。步步屈身，要因前足捉物，方移後足。經喻外道欣上厭下，取一捨一，不離斷常等見，如步屈蟲也。」

〔四一〕三外外道：迦毗羅外道、漚樓僧佉外道、勒沙婆外道。參見前文。

〔四二〕湛然述止觀輔行傳弘決卷五之五：「『捉頭拔髮』者，即六十二見中有無等見互相是非。如大經十八耆婆爲闍王作外道譬中云：『見二小兒，相牽鬬諍，捉頭拔髮。』章安釋云：二小兒者，斷常、有無。互相是非，如捉頭拔髮。」「大經十八」者，見南本大般涅槃經卷一八。「章安釋云」者，見灌頂大般涅槃經疏卷一九。

〔四三〕斷奠：決定。從義法華經三大部補注卷一二：「斷奠，斷，丁亂切，決也；奠，堂練切，或作丁定切，定也。決斷，克定，無差異也。」

〔四四〕妙勝定：當即最妙勝定經，疑僞經。開元釋教録卷一八別録中疑惑再詳録第六著録最妙勝定經一卷，子注曰：「與最妙初教經文勢相似，一真一僞，亦將未可。」故又在別録中僞妄亂真録第七中著録。最妙初教經，別録中僞妄亂真録第七著録。

〔四五〕湛然述止觀輔行傳弘決卷一〇之二：「譬云『久住城門』等者，正法所都爲城，通法之教曰門。四門相望，互有精麁及巧拙等，巧拙秖是重明精麁。以著心故，習四門法，積歲方成。修習時，過第一義諦，此生非冀。」

〔四六〕湛然述止觀輔行傳弘決卷一〇之二：「謂『南是北非』者，略舉二門，即是四門互相是非，不能入道。」

〔四七〕湛然述止觀輔行傳弘決卷一〇之二：「『著者』下，合媒者和合之主，衒者行賣其身，今以自身爲主，行賣其見，自媒自衒，以求顯達，宣媒衒言，故云『打自大鼓』；處衆自高，故曰『竪我慢幢』。」

〔四八〕大方等陀羅尼經卷三：「善男子，我今復更略説往昔因緣。我於往昔作一比丘，時有居士設大施會，請沙門、婆羅門、貧窮下賤，須衣與衣，須食與食，須珍寶與珍寶。我時甚大貧窮而無資財，我時望得珍寶物故，往詣會所。於其中道，見有大橋。於其橋上，見衆多人忽忽往來。時諸人中，有一智者，我以愚意問此人言：『此橋何人所作？此河從何而來？今向何去？』（中略）爾時，智者便答我言：『咄！癡沙門！居士請汝，汝但涉路至於會所，可得悦意，後不生悔。汝今捨問如是等事，於身無利，何用問爲？如是等木，何野所生？何人所造？何斧所斫？咄！沙門，今且速去，還當語汝。』我時聞此語已，涉路而去，便到會所。所食蕩盡，財寶無餘。我時見已，懊惱結恨。」

〔四九〕大般涅槃經卷一二：「譬如甘蔗，既被壓已，滓無復味。善男子，壯年盛色，亦復如是，既被老壓，無三種味：一、出家味，二、讀誦味，三、坐禪味。」

〔五〇〕湛然述止觀輔行傳弘決卷一〇之二：「『天門直華』等者，以直對曲，以華對陋。此以通教爲直、爲華，不假觀於無常苦等，徑觀於理，故名爲直。『巧拙』如前二醫之譬，華謂華整，觀幻空等，不同析有龜毛之拙。別、圓相望，亦復如是。天門者，皇城正門。餘門者，偏門也。前之兩教，見真諦王；後之兩教，見中道王。」

〔五一〕漚樓佉：外道名，即前文「優樓僧佉」，又作「優婁佉」「嗢露迦」「優樓迦」等。窺基撰成唯識論述記卷一：「成劫之末，人壽無量，外道出世，名『嗢露迦』，此云『鵂鶹』。晝避色聲，匿跡山藪，夜絶視聽，方行乞食，時人謂似鵂鶹，因以名也，謂即獯猴之異名焉。舊云『優婁佉』，訛也。或名『羯拏僕』，『羯拏』云

「米濟」，「僕」翻爲「食」，先爲夜遊，驚他稚婦，遂收場碾糠粃之中米濟食之，故以名也，時人號曰「食米濟仙人」。舊云「塞尼陀」，訛也。亦云「吠世史迦」，此翻爲「勝」，造六句論，諸論罕匹，故云「勝」也。或勝人所造，故名勝論。舊云「衛世師」，或云「鞞世師」，皆訛略也。」

〔五二〕見智顗説、灌頂記摩訶止觀卷一〇上。

輔行記釋云：「『金、鐵二鎖』者，大智度論云：『譬在囹圄，桎梏所拘，雖復蒙赦，更繫金鏁。人爲愛繫，如在囹圄，雖得出家，更著禁戒，如繫金鎖。』〔一〕今借譬此内外生著，在獄鐵鎖如外計，逢赦金鎖如内計。金、鐵雖殊，被縛義等；佛法雖勝，見繫無差。「『玉、鼠二璞』者，璞者，玉也。鄭重玉璞，若有得者，與其厚賜。周人聞之，規其厚賜。周人風俗，名死鼠爲玉璞，乃將詣鄭，鄭人笑之。其人悟已，答鄭人曰：楚人鳳凰，其實山鷄。以楚王重鳳，有不識鳳者，路有〔二〕擔山雞者，問之曰：此何鳥？擔者知其不識，乃戲曰：鳳凰。其人謂實，便問擔者：販耶？答：販。問：幾錢？答：萬錢。用價買之，擬欲上王，得已便死。楚王聞之，愧而召問，王亦謂實，乃以十萬錢賜之。故知周、鄭之體，浄穢永殊，無著如鄭，起見如周，名同體異，此之謂也。有於三藏乃至圓教四門之名，義如璞。起於見愛，其如死鼠〔三〕。

「『牛、驢二乳』者，又論云：餘處或有好語，亦從佛經中出。若非佛法，初聞似〔四〕好，久則不妙。譬如驢乳，其色雖同，抨但成糞。故佛法、外道語同有不殺慈悲之言，搜窮其實，盡歸虚妄〔五〕。今此亦爾，外計雖有有、無等言，研覈無實，盡是虚妄。佛法大小一十六門，雖云有、無，但破執心，自歸正轍，故云有成不成。於外起計，如驢乳；藏等起計，如牛乳。乳名雖同，其體永别；見名雖等，所執各異。外雖除執，無理可成；藏等離著，自入正轍。」〔六〕又，大智度論云：謂佛教如牛乳，修得解脱，如抨得酪生熟酥等。外道教猶彼驢乳，本非出酪之物。外道之教，無解脱味，故抨驢乳，但成屎尿。依外道教行，但招苦果，無所成益〔七〕。

「『迦羅、鎮頭二果』者，大涅槃經云：善男子，如迦羅〔八〕林，其樹衆多，唯有一株鎮頭迦樹〔九〕，二果相似。是果熟時，有一女人悉皆拾取，鎮頭迦果唯有一分，迦羅迦果乃有十分。女人不識，持來詣市。凡愚不識，買迦羅迦，噉已命終。有智人輩聞是事已，問是女人：『汝於何處得是果來？』女人示處，諸人即言：『彼方多有無量迦羅迦樹，唯有一株鎮頭迦樹。』諸人知已，笑而捨去〔一〇〕。經譬僧伽藍清、濁二衆，今借以譬内見、外見。二見名同，有害、不害。如外見發，説無因果，歸於邪無；若内見起，猶執大小經論所詮。害謂損其善根。」〔一一〕

故知或名同體異，不可雷同；或名異體同，應須甄別。邪正既辯，玉石俄分，不濫初修，深裨後學！

校注

〔一〕龍樹造、鳩摩羅什譯大智度論卷二二：「譬如人在囹圄，桎梏所拘，雖得蒙赦，而復爲金鎖所繫。人爲恩愛煩惱所繫，如在牢獄。雖得出家，愛著禁戒，如著金鎖。」

〔二〕「有」，磧砂藏、嘉興藏本作「見」，止觀輔行傳弘決作「行見」。

〔三〕按，以鼠爲璞，出尹文子大道下；楚人鳳凰者，出尹文子大道上。

〔四〕「似」，原作「以」，據大智度論、止觀輔行傳弘決改。

〔五〕龍樹造、鳩摩羅什譯大智度論卷一八：「三乘是實智慧，餘者皆是虛妄，菩薩雖知而不專行。如除摩梨山，一切無出栴檀木。若餘處或有好語，皆從佛法中得。自非佛法，初聞似好，久則不妙。譬如牛乳、驢乳，其色雖同，牛乳攢則成酥，驢乳攢則成尿。佛法語及外道語，不殺、不盜、慈愍衆生、攝心、離欲、觀空雖同，然外道語初雖似妙，窮盡所歸，則爲虛誑。」

〔六〕見湛然述止觀輔行傳弘決卷一〇之二。

〔七〕「又，大智度論云」至此，出澄觀述大方廣佛華嚴經隨疏演義鈔卷一四。「大智度論云」者，詳見前注。

〔八〕「迦羅」，經中作「迦羅迦」。慧琳一切經音義卷二五：「迦羅迦樹，此云『黑果』，形似鎮頭。」

〔九〕鎮頭迦：樹名。慧琳一切經音義卷二五：「鎮頭迦果，古譯云『狀』，同此方柿子之類也。」灌頂撰大般涅槃經疏卷一〇：「（迦羅迦、鎮頭迦）六卷云『迦留治牟』，皆不見翻，但知是甘、毒二果。」

〔一〇〕詳見大般涅槃經卷六。

〔一一〕見湛然述止觀輔行傳弘決卷一〇之二。

又，華嚴演義云：「此方儒道玄妙，不越三玄。周易爲真玄，老子爲虚玄，莊子爲談玄。老子道德經云：『道生一，一生二，二生三，三生萬物。』〔一〕注云：『一者，沖和之氣也。言道動出沖和妙氣，於生物之理未足，又生陽氣。陽氣不能獨生，又生陰氣。積沖氣之一，故云一生二。生積陽氣之二，故云二生三。陰陽含孕，沖氣調和，然後萬物阜成，故云三生萬物。』〔二〕次下又云：『萬物負陰而抱陽，沖氣以爲和。』〔三〕上來皆明萬物自然生也。莊子宗師篇云：『在太極之先而不爲高，在六合之下而不爲深，先天地生而不爲久，長於上古而不爲老。』〔四〕注云：『言道之無所不在也，故在高爲無高，在深爲無深，在久爲無久，在老爲無老，無所不在，所在皆無也。』〔五〕又云：『知天之所爲，知人之所爲。』〔六〕注云：『知天之所爲者，自然也。意云但有知有爲，皆不爲而爲，故自然也。』〔七〕今斷云：若以自然爲因者，斷義也，即老子意，由道生一，道是自然，故以爲因，是邪因也。又，若謂萬物自然而生，即莊子意，則萬物自然，無使之然，故曰自然，即無因也，如烏之黑。即莊子文，涅槃經意。

周易云：『一陰一陽謂之道，陰陽不測謂之神。』[八]釋云：『一謂無也。無陰無陽，乃謂之道。一得爲無者，無是虛無，虛空不可分别，唯一而已，故以一爲無也。若有境，則有彼此相形，有二有三，不得爲一。故在陰之時，而不見爲陰之功；在陽之時，而不見爲陽之力。自然而有陰陽，自然無所營爲，此則道之謂也。』[九]今斷云：若以陰陽變易能生，即是邪因。又，一者無也，即是無因。若計一爲虛無自然，則皆無因也，則人自然生，應常生人，不待父母等衆緣。菩提自然生，則一切果報不由修得。又，易云：『寂然不動，感而遂通天下之故。』[一〇]禮云：『人生而静，天之性也。感物而動，性之欲也。』[一一]後儒皆以言詞小同，不觀前後本所建立，致欲渾和三教。但見言有小同，豈知義有大異！」[一二]

校注

〔一〕見老子第四十二章。

〔二〕見唐玄宗御注道德真經卷三。

〔三〕見老子第四十二章。

〔四〕見莊子大宗師。

〔五〕見前句之郭象注。

〔六〕見莊子大宗師。

〔七〕見前句之郭象注。
〔八〕見易繫辭上。
〔九〕見前句之孔穎達疏。
〔一〇〕見易繫辭上。
〔一一〕見禮記樂記。
〔一二〕見澄觀述大方廣佛華嚴經隨疏演義鈔卷一四。

是知不入正宗，焉知言同意別？未明己眼，寧鑒名異體同？所以徇語者迷，據文者惑，恐參大旨，故録示之。且如外道説自然以爲至道，不成方便，仍壞正因。佛教亦説自然，雖成正教，猶是悉檀對治，未爲究竟。以此一例，其餘可知。

又，直饒見超四句，始出單四句，猶有複四句、具足四句。且單四句者，一、有，二、無，三、亦有亦無，四、非有非無。複四句者，一、有有有無，二、無有無無，三、亦有亦無有、亦有亦無無，四、非有非無有、非有非無無。而言複者，四句之中，皆説有無。具足四句者，四句之中，皆具四故：第一有句具四者，謂一、有有，二、有無，三、有亦有亦無，四、有非有非無；第二無句中具四者，一、無有，二、無無，三、無亦有亦無，四、無非有非無；第三亦有亦無具四者，一、亦有亦無有，二、亦有亦無無，三、亦有亦無亦有亦無，四、亦有亦無非有非無；第四非有非無具四者，一、非有非無有，二、非有非無無，三、非有非無亦有亦無，四、非有非無非有非無。上四一十六句，爲具足四句。第四絶言四句者，一、單四句外一絶言，二、複四句外一絶言，三、具足四句外一絶言。有三絶言，上諸四見，一一皆有八十八使相應，是見即外道見故[一]。若約佛法，歷四教四門，各生四見。又，一種四門，各一絶言，如是一一亦[二]各有八十八使、六十二見、百八等惑[三]。

校注

[一] 智顗説、灌頂記摩訶止觀卷五下：「絶言見者，單四見外一絶言見，複四句外一絶言見，具足四句外一絶言見。一一見皆起八十八使、六十二見、百八等惑，如前説，如是等約外道法，生如是等見也。」

[二] 「亦」，原作「六」，據嘉興藏本改。

[三] 「且單四句者」至此，參見摩訶止觀卷五下、大方廣佛華嚴經隨疏演義鈔卷二一。

百法鈔[一]云：破邪執者，即二邊之邪執，總有三種二邊：一、外道斷常二邊。如有外道一向執常，即四偏常論[二]等是，此即常見邊。又有外道一向執斷，即七斷滅論[三]是，此即斷見邊。第二、小乘假實二邊。或有小乘一向執假，即一説部[四]等，執一切法但有假名而無實體，即是著假邊。又有小乘一向執實，即薩婆多及犢子部等，執諸法皆實，即是著實邊。第三、大小乘空有二邊。即小乘有部等，執心外有法，是著有邊。大乘清辯菩薩等，撥菩提、涅槃悉無，即是著空邊。

校注

〔一〕百法鈔：不詳。本書此後卷五一、五七、六三、七二和九九皆有引。宋守一述終南家業卷中：「又云同奉一律，必應遵承一佛之法，明矣。如黜訛文中所引部執、宗輪、北山録、文殊問、法華鈔、百法鈔等，皆明百年已來通奉未分，與今戒疏教本無分之文，顯然符契也。」日僧圓珍智證大師請來目録中，著録廣陵大乘百法明門論義鈔二卷（東域傳燈目録著録爲百法論義選抄四卷，當爲一書）；入唐新求聖教目録、東域傳燈目録著録中，還著録有擇隣百法論抄二卷、河中龍興寺義學沙門金剛述百法論義門抄二卷、玄沼述百法論鈔七卷等。此百法鈔，不知是否即其中之一。

〔二〕四偏常論：外道依過去及現在之事實所執「我、世間俱爲常住」之四種見解。普光述俱舍論記卷一九：「四遍常論者，一、由憶劫，謂由能憶一成壞劫，或二、或三，乃至八、十，彼便執我及世間俱常；二、由憶生，謂由能憶一生，或二、或三，乃至百、千生事，彼便執我及世間俱常。前雖憶多，而於能憶諸生無間未得自在。今雖憶少，而於能憶諸生無間已得自在；三、由死生，謂由天眼見諸有情死時、生時，諸蘊相續，由斯便執我及世間俱是常住；四、由尋伺，謂由如是虛妄尋伺執我、世間俱是常住。如是四種執遍常故，名爲遍常，常見爲性。」

〔三〕七斷滅論：外道主張欲界身、欲界諸天、色界諸天及四無色處等七處死後完全斷滅。玄奘譯阿毗達磨大毗婆沙論卷卷二〇〇：「七斷滅論者，一、作是念：此我有色，麤四大種所造爲性，死後斷滅，畢竟無有。齊此，名爲我正斷滅。彼見此生受胎爲初，死時爲後，便作是念：我受胎時，本無而有，若至死位，有已還無，名善斷滅。二、作是念：此我欲界天，死後斷滅，畢竟無有。齊此，名爲我正斷滅。彼作是念：我既不因産門而生，本無而有，有已還無，如彗星等，名善斷滅。三、作是念：此我色界天，死後斷滅，畢竟無有。齊此，名爲我正斷滅。彼作是念：我既不因産門而生，本無而有，由等至力，有已還無，名善斷滅。或有説者，此三斷見，皆緣已離初静慮染有情而起。彼斷見者，雖已得定而未能離初静慮染。所發天眼，唯見下地。前三有情既命終已，皆生上地，所受中有、生有等身，非彼境界，便作是念：得静慮者既命終已，悉皆斷滅。四、作是念：此我空無邊處天，死後斷滅，畢竟無有。齊此，名爲我正斷滅。五、作是念：此我識無邊處天，死後斷滅，畢竟無有。齊此，名爲我正斷滅。六、作是念：此我無所有處天，死後斷滅，畢竟無有。齊此，名爲我正斷滅。七、作是念：此我非想非非想處天，死後斷滅，畢竟無有。齊此，名爲我正斷滅。此中後四有執空無邊處爲生死頂，乃至有執非想非非想處爲生死頂。若執空無邊處爲生死頂，彼執空無邊處死後無有名善斷滅。乃至若執非想非非想處爲生死頂，彼執非想非非想處死後無有名善斷滅。如是七種後際分別諸斷滅論，依前所説七事而起。如是七種，皆説死後故，是後際分別見攝。」

〔四〕一説部：佛陀入滅後二百年，由大衆部分裂而出的一派，主張一切法皆無實體，但有唯一之假名。吉藏撰三論玄意：「一説部，此部執生死、涅槃皆是假名，故云一説。」

顯中道者有二：一、假施設中道，二、真實中道。真實中道有三：一者、能證淨分依他，是其妙有；智起惑盡，名曰真空。妙有、真空，正處中道。二者、能證有爲，是其妙有；所證真理，名曰真空。妙有、真空，正處中道。三者、唯於法身上説本來實性，名爲妙有；即此實性，便是真空。妙有、真空，正處中道。

二、假施設中道者，即佛於後得智中而假施設。亦有三種：一者、不斷不常中道，謂佛經中説有異熟識爲總報主，此陰纔滅，彼陰便生，即不是斷。此破外道斷、常二邊。又説生、滅不定，名曰無常，即是不常。二者、不假不實中道者，謂佛經中説一切色心從種而生者，即是不假；依此分位，或有相形，即是不實。稱實而談，正處中道。此破小乘假、實二邊。三者、不有不無中道，即經説我法徧計，即是不有；依圓妙有，即是不無。離有離無，正處中道。此破大小乘空、有二邊。

是以欲執二邊之情，即背中道之理，纔作四句之解，便失一乘之門。須知非離邊有中，亦非即邊是中。若離邊求中，則邊見未泯；若即邊是中，中解猶存。是以難解難知，唯深般若。執之如大火聚，四邊不可觸之；了之若清涼池，諸門皆可入矣。

故知法無定相，迴轉隨心，執即成非，達之無咎。如四句法，通塞猶人。在法名四句，悟入名四門，妄計名四執，毁法名四謗。是知四句不動，得失空生；一法無差，昇沉自異。

又，唯心訣〔一〕破一百二十種見解云：「或和神養氣而保自然，或苦質摧形而爲至道。或執無著而樁立前境，或求静慮而伏捺妄心。或刳情滅法以凝空，或附影緣塵而抱相。或喪靈原之真照，或殞佛種之正因。或純識凝神，受報於無情之地；或澄心泯色，住果於八難之天。或著有而守乾城，或撥無而同兔角。或絶見而居闇室，或立照而存所知。或認有覺是真佛之形，或傚無知同木石之類。或執妄取究竟之果，如即泥是瓶；或忘緣趣解脱之門，似撥波求水。或外騁而妄興夢事，或内守而端居抱愚。或宗一而物像同如，或見異而各立法界。或守愚癡，無分别而爲大道；或尚空見，排善惡而作真修。或解不思議性作頑空，或體真善妙色爲實有。或修沉機絶想，同有漏之天；或學覺觀思惟，墮情量之域。或不窮妄性，作冥初之解；或昧於幻體，立空無之宗。

「或認影像而爲真，或捨虚妄而求實。或諮見聞性爲活物，或指幻化境作無情。或起意而乖寂知，或斷念而虧佛用。或迷性功德而起色身之見，或據畢竟空而生斷滅之心。或執大理而頓棄莊嚴，或迷漸説而一向造作。或據體離緣而堅性執，或忘泯一切而守己愚。或定人法自爾而墮無因，或執境智和合而生共見。或執心境混同，亂能所之法；或著分别真俗，縛智障之愚。或守一如不變而墮常，或定四相所遷而沉斷。或執無修而祛聖位，或言有證而背天真。或躭依正而隨世輪迴，或猒生死而喪真解脱。或迷真空而崇因著果，或昧實際而欣佛猒魔。或著隨宜所説而守語爲真，或失音聲實相而離言求默。或宗教乘而猒自性之定，或弘禪觀而斥了義之詮。或鬪奇特而但顧出身，俄沉識海；或作浄潔而唯求玄密，反墮陰城。

「或起殊勝知解而斡〔二〕肉爲瘡，或住本性清浄而執藥成病。或尋文採〔三〕義而飲客水，或守静居閑而坐法塵。或起有得心，談無相大乘；或運啚度想，探物外玄旨。或廢説起絶言之見；或存詮，招執指之機。或認動用而處生滅根原，或專記憶而住識想邊際。或安排，失圓覺之性；或縱任，虧入道之門。或起身心精進而滯有爲，或守任真無事而沉慧縛。或專計念勤思而失於正受，或傚無礙自在而放捨修行。或隨結使而恃本性空，或執纏蓋而妄加除斷。或保重而生法愛，或輕慢而毁佛因。或進求而乖本心，或退墮而成放逸。或語證相違而虧實地，或體用各據而乖佛乘。或欣寂而住空，失大悲之性；或泯緣而猒假，違法爾之門。或著我見而昧人空，或迷現量而堅法執。或解不兼信而滋邪見，或信不具解而養無明。

「或云人是而法非，或稱境深而智淺。或取而迷物性，或捨而乖即真。或離而違因，或即而亡果。或非而謗實，或是而毁權。或惡無明而背不動智門，或憎異境而壞法性三昧。或據同理而起增上慢，或貶别相而破方便門。或是菩提而謗正法輪，或非衆生而毁真佛體。或著本智而非權慧，或迷正宗而執化門。或滯理溺無爲之坑，或執事投虛幻之網。或絶邊泯迹，違雙照之門；或保正存中，失方便之意。或定慧偏習而燋爛道芽，或行願孤興而沉埋佛道。或作無作行，修有爲菩提；或著無著心，學相似般若。或趣浄相而迷垢實性，或住正位而失俗本空。或立無相觀而障翳真如，或起了知心而違背法性。或守真詮而生語見，服甘露而早終；或敦圓理而起著心，飲醍醐而成毒。

「已上略標一百二十種見解，並是迷宗失旨，背湛乖真，捏目生華，迷頭認影。若敲冰而索火，如緣木以求魚。畏影逃空，捫風捉電。苦非甘種，砂豈飯因？皆不能以法性融通，一旨和會，盡迷方便，悉入見纏。」〔四〕

校注

〔一〕唯心訣：一卷，延壽撰。心賦注亦有稱引，則其成文在宗鏡録、心賦注等之前。大正藏第四八册收，卷後附有定慧相資歌、警世。

〔二〕「斡」，清藏本及永明智覺禪師唯心訣作「剜」。宋宗鏡述、明覺連重集銷釋金剛科儀會要注解卷二引此句作：「或起殊勝知解而好肉剜瘡。」

〔三〕「採」，永明智覺禪師唯心訣作「探」。

〔四〕見永明智覺禪師唯心訣。「悉入見纏」，永明智覺禪師唯心訣作「悉溺見河」。

不達正宗，皆投見網。綿密難出，如曲木曳於稠林〔一〕；勢猛力强，猶濬河漂於香象〔二〕。所以天魔外道，本無其種，修行失念，遂派其原。故知但有所重所依，立知立解，絲毫見處不亡，皆成外道。

如華嚴經頌云：「以法無性故，無有能了知。如是解諸法，究竟無所解。」〔三〕以法無自體，憑何作解？如辯兔角之大小，了龜毛之短長。理事俱虚，可取笑於天下；情塵自隔，實喪道於目前。

如華嚴論云：「見在即凡，情亡即佛。」〔四〕祖師云：「不用求真，唯須息見。」〔五〕法華經云：「此法非思量分别之所能解。」〔六〕圓覺經云：「若以思惟心，測度如來圓覺境界，如將螢火燒須彌山，終不能著。」斯皆是有作世俗之心，豈能探無作出世之旨！如先德云：「俗務者，非但執末運斤名爲俗務，坐馳五塵六欲，即是世務。又，專念空無相願，亦是世務。又，念蒼生塗炭，慈悲慰拔，亦是世務。若能念念於無念，非念非無念，一心中覺，方非世務。」〔七〕

校注

〔一〕龍樹造、鳩摩羅什譯大智度論卷三五：「譬如稠林曳木，曲者難出。」

〔二〕大般涅槃經卷一三：「如彼駛河，能漂香象。」慧琳一切經音義卷五一：「駛流，上師利反。蒼頡篇云：

駛，疾也。考聲云：馬行疾也，速也。古今正字：水濬流也。從馬史聲也。」又，卷一二：「濬流，戍俊反，韻英云：深也。説文作『濬』，籀文作『睿』，皆古字也。下『流』字，説文從水從㐬，音土忽反，㐬上有點。今俗用流字，無點，非也。」

〔三〕見實叉難陀譯大方廣佛華嚴經卷一九。

〔四〕見李通玄撰新華嚴經論卷一。

〔五〕見僧璨信心銘。

〔六〕見妙法蓮華經卷一方便品。

〔七〕見灌頂大般涅槃經疏卷二五。

是以若實悟宗之人，尚不得無見無解，豈可更隨言執意而起有見有解乎？如大法鏡經〔一〕云：若諸菩薩隨言取義，不如正理思擇法故，便生二十八不正見。謂初相見者，謂聞大乘經中所説一切諸法，皆無自性，無生無滅，本來寂静。自性、涅槃等言，不善密意，但隨此言義，便生勝解，謂佛所説一切諸法，定無自性，定無生等。執著如是無性等相，是名相見。彼執著如是無性等相時，便謗三自性，謂徧計所執自性、依他起自性、圓成實自性等〔二〕。是知若謗此三性，則撥真、俗二諦等一切法，所以有、無二見，爲諸見本。若能斷於諸見，自然以〔三〕宗鏡相應。

校注

〔一〕大法鏡經：諸經録中未見著録，不知與安玄譯法鏡經是否同本。此處所引，據玄奘譯大乘阿毗達磨雜集論卷一二。參後注。

〔二〕「如大法鏡經云」至此，詳見玄奘譯大乘阿毗達磨雜集論卷一二：「依此密意，薄伽梵於大法鏡經中説如是言：若諸菩薩隨言取義，不如正理思擇法故，便生二十八不正見。何等名爲二十八不正見耶？謂相見、損減施設見、損減分別見、損減真實見、攝受見、轉變見、無罪見、出離見、輕毀見、憤發見、顛倒見、出生見、不立宗見、矯亂見、敬事見、堅固愚癡見、根本見、於見無見見、捨方便見、不出離見、障增益見、生非福見、無功果見、受辱見、誹謗見、不可與言見、廣大見、增上慢見。」此後即文中所引「相見」的解釋。又：「遍計所執自性者，謂諸愚夫於色等相，周遍計度，起增益執，謂此是色乃至此是涅槃，此所執義，無實無體，唯有名言之所施設；依他起自性者，謂即此色等唯是虚妄分別自體，又因果性或異不異；圓成實自性者，謂一切法真如實性。」

〔三〕「以」，清藏本作「與」。

華手經云：「爾時，世尊告舍利弗：『所言正見，爲何謂也？舍利弗，其正見者，無高無下，等觀諸法。乃至〔一〕又正見者，無一切見。何以故？諸有所見，皆是邪見。無一切見，即是正見。』」〔二〕

校注

〔一〕乃至：表示引文中間有删略。

〔二〕見華手經卷七正見品。

佛藏經云：「佛言：一切諸見，皆從虚妄緣起。舍利弗，若作是念：『此是正見。』是人即是邪見。舍利弗，於聖法中，拔斷一切諸見根本，悉斷一切諸語言道，如虚空中手無觸礙。諸沙門法，皆應如是。」〔一〕又云：「佛言：舍利弗，諸佛阿耨多羅三藐三菩提，唯是一義，所謂離也。何等爲離？離諸欲、諸見。欲者即是無明，見者即是憶念。何以故？一切諸法，憶念爲本，所有念想，即爲是見，見即是邪。」〔二〕

校注

〔一〕見佛藏經卷上念法品。

〔二〕見佛藏經卷中往古品。

是以若能離見，即成諸佛，十方稽首，萬類歸依。如中觀論云：「瞿曇大聖主，憐愍説是法，悉斷一切見，我今稽首禮。」〔一〕

又，夫遠離二邊，住於中道者，約華嚴經釋，略舉四種以等一切：一者、染淨，約惑；二者、縛脱，通惑業；三者、有無，通事理；四者、一異，約心境。何以有此？謂成菩提，既離細念，妄惑盡已，顯現法身，智慧純淨。若爲此見，未免是邊。故經云：「若有見正覺，解脱離諸漏，不著一切世，此非證道眼。」〔一〕

今了於惑，體性本空，復無所淨，故離二邊。又，染淨交徹，故無住著，是曰離邊。

縛脱者，謂昔常被惑業繫縛，流轉無窮，今謂菩提，釋然解脱。若爲此見，即是住邊。菩薩智了本自無縛，於何有解？無縛無解，則無苦樂，故得離耳。

有無通事理者，若昔謂惑有，今了惑空；昔謂心空，今知妙有。又，真樂本有，失而不知；妄苦本空，得而不覺。今日始知空者妄苦，有者涅槃，若如是知，並未離邊。又，煩惱、業、苦〔二〕，本有今無；菩提、佛身，本無今有等，皆三世有法。菩提之性，不屬三世，故三世有無，皆是邊攝。真智契理，絶於三世，故離有無之二邊等。

一異有二：一者、心境不了則二，契合則一，亦成於邊；二者、生佛有異，今了一性，亦

校　注

〔一〕見龍樹造、鳩摩羅什譯中論卷四觀邪見品。

名爲邊。今正覺了此中無有二，亦不有無二〔三〕。若善見者，如理安住，故離此邊。今一契菩提，一切都寂，故云遠離〔四〕。

校注

〔一〕見實叉難陀譯大方廣佛華嚴經卷一三。

〔二〕煩惱、業、苦：依煩惱（惑）造善惡之業，依善惡之業而感三界之苦，又依苦果之身而起惑作業。此三者如輪，轉而不止，故又稱三輪。大般涅槃經卷一五：「諸佛如來爲諸衆生所宣法要，其言祕密，難可了知。或爲衆生説一因緣。如説何等爲一因緣？所謂一切有爲之法。善男子，或説二種：因之與果。或説三種：煩惱、業、苦。或説四種，無明、諸行、生與老死。」

〔三〕「不有無二」，大方廣佛華嚴經隨疏演義鈔作「復無有一」。

〔四〕「約華嚴經釋」至此，參見澄觀述大方廣佛華嚴經隨疏演義鈔卷八〇。

義净禪師云：「瑜伽則真有俗無，以三性爲本；中觀乃真無俗有，實二諦爲先。般若大宗，含斯兩意，致使東夏則道分南北，西方乃義隔有空。」〔一〕

校注

〔一〕見義净略明般若末後一頌讚述。

如上所説，或諸凡夫執有著空，情見非一，四倒八邪〔一〕之執，五謗〔二〕二見之愚；或諸賢聖判教分宗，智解亦別，三時八教〔三〕之道，五性十宗〔四〕之科。未顯圓文，或得或失。若入宗鏡，正解分明，體用相含，心境交涉，空具德而徹萬有之表，事無礙而全一理之中。

校注

〔一〕四倒：四種顛倒妄見。詳見本書卷二五注。　八邪：與八正道相反的八種邪道：邪見、邪思惟、邪語、邪業、邪命、邪方便、邪念、邪定。隋慧遠撰維摩義記卷二本：「言八邪者，番八正，説八邪：邪見、邪思、邪語、邪業乃至邪定。」

〔二〕五謗：增益謗、損減謗、相違謗、愚癡謗、戲論謗。吉藏法華義疏卷一：「真諦三藏云：如是者，離五種謗，故云如是。言五種謗者：一、如言此經因果決定是有，名增益謗；二、如言此經因果決定是無，名損減謗；三、如言此經因果又有又無，名相違謗；四、如言此經因果非有無，名愚癡謗；五、如言此經因果非不有非不無，名戲論謗。離此五種謗故，名爲如是也。」

〔三〕三時：天台宗所謂佛化益衆生的下種、調熟和解脱三個階段。智顗説妙法蓮華經玄義卷一上：「佛設教元始，巧爲衆生作頓、漸、不定、顯密種子，中間以頓、漸五味調伏長養而成熟之，又以頓漸五味而度脱之。並脱、並熟、並種，番番不息，大勢威猛，三世益物。」　八教：化法四教和化儀四教，合稱八教。詳見本書卷三注。

〔四〕五性：聲聞定性、緣覺定性、菩薩定性、不定性、無性。詳見本書卷一注。　十宗：十個不同的宗派。

諸説不一。華嚴宗十宗之説爲：法我俱有宗，謂犢子部等；法有我無宗，謂薩婆多部等；法無去來宗，謂大衆部等；現通假實宗，謂説假部等；俗妄真實宗，謂説出世部等；諸法但名宗，謂一説部等；三性空有宗，謂遍計是空，依圓有故；真空絶相宗，謂心境兩亡，直顯體故；空有無礙宗，謂互融雙絶而不礙兩存，真如隨緣，具恒沙德故；圓融具德宗，謂事事無礙，主伴具足，無盡自在故。詳見澄觀撰大方廣佛華嚴經疏卷三。

又，若究竟欲免斷常邊邪之見，須明華嚴六相義門，則能任法施爲，自亡能所，隨緣動寂，不壞有無，具大總持，究竟無過矣。此六相義，是辯世間法，自在無礙，正顯緣起，無分別理。若善見者，得智總持門，不墮諸見，不可廢一取一，雙立雙亡。雖總同時，繁興不有；縱各具別，冥寂非無。不可以有心知，不可以無心會。詳法界内，無總、別之文；就果海中，絶成、壞之旨。

今依因門智照，古德略以喻明六相義者〔一〕，一、總相，二、別相，三、同相，四、異相，五、成相，六、壞相。總相者，譬如一舍是總相，椽等是別相。椽等諸緣，和同作舍，各不相違，非作餘物，故名同相；椽等諸緣，遞互相望，一一不同，名異相。椽等諸緣，一多相成，名成相；椽等諸緣，各住自法，本不作故，名壞相。又，椽即是舍，爲椽獨能作舍，若離椽，舍即全不成故；若得椽時，即得舍故。所以椽非是少力共成，皆是全力故。舍既即是椽，餘瓦、木等總並是椽。若卻椽即舍無故，舍壞故，不名瓦、木等。是故瓦、木等，即是此椽也。若不即椽者，舍即不成，椽、瓦、木等皆不成。今既並成，故知相即耳。椽即瓦、木等，一椽既爾，餘一切椽〔三〕例然。是故一切緣起法，不成即已成也。別相者，椽等諸緣別於總故。若不別者，總義不成，由無別時即無總故，以因別而得總故。是故別者，以總爲別也。如椽即舍故，名總相；即是椽故，名別相。若不即舍不是椽，若不即椽不是舍，例如若不即總不名別，若不即別不名總。

問：若相即者，云何説別？

答：只由相即，是故成別。若不相即者，總在別外，故非總也；別在總外，故非別也。

同相者，椽等諸緣，和同作舍，不相違故，皆名舍緣，非作餘物，故名同相。總相唯望一舍説，今此同相，約椽木等諸緣説，雖體各別，成力義齊，故名同相。若不同者，椽等諸緣互相違故，皆不同作舍，舍不得有故，即是斷也。若相違不作舍而執有舍者，無因有舍故，即是常也。異相者，椽等諸緣隨自形類相差別故。

問：若異者，應不同耶？

答：只由異故，所以同耳。今既舍成，同名緣者，當知異也。

又，因同不異故，方説於諸法異耳。是以經云：奇哉，世尊！能於無異法中，而説諸法異〔三〕。前別相者，俱椽等諸緣，別於一舍故；今異相者，椽等諸緣遞互相望，各各異故。若不異者，壞本緣法不成舍故，即是斷。若壞緣不成舍而執有舍，無因有者，即是常也。成相者，以諸緣各住自法，本不作故，舍義得成。若椽作舍，即失本椽法故。舍義不得，成壞相者，椽等諸緣各住自法，本不作故，是壞義。若椽作〔四〕即失椽法，失椽法故，舍即無椽，不得有舍，是斷也。若失椽法而有舍者，無椽即無因，無因而有舍，即是常也。

校注

〔一〕按，此後詳見法藏華嚴一乘教義分齊章卷四。「古德」者，當即法藏。

〔二〕「椽」，原作「緣」，據華嚴一乘教義分齊章改。

〔三〕按，此句亦見肇論般若無知論引，文才肇論新疏卷中：「大品六喻品云：世尊云何無異法中而分別説異相？又云下大品照明遍學品云：諸法無相，非一相、非異相。合亦無所合，初段不分心境，即同而異，後段心境相對，非一非異，雙證前文。」

〔四〕「作」，磧砂藏、嘉興藏本作「作舍」。按，「若椽作舍」，華嚴一乘教義分齊章作「若言椽作舍去」，據大正藏校勘記，華嚴一乘教義分齊章諸校本皆作「若言椽作去」。

是故真如一心爲總相，能攝世、出世間一切法故。約攝諸法得總名，能生諸緣成別号。法法皆齊爲同相，隨相不等稱異門。建立境界故稱成，不動自位而爲壞。

又云：「一、總相者，一合多德故；二、別相者，多德非一故；三、同相者，多義不相違故；四、異相者，多義不相似故；五、成相者，由此諸義緣起成故；六、壞相者，諸緣各住自性不移動故。」〔一〕

此上六相義門，是菩薩初地中觀通世間一切法門，能入法界之宗，不墮斷常之見。若一向別，逐行位而乖宗；若一向同，失進修而墮寂。所以位位即佛，階降〔二〕宛然；重重鍊磨，本位不動。斯則同異俱濟，理事不虧，因果無差，迷悟全別。欲論大旨，六相還同夢裏渡河〔三〕；若約正宗，十地猶如空中鳥跡〔四〕。若約圓修，斷惑對治，習氣非無，理行相資，闕一不可。是以文殊以理印行，差別之道無虧；普賢以行會理，根本之門不廢。

如上微細擇見真實識心，可謂教觀相應，境智冥合，正助齊運，目足更資，則定可以繼先德之後塵，紹覺王〔五〕之末裔矣。

校注

〔一〕見澄觀述大方廣佛華嚴經隨疏演義鈔卷五三。

〔二〕「降」，人天眼目引作「墀」。按，「降」「墀」皆可通。實叉難陀譯大方廣佛華嚴經卷六〇：「階、墀、軒、檻種種備足，一切皆以妙寶莊嚴。」李通玄撰新華嚴經論卷三三：「層級爲階，階下平地砌實爲墀。」慧苑新譯大方廣佛華嚴經音義卷下：「墀，直尼反。玉篇曰：階謂登堂之道也。説文曰：墀謂以丹塗地，即天子丹墀也。」

〔三〕實叉難陀譯大方廣佛華嚴經卷三八：「譬如有人，夢中見身墮在大河，爲欲渡故，發大勇猛，施大方便。以大勇猛、施方便故，即便覺寤。既覺寤已，所作皆息。菩薩亦爾，見衆生身在四流中，爲救度故，發大勇猛，起大精進。以勇猛、精進故，至不動地。既至此已，一切功用靡不皆息，二行、相行悉不現前。」十地經卷六：「如夢渡河起翹勤，寤已坦然無遽務。」

〔四〕大般涅槃經卷二：「譬如鳥跡，空中現者，無有是處。」實叉難陀譯大方廣佛華嚴經卷三四：「如空中鳥迹，難說難可示。」十地經卷一：「譬如空中諸鳥跡，智者叵宣難可示。」

〔五〕「王」，原作「正」，據諸校本改。

音義

評，符兵反，評量。　佉，丘伽反。　鳩，居求反，聚也。　派，疋卦反，分流也。　賒，式車反。　删，所姦反，除削也。　胝，丁尼反，皮厚也。　踰，羊〔一〕朱反。　殀，於兆反，殁也。　企，去吏反，望也。　憍，舉喬反，逸也。　咔，力涑反，言咔。　胤，羊晉反，嗣也。　譣，虚檢反。　詖，彼義反。　揭，居列反。　謀，莫浮反，計謀也。　僻，芳辟反，邪僻也。　璞，疋角反，玉璞也。　奠，堂練反，設也。　衒，黄絹反，自媒也。　涇，古靈反。　渭，云貴反。　囹，郎丁反。

圄，魚舉反，守也，獄名也。　桎，之日反，在足曰桎也。　梏，古沃反。　販，方願反〔二〕。　抨，普耕反。　覈，下革反。　屎，式視反。　尿，奴弔反。　儡，魯回反，儡同也。　沖，直中反，和也。　孕，以證反，懷孕也。　複，房六反，織複卷繒者。　椿，都江反，橛也。　刳，苦奴反，剖破也。　傚，胡教反，教也。　撥，北末反，理也，除也。　斡，烏八反，轉也。　貶，方斂也。　敲，口交反，擊也。　捫，莫奔反，以手撫持。　濬，私閏反，深也。　耒，盧對反，耒耜也。　裔，餘制反，苗裔也。

丁未歲分司大藏都監開板

校注

〔一〕「羊」，原作「平」，據文意改。

〔二〕「反」，原無，據文意補。